2013/2014

中国家用纺织品行业发展报告

中国家用纺织品行业协会　编著

中国纺织出版社

内 容 提 要

本书共分为行业运行、国际动态、国内市场、专家论坛、商业模式、产品研发、科技质量、相关行业及附录九个部分。行业运行篇深入分析了2013年行业运行态势，对布艺行业的发展现状进行了较全面的探讨；国际动态篇和国内市场篇包括世界市场、国内零售市场、专业市场及国内消费倾向调查等内容；专家论坛篇着重探讨了产业发展、家纺消费和市场趋势等行业热点问题，为中国家纺产业实现跨时代的转型提供理论依据、指导意见和思路；商业模式篇概述了家纺上市公司、专业市场的经营模式和运营状况；产品研发篇发布了2014/2015流行趋势，并研究分析了产品开发现状与发展前景；科技质量篇包括行业产品质量报告及科技获奖成果；相关产业篇概述了与家纺行业密切相关的棉纺织、化纤及印染行业产业运行形势；附录部分收录了家纺行业“十二五”发展规划中期评估、行业奖项和相关经济数据。

本书是一部集中反映家用纺织品行业年度发展情况与趋势的研究报告，旨在为相关企业、部门、机构科学决策和国家宏观管理提供具有权威型和指导性的参考依据。

图书在版编目（CIP）数据

2013/2014 中国家用纺织品行业发展报告 / 中国家用纺织品行业协会编著 .—北京：中国纺织出版社，2014.8
ISBN 978-7-5180-0813-1

I. ① 2… II. ①中… III. ①纺织工业—工业发展—研究报告—中国—2013~2014 IV. ① F426.81

中国版本图书馆 CIP 数据核字（2014）第 168457 号

策划编辑：孔会云　　特约编辑：马　涟　　责任校对：余静雯
责任印制：何　建

中国纺织出版社出版发行
地址：北京市朝阳区百子湾东里A407号楼　邮政编码：100124
销售电话：010—67004422　传真：010—87155801
http://www.c.textilep.com
E-mail:faxing @c-textilep.com
中国纺织出版社天猫旗舰店
官方微博http://weibo.com/2119887771
北京新华印刷有限公司印刷　各地新华书店经销
2014年8月第1版第1次印刷
开本：889×1196　1/16　印张：13.75
字数：262千字　定价：268.00元
京朝工商　广字第8172号

《2013/2014中国家用纺织品行业发展报告》编辑委员会

序 Foreword

改革开放三十多年以来，我国家纺行业实现了从小到大的跨越式发展，现已成为纺织工业重要的支柱产业，对促进纺织工业的发展发挥着重要作用。与此同时，我们也应清醒地认识到，直至目前，中国家纺行业基本上还是延续传统的发展模式，具有粗放增长的特征。在当前经济发展、社会消费需求、资源约束以及环境压力等因素正在或即将发生深刻变化的现实背景下，家纺行业的传统发展模式将难以为继，必须加快战略转型，走上集约式经营的道路，只有这样，家纺行业才能实现长期可持续的发展。

基于上述关于家纺行业现状和前景的判断，我认为，应当重视对家纺行业发展的分析和研究，以积极探索行业发展的路径和模式。因此，2013 年中国家用纺织品行业协会向全社会公开出版了第一部《2012/2013 中国家用纺织品行业发展报告》，全书获得了业界和社会多方的关注和好评，并成为 2013 年中国家用纺织品行业协会工作十大亮点之一。

2014 年是中国家用纺织品行业协会第二次面向全社会公开发行家纺行业发展报告，编撰人员广泛听取各方意见和建议，对过去一年中家纺行业的发展情况进行了客观严谨的分析和有价值的探索。报告在保持原有的风格基础上，另外增添了“新时代·新生活·新家纺”的发展理念、家纺内外销市场的深入分析、家纺采购和外贸模式、首篇布艺行业发展现状研究、首篇行业产品质量发展报告、工艺技术新动态以及家纺行业“十二五”中期评估等方面的新内容，使全书的面貌焕然一新。中国家用纺织品行业协会力求把本书打造成一部集中反映行业年度发展情况与趋势的研究报告，为产业发展升级提供服务指南，为相关企业、部门机构科学决策和国家宏观管理提供信息依据。同时，本书提出了不少值得我们关注和思考的观点与结论，希望家纺行业的工作者以及其他研究人员都能从此研究报告中得到收获和启迪。

最后，本书在编写过程中得到了社会各界人士的真诚鼓励、大力支持和热心帮助，在此书定稿付梓之际，本人借此机会向相关单位及个人表示衷心的感谢！

是为序。

杨兆华
2014 年 5 月

目录 Contents

2013年中国家用纺织品行业运行报告

杨兆华　魏启雄　陈　润

一、2013年家纺行业运行情况

2013年，中国家纺行业坚持深化产业结构调整，加快产业升级，行业整体运行较为稳定，企业生产质量和效益逐步提高。由于世界经济逐步复苏，我国家纺行业出口有所回升，取得较好成绩。受我国经济增长减速的影响，家纺行业发展面临压力逐渐增加，行业生产指标增速呈现放缓趋势。行业投资情况总体进展顺利。具体来说，我国家纺行业经济运行特点如下。

（一）行业运行总体平稳，增速同比放缓

2013年国家统计局统计的我国家纺行业1810家规上企业实现主营业务收入2611.9亿元，同比增长8.1%，增速较上年降低3.7个百分点，延续了自2010年起下降的趋势，如图1所示。家纺子行业床品、毛巾、布艺行业的主营业务收入增速与上年相比也是趋缓的，各月累计增速波动并不大，行业总体还是比较平稳的，如图2所示。

中国家用纺织品行业协会统计的17家产业集群共实现主营业务收入3083亿元，同比增长7.1%；产销率达98%。协会跟踪统计的200家重点企业完成主营业务收入935.9亿元，同比增长4.6%，产销率达98.6%。总体来说，家纺行业主营业务收入增长较为平稳，增速较年初时有所放缓。

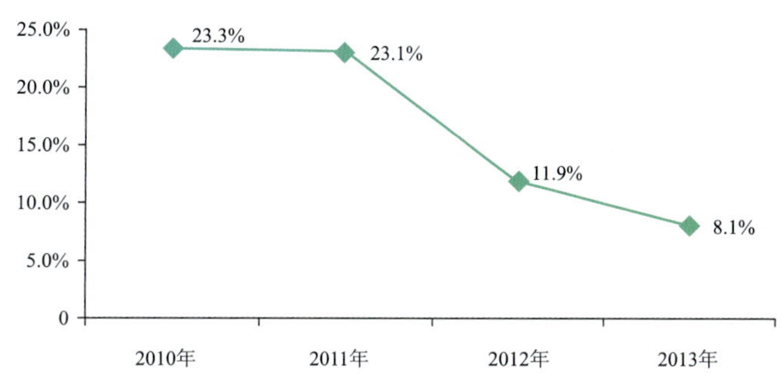

图1　家纺行业规上企业累计主营业务收入增速
资料来源：国家统计局

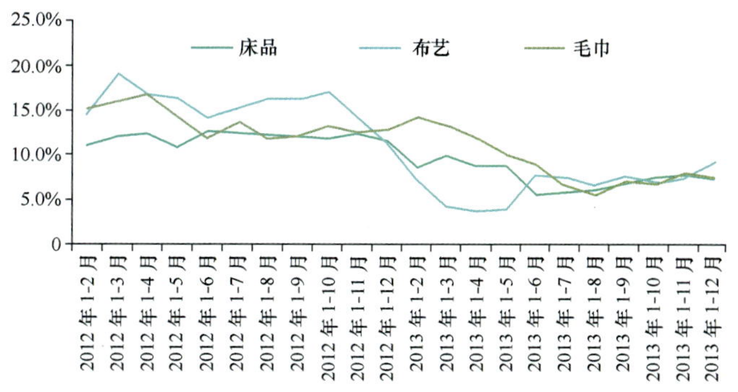

图2　家纺子行业规上企业主营业务收入增速
资料来源：国家统计局

（二）行业效益持续向好，盈利能力有所增强

家纺行业利润保持较好增长，增长质量和总体效益有所提高。如图3所示，2013年国家统计局统计的我国家纺行业1810家规上企业累计实现利润总额157.5亿元，同比增长9.6%，增速较主营业务收入增速高出1.5个百分点。

2013年我国家纺行业1810家规上企业成本费用利润率为6.5%，同比增加0.1个百分点；利润率为6.0%，同比增加0.1个百分点，如图4所示。利息支出同比增长2.4%，同比降低17.2个百分点，表明行业成本增速有所放缓，企业融资环境有所好转；存货产成品增速同比下降10个百分点，如图5所示，行业资产转化为利润能力不断增强。以上数据显示企业盈利能力逐渐增强，效益有所好转。

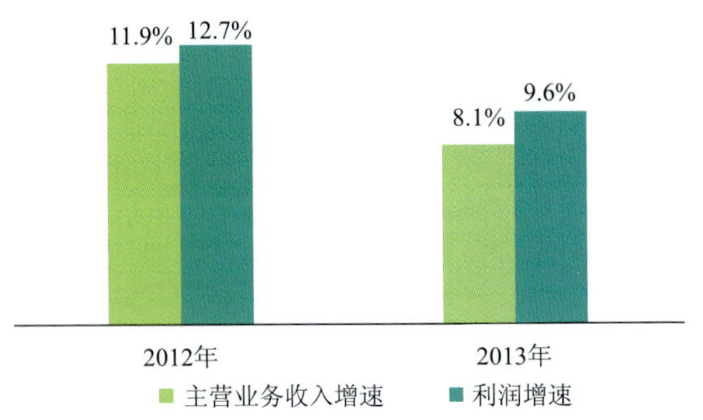

图3　家纺行业规上企业主营业务收入与利润增速比
资料来源：国家统计局

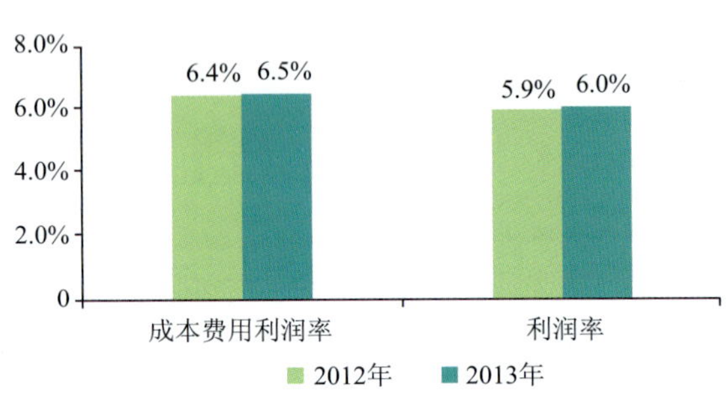

图4　家纺行业规上企业效益指标对比
资料来源：国家统计局

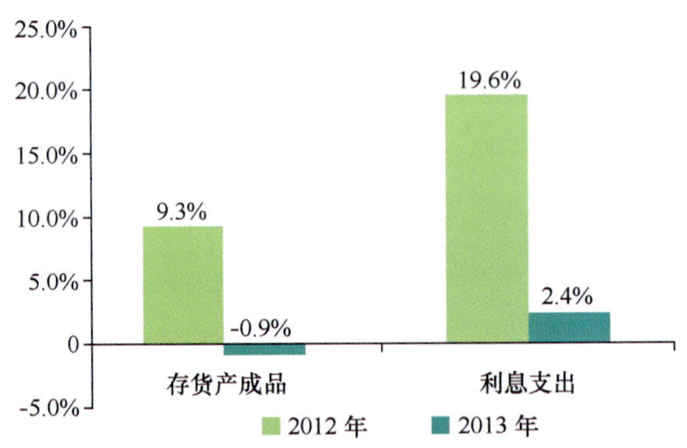

图5　家纺行业2013年存货产成品累计同比增速
资料来源：国家统计局

（三）出口增速稳中有升，传统市场与新兴市场并进

据中国海关统计数据显示，如图6所示，2013年我国家用纺织品累计出口总额399.8亿美元，同比增长9.4%，增速较上年同期上升3.4个百分点。行业出口量略有下降，同比降低0.7%，从全年走势来看，出口量逐步恢复，出口价格仍继续上涨，同比增长10.1%，如图7所示。

另据测算，如图8所示，以2010年1月为基期100，2013年12月的家用纺织品出口价格指数达到有史以来的最高点146.6，出口价格指数的持续上长，说明我国家用纺织品的国际竞争力有所增强。

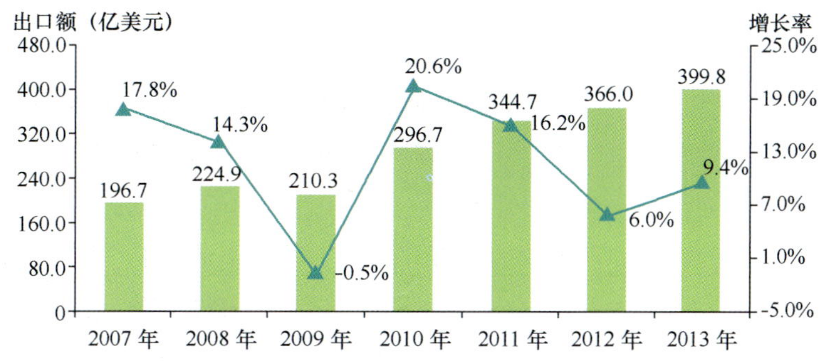

图6　2013年家用纺织品出口额以及增速
资料来源：中国海关

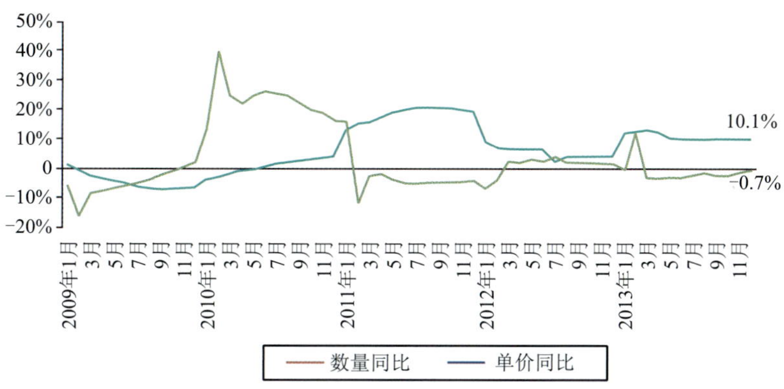

图7　2013年家用纺织品出口数量及单价增速
资料来源：中国海关

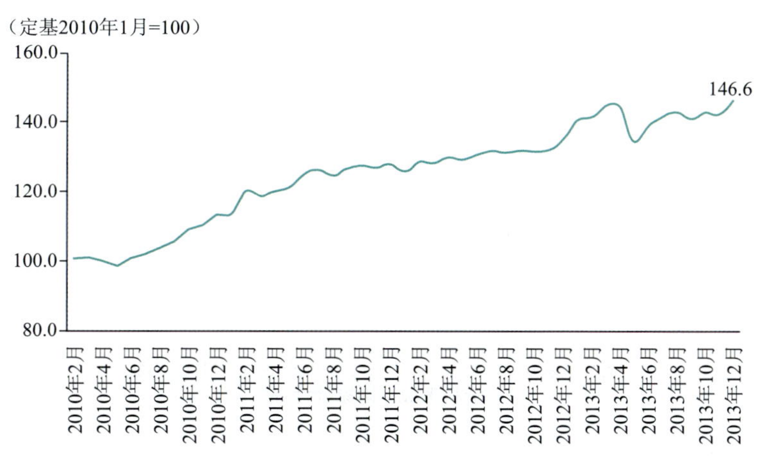

图8　2010年以来中国家用纺织品出口价格走势
资料来源：中国海关

1. 传统市场稳中有升

2013年我国家纺行业对美国、欧盟和日本三大主要国家和地区出口194.2亿美元，同比增长4.3%。这三大市场在我国出口总额的比重总体是下降趋势，如图9所示。不过虽然金融危机的影响尚未完全消除，但是发达国家经济复苏的步伐开始加快，经济逐渐回暖，我国家纺对美欧日出口占比由2013年上半年的最低点48.3%上升至当前的48.6%，略有回升。

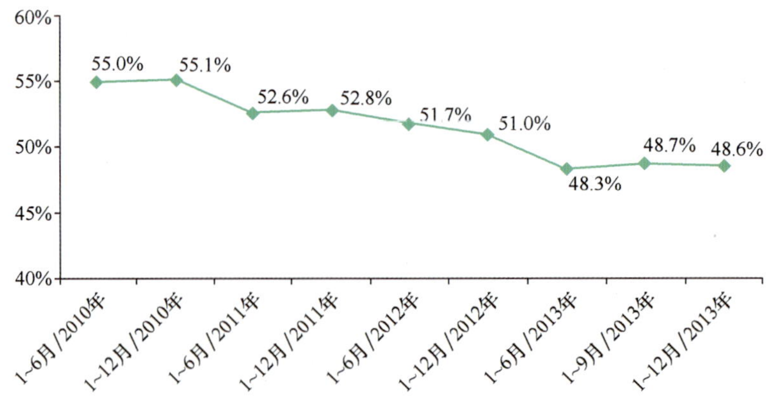

图9 美欧日三大市场占我国家纺行业出口总额比重
资料来源：中国海关

三大主要市场中，美国市场较好，如图10所示，我国家纺对美国出口总额92亿美元，同比增长7.8%，占到我国家纺出口总额的23%，比去年同期降低0.3个百分点，对出口增长贡献率为19.4%。

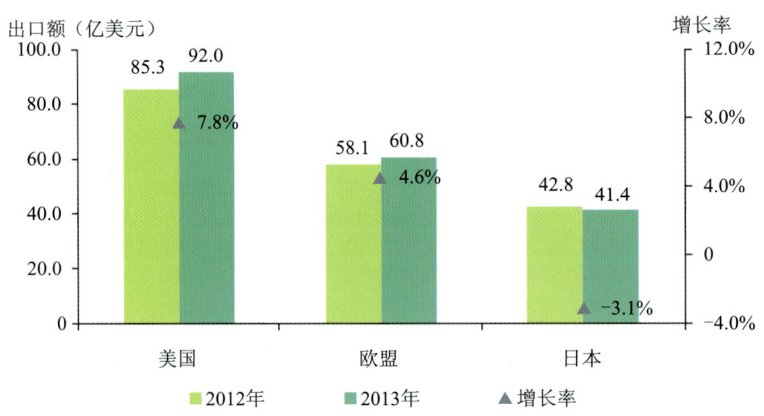

图10 家纺行业美欧日三大市场出口总额及增速
资料来源：中国海关

我国家纺对欧盟出口总额60.8亿美元，同比增加4.6%，占我国家纺出口总额的15.2%，较去年同期降低近0.7个百分点，对出口增长贡献率为7.7%。

日本市场表现不佳，我国对日本出口总额为41.4亿美元，同比下降3.1%，在我国出口总额的比重也降至10.4%，较去年同期减少1.3个百分点，对出口增长贡献率为–3.8%。

2. 新兴市场拉动作用明显

2013年全年除去三大市场以外，我国家纺行业对其他国家和地区出口总额累计205.6亿美元，同比增长14.7%，比去年同期出口额增加26.4亿美元。

新兴市场对出口增长拉动作用明显。如图11、图12所示，我国家纺对东盟十国出口33.7亿美元，实现了36.5%的高增长，其中毯子、餐厨用品以及床品同比分别增长124%、80%和45%；对东盟十国出口额占到全行业出口总额的8.4%，对出口增长贡献率为26.3%，贡献最大。

我国家纺对中东十七国出口总额累计33.5亿美元，同比增长16.2%，占到全行业出口总额的8.4%，与出口东盟十国所占比例相差无几，对出口增长贡献率为13.6%。

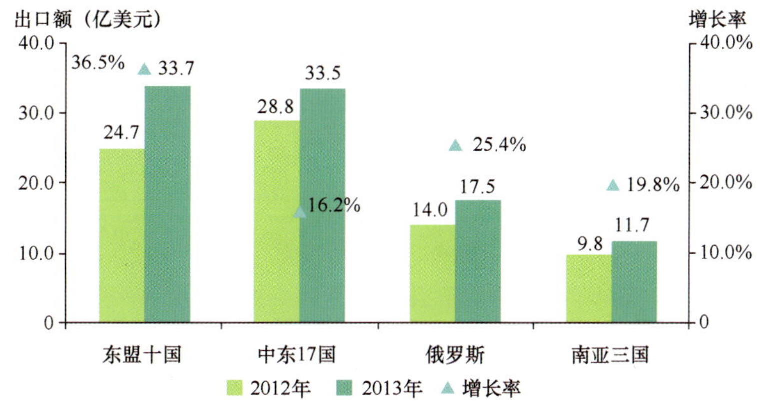

图11　家纺行业主要新兴市场出口额比较
资料来源：中国海关

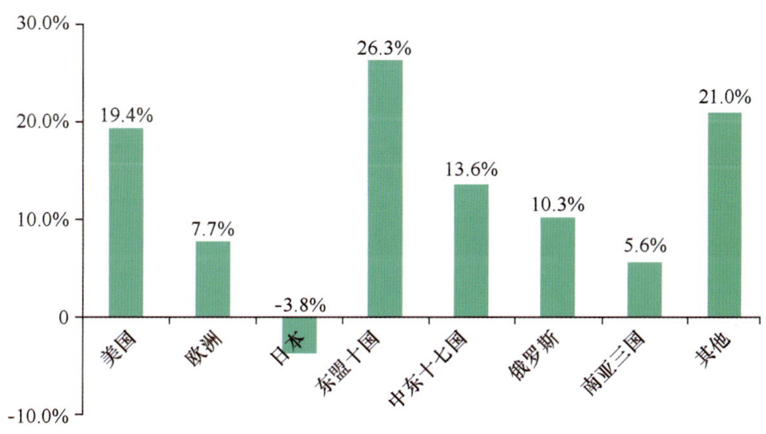

图12　家纺行业对主要国际市场出口增长贡献率比较
资料来源：中国海关

我国家纺对俄罗斯出口17.5亿美元，同比增长25.4%，其中毯子、餐厨用品以及床品同比分别增长45%、50%和49%。对俄罗斯出口所占比重为4.4%，出口增长贡献率为10.3%。

我国家纺对印度、孟加拉国和巴基斯坦出口额分别为5.5亿美元、3.4亿美元和2.8亿美元，同比分别增长7.6%、33.6%和33%，南亚三国总计对出口增长贡献率为5.6%。

3. 出口产品结构趋于合理

国家海关总署数据显示，如图13所示，家纺行业出口产品类别中，床品出口额125.2亿美元，所占出口比例最大，其次是窗帘布艺产品，出口额为80.8亿美元，其他产品出口额之间相差并不太大。各产品出口同比中，除了地毯出口同比增长4.3%，增速较为缓慢以外，其余产品如床品、窗帘布艺等类别出口增长都比较快，同比增速皆在8%以上，尤其是毯子、餐厨用织物制品和毛巾类产品，同比分别增长13.2%、10.8%和9.7%，这说明我国家用纺织品的出口结构越来越趋于合理。

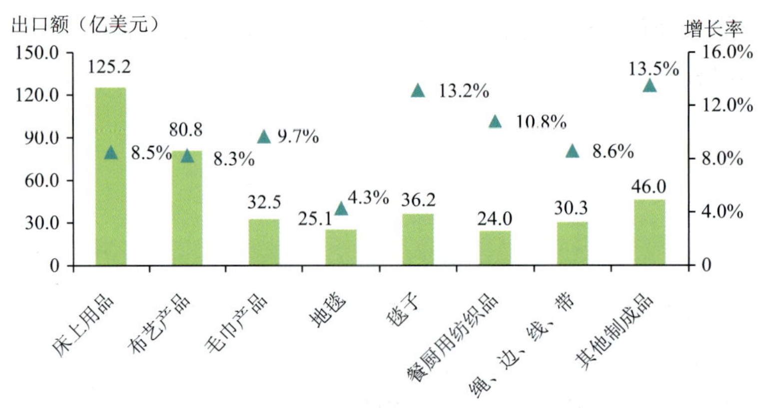

图13　家纺产品分类别出口金额及增速
资料来源：中国海关

（四）行业内销增速稳中见缓，电商发展迅速

中国经济增长已出现放缓的势头，未来仍将处于这种放缓的趋势中，受此影响，我国家纺行业的内销增速有所放缓。如图14所示，2013年家纺行业1810家规上企业实现内销产值1971.9亿元，同比增长8.4%，较上年增速降低7.5个百分点。17个产业集群内销产值2450.3亿元，同比增长8.4%，内销占比80.6%，较上年增速降低2.1个百分点。协会跟踪的200家重点企业内销同比增加2.2%，较上年增速降低5.3个百分点。

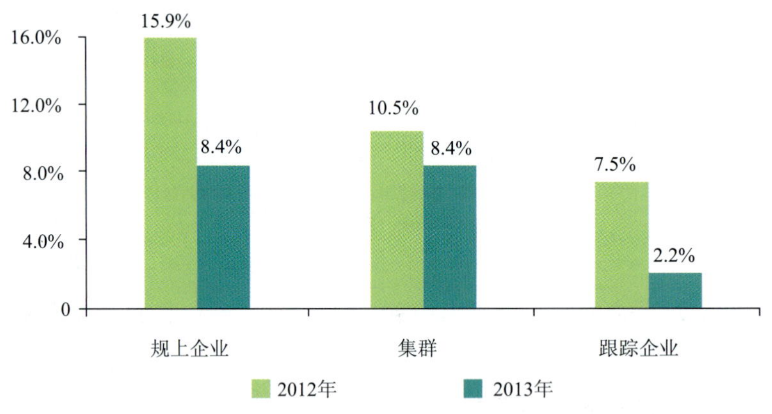

图14　家纺行业2013年与2012年内销增速比较
资料来源：国家统计局、中国家纺协会

家用纺织品销售新渠道建设中，电子商务交易增长迅速。据某咨询公司研究数据显示，2013年中国家纺行业电商交易总额同比增长超过100%。移动互联网的发展、消费者消费习惯的改变以及各家纺企业对电商渠道建设非常重视，这些都促进了家纺行业电商的迅猛发展。

（五）企业投资总体进展顺利

2013年家纺行业投资总体情况进展比较顺利。其中，实际完成投资增长较快，在建项目、新开工项目以及竣工项目均稳定增长。国家统计局统计2013年全年家纺行业实际完成投资501.5亿元，同比增长21.2%；施工项目数1018个，同比增长13.7%。在建投资增长较好，新开工项目数为799个，同比增长17.2%，说明家纺行业生产潜力较大。竣工项目数为706个，同比增长10%。

二、家纺行业运行中存在的问题

（一）宏观内需动力增速有所减弱

目前我国经济增长较前几年相比已经放缓，2013年我国GDP比2012年增长7.7%，经济增速明显下降，并且2014年预期经济增长会更低。如图15所示，2013年我国城镇人均可支配收入同比增长7%，增速较2012年降低2.6个百分点，农村人均收入同比增长9.3%，增速较2012年降低1.4个百分点。2013年我国社会零售总额同比增长11.5%，增速较2012年降低0.6个百分点。再加上全年居民消费价格比2012年上涨2.6%。从分类别看，食品价格比2012年上涨4.7%，基本生活必备消费价格的大幅提高，挤出了消费者在其他领域的消费需求。

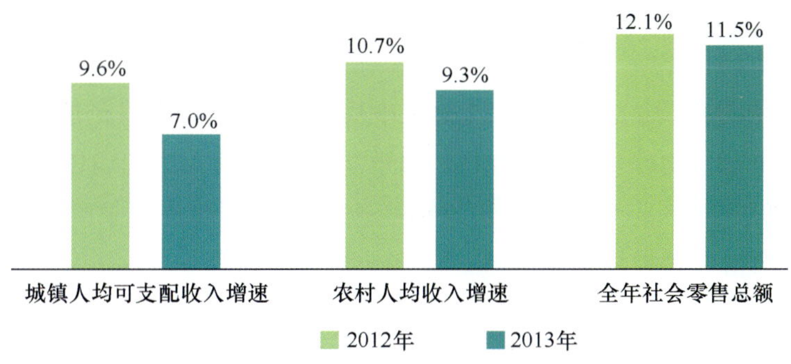

图15　2013年我国居民收入及消费情况增速
资料来源：国家统计局

由于我国经济增长重心已由重视高增速逐步转变为调结构、重质量，所以家纺行业也应适应这种转变，甚至要主动追求这种变化趋势。虽然行业内销同比增速有所放缓，但内销总额较2012年仍有所提高，特别是电商异军突起，线上交易增速迅猛，很可能成为行业发展的机会和亮点。厂商应抓住增速放缓的时机，加快结构调整、产业和产品升级，探索渠道创新，发展线上交易，逐步逆转内销增速放缓的劣势。

（二）内销子行业增速不均衡

家纺各类产品内销情况中，床品内销总额较2012年有所提高，但增速有所放缓。2013年961家床品规上企业实现内销产值1021.5亿元，同比增加5.1%。5家床品集群内销产值为539.4亿元，同比增长8.8%。家纺协会跟踪统计的93家床品企业内销产值为397.8亿元，同比增长0.7%。叠石桥价格指数从2013年年初的98.5降低为年末的94.2，反映了床品内需虽较2012年有所提高，但增速面临放缓的趋势。

对于床品企业来说，因为前几年床品企业内销增速一直明显过高，很大程度上透支了人们未来对床品的需求，由此造成床品内销发展潜力不足。再加上行业市场进入壁垒较小，产品同质化严重，受电商冲击，传统渠道面临挑战但新的销售渠道并没有完全建立，以及床品产业结构的调整和升级在短时间内仍然难以得到明显改善等方面的综合原因，因此导致床品企业内销增速放缓。

布艺内销产值增速趋好。2013年，189家规上布艺企业实现内销产值123亿元，同比增长6.7%。6个布艺集群内销产值为326.1亿元，同比增长6.9%，以内销为主的杨汛桥和大麻集群内销产值同比分别提高14.1%和14.7%。家纺协会跟踪统计的84家布艺企业内销产值为79.6亿元，同比增长5.9%，扭转了2012年负增长的局面。

布艺企业内销增速较2012年上升主要源于以下几方面的因素。

（1）2013年，商品房销售面积比上年增长17.3%。其中，住宅销售面积增长17.5%，这将间接增加家用纺织品的市场需求量，特别是增加了对布艺产品的需求。据家纺协会对消费者的调查问卷结果显示，五成左右的消费者表示在乔迁新居时会购置窗帘，房地产市场的持续增长对布艺销售是一个重要促进因素。

（2）布艺产品集群化生产的特点以及集群当地政府在大力打造区域品牌，突出集群产品特色等方面做出了巨大的努力。

（3）布艺企业注重销售渠道的创新和改进，大规模集中参加展会，对布艺产品的推广和销售都是积极的因素。

毛巾内销增速相对平稳。2013年311家毛巾规上企业实现内销产值545.4亿元，同比增长12%，高阳毛巾产业集群内销产值为188亿元，同比增长9.3%，16家毛巾企业内销产值131.9亿元，同比增长5.9%。消费者消费习惯的改善以及对健康要求的提高，毛巾需求有所提高。因此毛巾内销情况较好，增速平稳。

（三）子行业投资增速差异较大

家纺行业总体投资进展顺利，不过各子行业投资差异较大，具体表现为床品投资增长较快，毛巾投资增速平稳，窗帘布艺有所下降。如图16所示，床品企业完成实际投资最好，同比增长34.9%；毛巾类企业次之，实际完成投资情况增长16.9%；窗帘布艺实际完成投资情况较差，同比降低15.1%。其中床品企业和毛巾类企业新开工项目数同比分别增长36.6%和18.5%，布艺企业较差，同比降低6.9%。

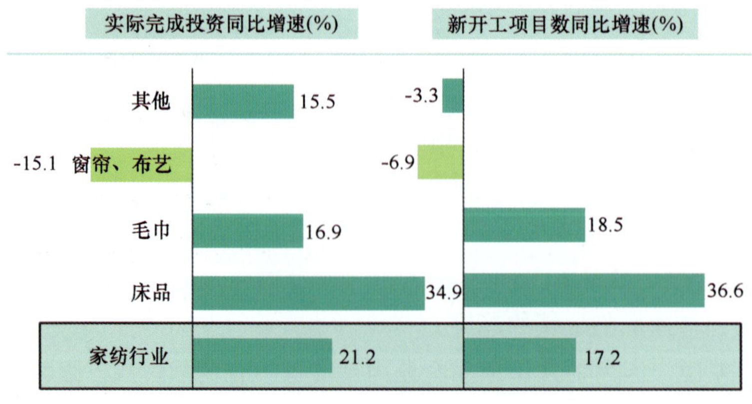

图16 家纺行业及子行业投资情况同比增速
资料来源：国家统计局

床品施工项目515个，同比增长25%，增长较快；毛巾类和窗帘布艺类施工项目数较去年同比小幅上升。床品竣工项目数383个，同比增长29%，毛巾和布艺企业竣工项目数下降较大，同比分别下降14%和10.3%。

三、2014年家纺行业趋势预判及展望

根据目前国家经济形势以及产业实际发展状况，并结合2013年全年家纺行业综合情况，预测2014年全年家纺行业内销增速缓慢的问题或仍将存在，但出口有望继续向好。因此，企业应该加快产业结构调整和产业升级，加大产品宣传，扩大内需市场，以缓解内需动力不够强劲的局面。同时还要加快渠道创新建设和提升服务水平，实现内销的稳步增长。

（一）抓住机遇，规避风险，加快出口

2014年，世界经济有望逐步走出国际金融危机的阴影，总体经济形势会好于2013年。据国际货币基金组织预测，2014年世界经济将增长3.6%，全球经济复苏在波动中逐步加强。其中，美、欧、日等主要发达经济体复苏趋势得到进一步确认，发达经济体重新成为世界经济增长的主要驱动力。我国家纺行业应抓住经济周期中复苏阶段，提高产品质量，进一步扩大出口传统市场的规模，并尽力遏制三大市场占比下降的趋势。

新兴经济体虽然目前情况较好，但在未来仍存在较大风险，面临着经济增长放缓和全球金融状况收紧的双重挑战，中国对其出口将继续保持高速增长，但增速可能会稍稍放缓。对于新兴市场的出口，主要是防范风险的问题，企业应积极开拓新市场，抓住出现的新机遇，以提高多元化市场布局的方式来应对国际市场中出现的市场风险问题。

（二）积极扩大内需，发展渠道创新

2014年我国宏观经济依然存在着下行压力,预计GDP增速将继续放缓，内需不足仍将继续，房地产市场投资增速放缓，面临下行压力，国内政策明松实紧，行业内销绝对值将继续增长，但增速或将有所放缓。由于内需动力欠强劲，为积极扩大内需，企业应通过多种方式向市场消费群体传达健康消费理念，同时提升产品质量和售后服务，积极扩大家纺产品的内销。

家纺企业应不断推进渠道建设，特别是当前内需动力不太强劲的情况下，国内市场的渠道建设更显重要。企业应根据市场环境和产品细分演变，精准地在市场和行业中找到自己的定位，改进和完善传统渠道，推进多层次商业渠道建设。线上和线下需共同发展，通过总结传统渠道与电商各自特点、客户的消费行为以及产品特性，采取多种策略组合，以满足各类消费群体的需求。随着经济不断发展，科技日益进步以及年轻一代群体逐渐成熟，网络销售将继续迅速发展，企业应当侧重网络销售渠道的创新和建设。

（中国家用纺织品行业协会）

家纺布艺产业发展现状初探

杨兆华　魏启雄　李　杰

布艺是家用纺织品行业的重要组成部分，布艺产品主要包括有窗帘窗纱、门帘帷幕、沙发布、家具装饰布、贴墙装饰布、壁挂、其他布艺装饰制品和生活用布艺制品。随着我国消费水平的提高和住房条件的改善，布艺产品用途越来越广泛，我国布艺产业规模和格局也在不断发展和完善之中。

一、我国布艺产业规模及分布

经过对布艺产业规模和格局的综合分析，初步判断我国布艺产业2013年产值规模达到了2000亿元，其中，出口产值为520亿元，约占布艺产值的1/4；内销产值为1480亿元，约占布艺产值的3/4。在内销中，窗帘产值规模优势尤为突出，窗帘面料生产和成品加工合计产值占到布艺内销产值的4/5，沙发布和其他布艺产品产值合计占1/5。2013年布艺行业产值规模及构成见表1。

表 1　2013 年布艺行业产值规模及构成　　单位：亿元

布艺产值	2000		
内销	1480	窗帘	1200
		沙发布	230
		其他布艺产品	50
出口	520		

在布艺产业中，布艺面料生产企业主要分布在东部沿海地区，主要产品有沙发布、窗帘布及各类装饰布。内销成品窗帘加工生产企业则分布在全国各地，专营为窗帘终端用户设计、生产制作及安装，其骨干企业和品牌企业主要集中在省会城市及区域重点城市，具有较强的区域针对性和区域辐射功能。

（一）布艺面料生产能力分布及产品构成

全国布艺面料生产企业拥有织机约13万台，针织机7000多台。年生产各类机织布90亿米

（折合1.5米幅宽）、针织布80万吨，2013年产值约为1300亿元。面料生产企业主要分布在浙江、江苏、山东、广东、福建等地区，其中浙江省布艺面料生产的规模优势特别明显，产值占到全国总量的60%。其次为江苏省，江苏省布艺面料生产产值约占全国总量的20%。剩余的20%产值为除浙江、江苏以外的全国其他省（市）生产。据协会统计，浙江省的杭州、海宁、绍兴、桐乡及江苏省的吴江盛泽镇合计有从事布艺生产的织机11万台，其中进口织机9000台；针织机约4000台，2013年工业总产值1000亿。

布艺面料按生产方式可分为机织面料和针织面料，按用途主要分为装饰布（包括窗帘布）和沙发布。在布艺面料1300亿元产值中，机织面料产值占70%，针织面料产值占30%；装饰布（包括窗帘布）产值占70%，沙发布产值30%。布艺面料产地和主要品种产值分布情况见图1。

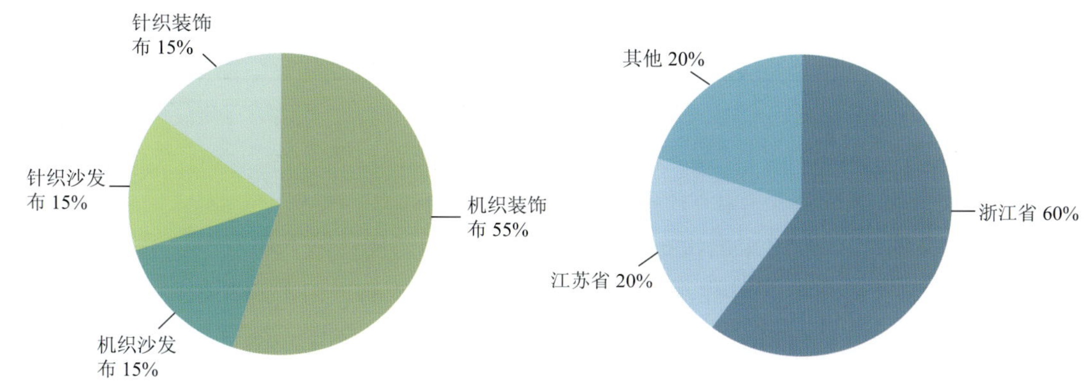

图1　布艺面料产地和主要品种产值分布情况

（二）国家统计的规模以上企业运营情况

据国家统计局统计，189家布艺规模以上生产企业2013年实现主营业务收入216.5亿元，同比增长9.2%；利润总额11.2亿元，增长7.4%；利润率5.16%，较2012年减少0.09个百分点；出口交货值93.6亿元，同比增长12.6%，出口交货值占主营业务收入的比例达到43.2%；存货中的产成品金额为25.2亿元，同比下降15%。

浙江省在我国布艺产业中优势明显，国家统计局统计的189家布艺规模以上生产企业中浙江省的企业占有122家。2013年浙江省122家布艺规模以上生产企业完成主营业务收入129.2亿元，占全部统计企业的59.7%；实现利润总额5.17亿元，占全部统计企业的46.3%；出口交货值73.4亿元，占全部统计企业的78.4%。企业户数和主营业务收入排在2~5位的地

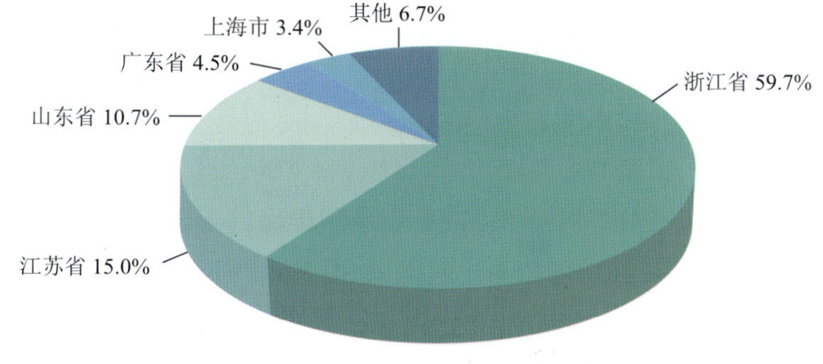

图2　部分省（市）布艺规上企业主营业务收入的比重

区为江苏省、山东省、广东省和上海市，企业户数分别为22户、18户、6户和5户，主营业务收入占比分别为10.6%、5.3%、1.9%和2.2%。部分省（市）规上企业主营业务收入的比重如图2所示，部分省（市）规上企业户数及主要经济数据比重见表2。

表 2　部分省（市）规上企业户数及主要经济数据比重

地区	企业户数	主营收入占比（%）	出口交货值占比（%）	利润总额占比（%）
浙江省	122	59.7	78.4	46.3
江苏省	22	15.0	10.6	15.0
山东省	18	10.7	5.3	14.3
广东省	6	4.5	1.9	12.2
上海市	5	3.4	2.2	0.6
其他	16	6.7	1.6	11.5

二、布艺产品出口情况

据我国海关统计，2013年出口布艺产品80.8亿美元，同比增长8.28%。海关统计的布艺出口产品主要包括装饰布、窗帘、装饰用织物制品和刺绣品（由于海关税则号分类中很难区分家纺装饰面料和服装面料，所以本文反映布艺面料数据为不完全统计数据，仅为部分装饰面料）。主要布艺产品出口额的比重如图3所示。2013年，装饰布出口28.5亿美元，同比增长10.88%；窗帘出口22.7亿美元，增长4.41%；装饰用织物制品出口18.5亿美元，增长16.64%；刺绣品出口11.1亿美元，同比下降1.88%。

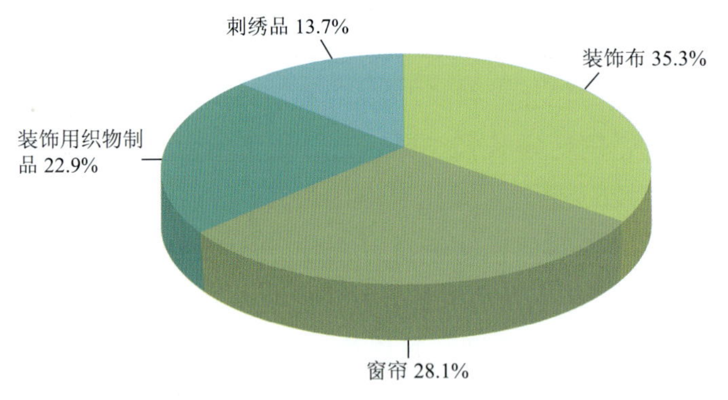

图3　布艺主要出口产品组成

布艺产品出口贸易中，一般贸易占到了90%，并呈现出稳定的增长态势。2013年，布艺出口一般贸易72.9亿美元，同比增长9.76%；进料加工贸易增长较快，出口额达到3.4亿美元，增长20.1%，进料加工贸易占到布艺出口总额的4.2%；在其他的贸易方式中，除保税库进出境货物贸易增长7.36%，其余的均比2012年有不同程度的下降。如边境小额贸易出口额3.4亿美元，同比下降24.97%，来料加工贸易出口额8000美元，下降16.28%，边境小额贸易和来料加工贸易合计出口额占布艺出口总额的2.58%。

从地方海关的出口数据看，50%以上布艺出口是通过浙江省海关完成的。出口额排在首位的浙江省海关2013年出口布艺产品41.6亿美元，同比增长7.89%，部分省级海关布艺产品出口金额占比如图4所示。出口额排在2～7位的分别为：江苏省海关出口10.6亿美元，增长6.12；上海市海关出口6亿美元，增长3.42%；广东省海关出口5.8亿美元，增长19.08%；山东省海关出口5.5亿美元，增长15.05%；福建省海关出口1.9亿美元，同比减少3.03%；辽宁省海关出口1.2亿美元，同比增长48.12%。部分省级海关分类产品出口额占比见表3。

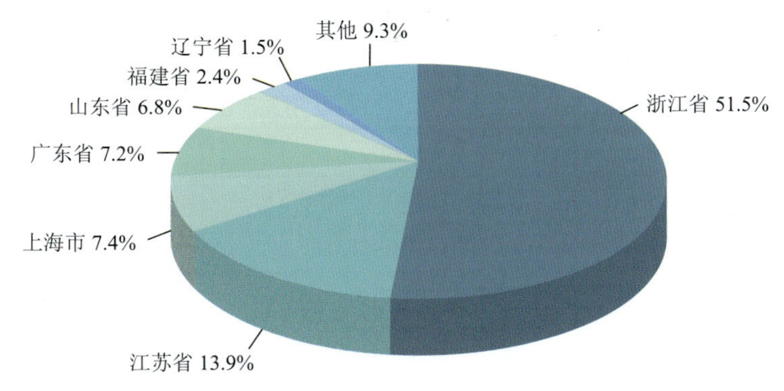

图4　部分省级海关布艺产品出口金额占比

表 3　部分省级海关分类产品出口额占比　　单位：%

地方	装饰布	窗帘	装饰用织物制品	刺绣品
浙江省	53.48	46.59	36.96	80.83
江苏省	14.27	16.86	16.57	2.73
上海市	5.13	9.40	10.64	3.98
广东省	11.08	4.84	5.49	4.58
山东省	4.56	11.54	7.80	1.10
福建省	4.11	0.62	2.84	0.66
辽宁省	0.76	0.77	3.21	1.91

三、布艺产业的发展特点

（一）起步晚　发展快

我国布艺产业起步较晚，上世纪八十年代才开始有专业的布艺生产企业。广东是我国布艺产业的兴起地，最早从事布艺产品生产的企业主要集中在珠江三角洲和杭州湾地区。经过30多年的发展中，布艺面料生产及加工企业在浙江、江苏、山东等快速扩张。随着产业的发展和消费需求的急剧增长，窗帘内销零售加工企业应运而生，从一线城市到二线城市、到三线、四线城市……构成覆盖全国的零售加工体系，有力地推进了布艺行业的发展。在30多年的发展历程中，我国布艺产业大体经历了从无到有、从有到全的两个发展阶段。目前，我国已经成为世界布艺生产大国和消费大国，我国布艺的产业规模、市场规模，以及布艺产品的品种和数量均位于世界前列。

（二）集群特征突出

我国布艺产业是在我国推进市场经济的环境中发展起来的，民营经济从一开始就是这个产业的主体，且产业布局相对集中，集群式生产特点尤为突出。浙江省是布艺产业规模发展最快、产业最为集中的地区，在杭州湾周边的区、县、镇形成了高集中度的产业群体。近年来，浙江有5个布艺产业生产集群被中国纺织工业联合会命名为产业特色名城（镇），见表4。

表 4　中国纺织工业联合会命名的布艺及相关产业特色名城（镇）

类别	地区	产业集群称号
布艺产业集群	浙江省杭州市余杭区	中国布艺名城
	浙江省海宁市许村镇	中国布艺名镇
	浙江省桐乡市大麻镇	中国家纺布艺名镇
	浙江省绍兴市杨汛桥镇	中国窗帘窗纱名镇
	浙江省杭州市萧山义桥镇	中国床垫布名镇
相关产业集群	浙江省海宁市马桥镇	中国经编名镇
	江苏省苏州市吴江盛泽镇	中国丝绸名镇（长丝织造）

近年来，布艺产业集群加强了产业特色建设，各集群的特色产业和产品更加突出，产业规模也不断扩大，目前杭州余杭、海宁许村、绍兴杨汛桥的布艺生产年产值都达到或超过了200亿元。

1. 浙江余杭

杭州市余杭区致力发展高档装饰布艺面料，形成了从研发设计到终端产品销售的全产业链，产品涵盖窗帘布艺、沙发布艺、床上用品、静电植绒、花式纱线等，其中中高档装饰布占全国生产和销售的比重较大。余杭区布艺产业集群现有家纺企业4600余家，形成了杭州奥坦斯布艺有限公司、众望控股集团有限公司、杭州柯力达纺织装饰织造有限公司、杭州中亚布艺有限公司、杭州艾可家纺有限公司等一批在行业内较有影响的骨干企业，并继续努力加快外贸转型升级，从传统的家纺制造基地向家纺研发设计基地、品质品牌基地发展。

2. 浙江许村

经过30多年的发展，海宁家纺布艺产业实现了从初步形成、快速发展，到提升跨越的大飞跃，构筑起了以织造为主，后整理相配套的家纺装饰布生产协作体系，产业群体优势和产销优势都较为明显。目前，海宁许村已成为全国著名的提花家纺生产中心，主要产品有窗帘布（含成品窗帘）、沙发布、床上用品、家居布艺等软家居用品，产品内销全国各地，外销东南亚、南非、中东及欧美等40多个国家和地区。

3. 浙江杨汛桥

浙江杨汛桥细分布艺市场，确立了以窗纱、窗帘（包括针织和机织窗纱、窗帘）产品为重点的特色产业发展方向，重点加强经编家纺产业的技改投入，做大做强窗帘窗纱产业。经过近几年的提升发展，窗帘窗纱已成为杨汛桥工业经济的主导产业。形成了一条从纺丝、纺纱到织造、针织、绣花、印染整理、成品的产业链，主要产品有纺丝纺纱、装饰布、针织布、提花布、绣花布、家居用品成品等。现拥有进口纺丝线16条，各类中高档织机3000多台，针织机3500多台，绣花机2900余台，产品除内销外还远销世界70多个国家和地区。

4. 浙江大麻

大麻镇2004年被中国工业协会命名为“中国家纺布艺名镇”，近年来，随着形势的发展和市场的细分，大麻镇产业集群扬长避短，专注于生产沙发布，沙发布产业特色日趋明显。目前，大麻镇共有规上企业45家，其中沙发布行业规上企业37家，占比达到82.2%。从事沙发布产品生产和销售的企业（含个体户）总数超过5000家，超过全镇总农户数的1/2，从业人员达到14700人，剑杆织机8000多台，沙发布年产能产值达到100亿元。大麻镇产业集群注重沙发布产品开发，在提花色织沙发布生产和后道深加工上技术优势明显。

5. 浙江义桥

浙江义桥床垫布产业是杭州市萧山义桥镇的传统支柱产业，现已发展成为全国著名的床垫布生产基地之一。义桥镇共有床垫布企业260余家，拥有织机8000余台，年生产床垫布2亿多米，产品内外销兼顾，在全国建立的床垫布经销点超过1000个，产品销售和对外影响日益扩大。

6. 江苏盛泽

在多年的纺织产业发展中，江苏盛泽已经形成一条从缫丝、化纤纺丝、织造、印染、织物深加工到纺织制成品的产业链。全镇拥有各类纺织企业2300多家，12万多台无梭织机，全镇拥有年产300万吨涤纶长丝与桑蚕丝、130亿米化纤织物和真丝绸的生产能力。其中，从事初级装饰面料生产的织机约有3万台，产量约30亿米。

（三）国外市场和国际资源利用程度较高

我国家纺布艺产业是在我国改革开放时期开始起步的，现代家纺布艺的概念主要是从国外引进的，国外布艺窗帘、布艺沙发等产品已经有了几百年的发展历史。我国布艺产业发展初期，由于国内销量有限，当时布艺行业以出口市场为主，许多布艺企业是从外销开始做起的。

布艺产业发展过程中，一方面，充分利用国外经验和时尚新潮的产品对国内消费积极进行引导，起点高，见效快，国内市场布艺消费需求急剧上升，布艺产业规模因此也快速扩大，国内市场份额比重稳步提高。另一方面，在国际市场中从几乎全部从事二手订单加工，发展到一些自主产品实现了直接销售。同时，国际交流合作和国际资源共享也得到了长足进展。奥坦斯、众望、中亚等行业骨干企业通过在美国设立公司，聘用美国设计和销售人员，产品的设计水平和海外销售渠道的建设大有改观，着力促进了自主品牌在国际市场上的发展。虽然我国布艺产业仅有30多年的发展历史，但在国际交往与合作方面积累了许多成功的经验。

（四）销售网络自成体系

由于布艺产业是新型产业，布艺产品的国内销售网络几乎是伴随着产业一同发展起来的，形成了较为完善的销售网络体系。最具代表性的是布艺窗帘产品销售的发展历程，20世纪80年代布艺产业起步阶段，布艺窗帘产品主要是在当时商业零售场所中设专柜销售；90年代，由“专柜销售”逐步过渡到“专卖店销售”，并着力推进“量身定制”服务。2000年后，连锁专卖加盟模式开始实施并得到发展。在布艺窗帘产品销售体系不断构成和完善的同时，布艺专业市场在全国依次形成，构成了全国性的批发、零售网络。沙发布的内销主要有两种途径，一种是订单式生产，直接供货到家具生产企业；另一主要渠道是通过分布在全国各地的批发市场实现销售。布艺产品主要销售体系见图5。

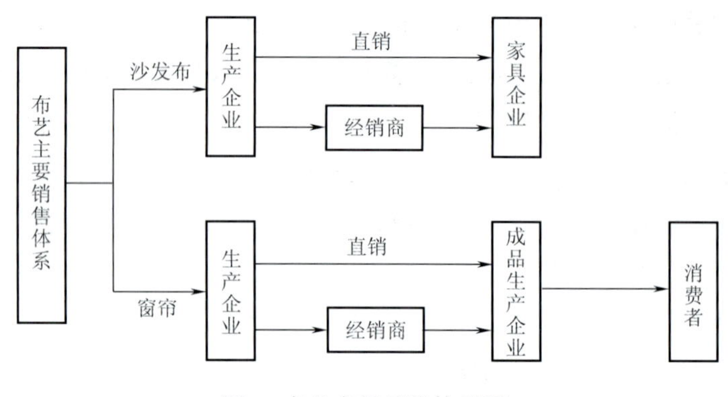

图5　布艺产品销售体系图

目前，布艺产品主要的销售渠道有专业市场（包括建材市场）、代理批发、连锁加盟、工程订单销售等。同时，我国布艺产品出口到世界各地，已成为世界布艺产品的最大出口国。

四、主要面临问题

（一）企业规模偏小

在布艺行业中，大型且有实力的品牌布艺企业不多，多数是以家庭作坊形式进行生产的小加工厂，企业规模、资金和技术实力都有局限性。如浙江省余杭、许村、杨汛桥、大麻、义桥等五个布艺产业集群合计有生产企业和加工户1.8万家，其中规模以下企业和加工户占到了97%以上。由于企业规模普遍偏小，无法实现产业集约化发展。

（二）品牌特征不显

布艺行业缺乏全国性知名品牌，区域品牌也不多，不少窗帘布艺生产企业有意打造全国性品牌，但却被现有的经营模式所阻断。首先，受国内布艺产品销售流通现状的影响，布艺生产企业的品牌形象只能在流通领域各批发商、零售商中建立。其次，布艺行业内没有标准化产品，无法形成规模化生产，严重影响了布艺企业品牌的建设。再其次，目前我国布艺窗帘类商品属于个性化定制产品，由于生产流通环节多，也会在一定程度上影响品牌推广的进度。

（三）趋同现象严重

我国布艺行业发展时间不长，在行业发展的最初，作坊式企业多，基础普遍较弱，经营理念较为陈旧，企业研发投入少，大部分研发人员水平低，特别是产品设计人员缺乏，以致产品抄袭现象严重，加之国内监管机制还不健全，造成了行业较严重的趋同现象。

五、发展与建议

我国布艺产业在经历了从无到有、从有到全的发展阶段后，下一步将面临转型升级的战略发展时期。有人说我国布艺企业将面临分化，我们认为，更确切地说我国布艺企业面临的不是“分化”，而是“进化”。许多布艺企业的开创者和经营者经过30年的不懈努力和探索，经营理念成熟了，追求更高了，“进化”的愿望更迫切了。布艺企业在经历了发展初期的积累后，也迫切需要“进化”升级，强化企业现代化建设。而我国鼓励中小企业发展的优越政策和时机，以及实力雄厚的大纺织产业链，都为我国布艺产业的“进化”提供了有利的外部环境。布艺产业的进化将是转变发展模式的产业结构进化、产品创新的进化、渠道升级的进化。通过转型升级，实现行业在更高层次的发展，构建出产业规模大、技术含量高、质量效益好、综合实力强、发展潜力足的现代化家纺布艺产业格局。

（一）加强品牌建设，提升企业影响力

随着时代的进步和生活水平的提高，物质生活进入品牌时代，消费者的品牌意识日益增强，布艺骨干企业终端品牌化发展已成为当务之急。通过品牌的建立和宣传，不断提高布艺骨干企业的市场占有率和影响力，并促使布艺行业发展模式从规模和成本优势转变为科技和品牌优势。不断完善自主品牌的价值内涵，尽快形成一批家纺布艺国际品牌。

（二）加强研发创新，促进产品差异化

鼓励创新，不断提高自主研发水平。大力培养和应用专业人才，加强布艺产品内在和外观上的研发创新，实现从模仿、借鉴到自主创新的飞跃，推进产品差异化进程。使布艺企业在区域特色产业的基础上，通过产品差异化，实现市场差异化、渠道差异化和品牌差异化发展，有效避免同质化恶性竞争，促进行业健康成长。

（三）加强上下游联动，开发功能性产品

加强产学研结合、上下游联动，推动功能性布艺产品的开发。从消费者角度研究产品功能，如阻燃、防紫外线、遮光、防污等。同时，加强市场推广，使消费者理解功能性产品，掌握功能性产品的鉴别方法，科学使用，以提高消费者的生活质量。

（四）加强技术改造，提高生产效率

加强技术改造，促进产业升级；加快技术进步，实现行业增长方式的转变。不断扩大采用和普及先进装备，着力提高行业生产自动化和智能化水平。大力推进信息化和工业化的融合，应用信息化技术改造和提升传统生产和流通过程，降低企业的营运成本。在互联网、物联网、云计算等信息技术的强力支持下，推动布艺产业研发、生产、流通和营销模式的协同发展，切实促进企业生产效率的提升。

（五）加强渠道建设，增进行业竞争力

继续强化国内市场立体化、国际市场多元化建设，着力建设和完善适应行业发展需求的新渠道。积极联合相关行业共建布艺终端渠道，争取社会各界关注和支持布艺新渠道建设。鼓励布艺企业采取多种形式开展电子商务，并促进电子商务规范、健康发展。在外销渠道建设中，积极通过展会、国际交流合作开展行业外交，加快实现走出去的步伐。通过渠道建设和拓展，促进行业竞争力的提升，不断巩固和提高市场占有率，实现好的经济效益。

（中国家用纺织品行业协会）

全球家用纺织品进口市场分布与需求分析

杨兆华　魏启雄　王　冉

家用纺织品是人们日常生活用品，随着世界经济发展、消费水平的普遍提高及世界人口的增多，家用纺织品的需求量和贸易量不断增加。通常而言，家用纺织品的消费量与生活水平和生活习惯关联度较为密切，而一个国家或地区家用纺织品的进口量除了与该地区消费水平有关外，还与该地区的家用纺织品生产能力有着直接的联系。在生产能力相当的情况下，经济越发达的国家进口家用纺织品的需求越大。

本文从联合国商贸统计数据库按HS编码分类搜集到了家用纺织制品2012年的全球进出口数据，数据类别涵盖了寝用纺织制品、毛巾、地毯、窗帘、餐厨纺织制品、手帕、绳边线带及刺绣装饰制品，综合处理的数据能较全面反映家用纺织品的全球进口需求总量及市场分布。并将全球区域市场及主要国家的进口数据与国际货币基金组织（IMF）公布的2012年世界各国国内生产总值（GDP）、联合国人口基金会公布的2012年世界人口进行比较，进而分析世界各大市场及主要进口国家和地区对家用纺织品进口的需求现状及发展趋势。

为便于比较和分析，根据地理区域、市场规模、经济发达程度和家用纺织品生产能力将全球分为九大市场，即美国和加拿大组成的北美市场、欧盟市场（欧盟27国)、大洋洲市场、日本市场、欧洲其他市场（除欧盟外的欧洲地区)、拉丁美洲市场（包括加勒比海地区国家）、亚洲其他市场（除了日本、中国、印度、土耳其、巴基斯坦的亚洲地区)、非洲市场和由中国、印度、土耳其、巴基斯坦组成的四大出口国市场。

一、进口市场分布

本文划分的九大市场中，经济最发达的是北美市场、欧盟市场、大洋洲市场和日本市场，国际货币基金组织（IMF）数据显示，这四大市场的区域人均GDP均在3万美元以上。其次为欧洲其他市场，人均GDP接近2万美元。再其次为拉丁美洲市场、亚洲其他市场和非洲市场，这三大市场的区域人均GDP均低于1万美元。四大出口国市场由四大家纺生产和出口国构成，且这四个国家都在亚洲，进口情况有别于其他亚洲国家，故单独列出便于分析比较。九大市场人均GDP排布见图1。

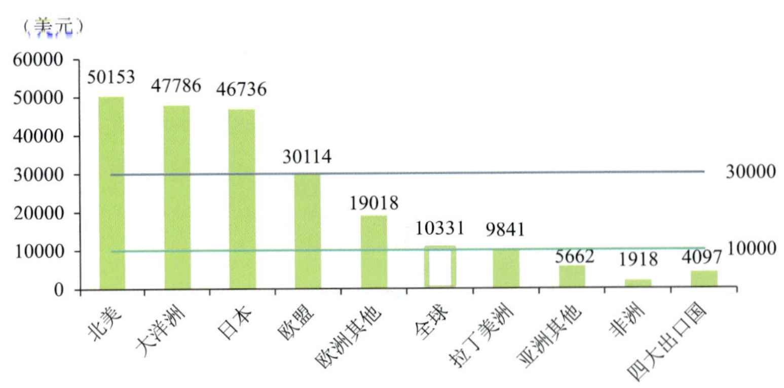

图1 世界家纺九大市场人均GDP排布

联合国商贸统计数据库数据显示，2012年世界各国合计进口家用纺织品约770亿美元，比2011年略有增长。2012年各大市场家用纺织品进口额占世界进口总额的比重如图2所示。可以看出经济发达地区在全球家用纺织品进口市场中占有主导地位。北美、欧盟、大洋洲和日本四大市场合计进口额达到520亿美元，占到了全球进口总额的67.6%，而四大市场的人口合计仅占世界人口的15.3%。经济较发达的欧洲其他市场进口48.9亿美元，占全球进口总额的6.4%，人口占世界的2.7%。多为发展中国家或欠发达国家的拉丁美洲市场、亚洲其他市场和非洲市场合计进口168.3亿美元，约占全球进口总额的1/5，但这三大市场的人口却占到了世界人口的2/5。

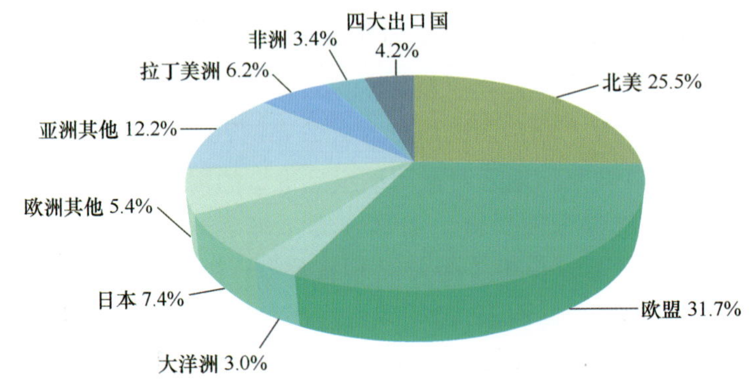

图2 全球家用纺织品进口市场分布

二、各大进口市场分布与需求分析

（一）北美市场

北美是世界经济最发达的地区，美国和加拿大合计人口有3.49亿，占世界人口的1/20，却创造了全球近1/4的GDP，人均GDP超过了5万美元，是世界人均GDP的5倍。2012年美国和加拿大合计进口家用纺织品196.4亿美元，进口额占全球进口总额的1/4强。北美市场家纺进口额、GDP及人口占全球的比重如图3所示。

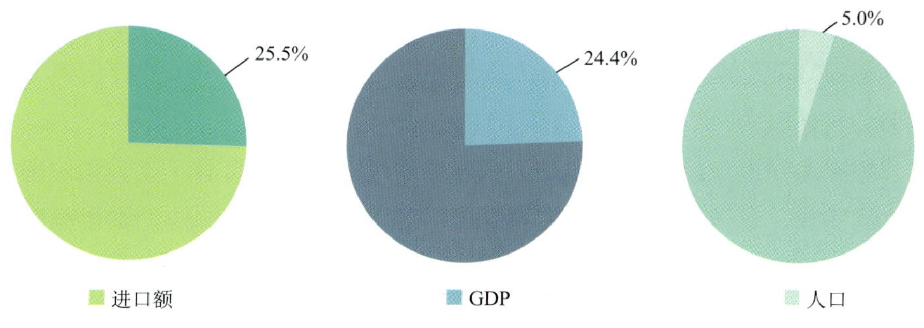

图3　北美市场家纺进口额、GDP及人口占全球的比重

多年来，美国一直是世界最大家用纺织品进口国，也是全球竞争最激烈的市场。美国有人口3.14亿，2012年美国进口家用纺织品168亿美元，同比增长2.7%。中国、印度、巴基斯坦是美国进口市场的三大来源国，进口额分别占美国全球进口比重的52.7%、15.9%和8.7%，与2011年相比，美国从中国和印度的进口额分别增长了3%和10%，从巴基斯坦的进口额则下降了8.3%。

加拿大是世界上人均进口家用纺织品金额较高的国家。加拿大人口3500万，2012年加拿大进口家用纺织品28亿美元，同比增长9%。加拿大25.2%的进口产品来自中国。美国和加拿大的合计人均家用纺织品进口额为56.27美元，人均GDP为50152美元。美国、加拿大人均GDP和人均家纺进口额见表1。

表 1　美国、加拿大人均 GDP 和人均家纺进口额

国　家	人均 GDP（美元）	人均进口额（美元）
美　国	49922	53.61
加拿大	52232	80.29

（二）欧盟市场

欧盟是世界最大的进口市场，2012年欧盟27国进口家用纺织品244.4亿美元，较2011年下降了10.9%，进口额占全球进口总额的31.7%。欧盟27国人口5.51亿，占世界总人口的7.9%。2012年GDP为16.58万亿美元，占世界GDP总额的23.1%。欧盟市场家纺进口额、GDP及人口占全球的比重如图4所示。

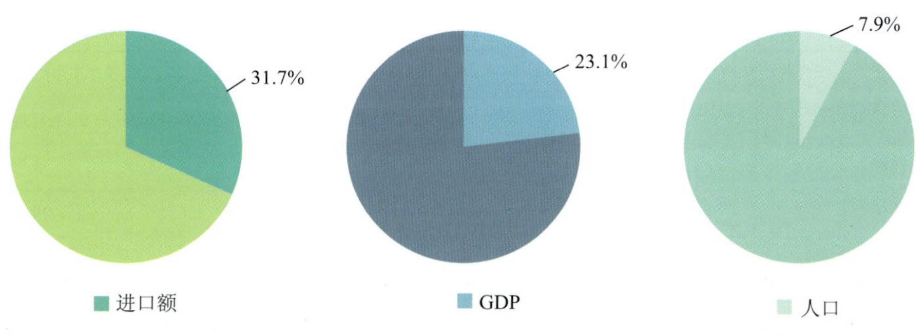

图4　欧盟市场家纺进口额、GDP及人口占全球的比重

目前欧盟国家家纺进口来源中，联盟内进口略高于联盟外进口。2012年，联盟内国家相互间的进口贸易为127亿美元，占欧盟进口总额的52%。从联盟外进口117亿美元，占欧盟进口总额的48%，见图5。

欧盟部分国家家纺进口额占欧盟进口总额比重如图6所示。德国、英国和法国是欧盟进口额排在前三位的国家，这三个国家的进口额占到了欧盟进口总额的1/2。其中德国进口54.5亿美元，同比减少了16.2%；英国进口36.9亿美元，同比下降2.8%；法国进口32亿美元，同比下降10.8%。德、英、法三国合计人均家用纺织品进口额为59.15美元，人均GDP为40513美元。德国、英国、法国人均GDP和人均家用纺织品进口额见表2。

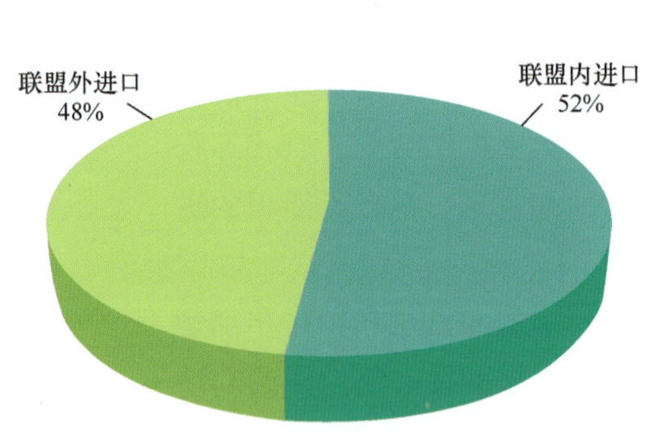

图5 欧盟进口来源分布

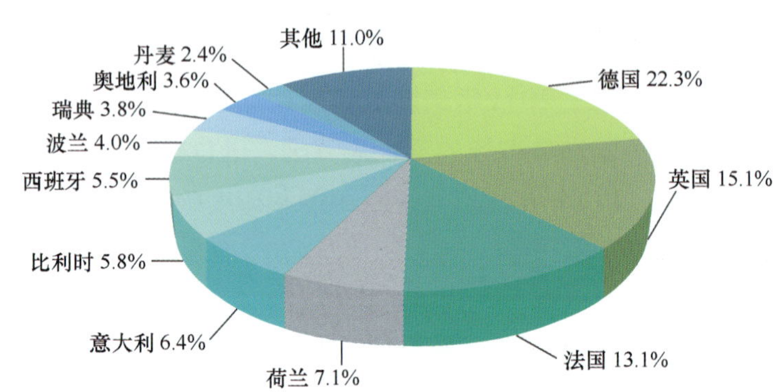

图6 欧盟部分国家家纺进口额占欧盟进口总额比重

表2 德国、英国、法国人均GDP和人均家纺进口额

国 家	人均GDP（美元）	人均进口额（美元）
德 国	41513	66.51
英 国	38589	58.40
法 国	41141	50.40

欧盟中人均进口额较高的国家，即人均进口额接近或超过100美元的国家有荷兰、比利时、瑞典、奥地利、丹麦和卢森堡，这6个国家合计进口56亿美元，同比下降10.3%，人均进口额为107.81美元，人均GDP为49128美元。欧盟人均GDP较高国家人均家纺进口额见表3。

表3 欧盟人均GDP较高国家人均家纺进口额

国 家	进口额（万美元）	人均GDP（美元）	人均进口额（美元）
荷 兰	172439	46142	102.92
比利时	141474	43686	127.51
瑞 典	94012	55158	98.55
奥地利	87640	47083	103.52
丹 麦	58085	56202	104.09
卢森堡	6596	107206	124.63

欧盟中人均家纺进口额相对较低的国家，即人均进口额在30美元以下的国家有意大利、西班牙、波兰、罗马尼亚、葡萄牙、匈牙利、希腊和保加利亚，这8个国家合计进口51.3亿美元，同比下降12%，人均进口额为28.85美元，人均GDP为22605美元。欧盟人均GDP较低国家人均家纺进口额见表4。

表 4　欧盟人均 GDP 较低国家人均家纺进口额

国　家	进口额（万美元）	人均 GDP（美元）	人均进口额（美元）
意大利	156207	33115	25.68
西班牙	133638	29289	28.95
波　兰	97346	12538	25.03
罗马尼亚	38170	7935	17.88
葡萄牙	28341	20179	26.88
匈牙利	22572	12736	22.66
希　腊	22147	22055	19.60
保加利亚	14102	7033	19.44

受欧盟经济不景气需求减退的影响，2012年欧盟从联盟外进口额比2011年减少了13.2%，中国、土耳其、印度、巴基斯坦为欧盟从联盟外进口的四大来源国，从这四个国家的进口额分别为49.2亿美元、14.8亿美元、14.4亿美元和12.2亿美元，分别占欧洲从联盟外进口总额的42%、13%、12%和10%。2012年欧盟从中国进口减少7.1%，从土耳其、印度、巴基斯坦进口则分别减少了18.6%、20.3%和21.8%。

在欧盟中，英国、法国、意大利等国的家用纺织品生产水平较高，拥有一批世界顶级家纺品牌。2012年欧盟出口家用纺织品194.5亿美元，其中，对联盟内出口141.65亿美元，占欧盟总出口的72.8%；对联盟外出口52.86亿美元，占欧盟总出口的27.2%。德国、比利时、荷兰、意大利、法国、波兰和英国排在欧盟家纺出口额的前七位，这七个国家的出口额占到了欧盟总出口的71.9%，见图7。

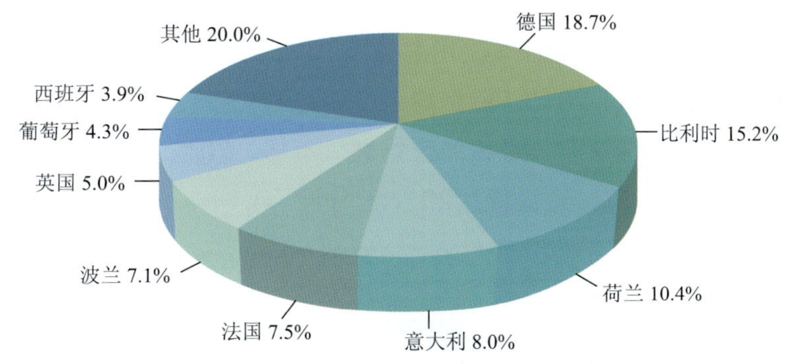

图7　欧盟部分国家家纺出口额占欧盟出口总额比重

（三）大洋洲市场

九大市场中，大洋洲是人均进口家用纺织品金额最高的市场。大洋洲有3630万人口，2012年进口家用纺织品22.86亿美元，人均进口额约为63美元。大洋洲整体GDP 水平较高，

2012年大洋洲GDP总量为1.73万亿美元，占世界GDP总额的2.4%，人均GDP为4.78万美元，见图8。

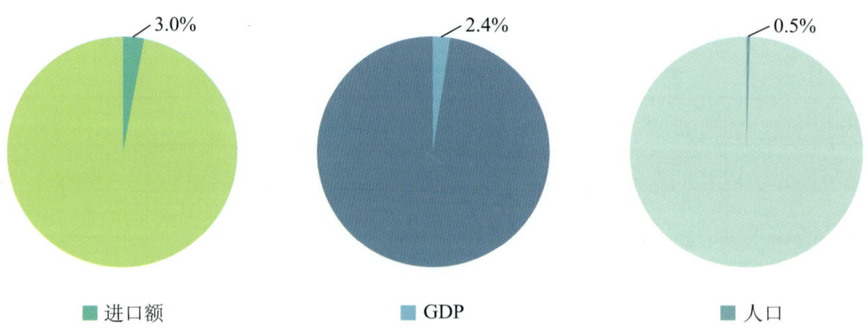

图8 大洋洲家纺进口额、GDP及人口占全球的比重

澳大利亚是大洋洲家用纺织品进口的主要市场，也是世界家用纺织品重要市场。澳大利亚人口2300万，2012年进口家用纺织品16.8亿美元，同比增长9%，中国产品占到澳大利亚进口额的56%。

新西兰是大洋洲的另一主要市场。新西兰拥有400万人口，2012年新西兰进口家用纺织品3.4亿美元，增长8.4%，中国产品占到新西兰进口额的15%。澳大利亚和新西兰合计人均进口额为73.95美元，人均GDP为60909美元。澳大利亚、新西兰人均GDP和人均家纺进口额见表5。

表 5 澳大利亚、新西兰人均 GDP 和人均家纺进口额

国　家	人均 GDP（美元）	人均进口额（美元）
澳大利亚	67723	73.66
新西兰	38222	75.44

（四）日本市场

日本是世界经济强国，2012年日本GDP总额接近6万亿美元，占世界GDP总额的8.3%，排在世界第三位。日本有人口1.28亿，占世界人口总数的1.8%，人均GDP为46736美元，排在世界第13位。日本也是全球在东方最大的家纺进口市场，2012年日本家用纺织品进口57亿美元，占世界进口总额的7.4%，进口额比2011年增长了4.1%。日本家用纺织品人均进口额为56.95美元，见图9。

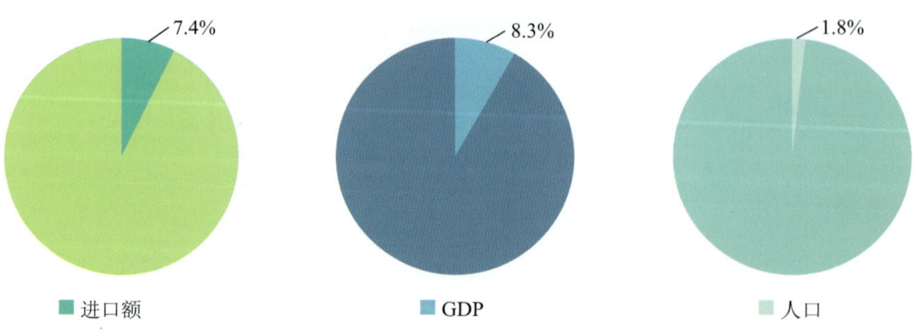

图9 日本家用纺织品进口额、GDP及人口占全球的比重

日本市场家用纺织品进口最大来源国是中国，日本进口的家用纺织品超过80%来自于中国。第二大来源国是越南，虽然越南产品占日本市场进口额的比重不到5%，但增长势头值得关注，2012年日本从越南进口2.66亿美元，比2011年增长了33%。

（五）欧洲其他市场

欧洲共有44个国家，除欧盟27国外，欧洲其他市场合计有17个国家，人口1.87亿，占世界人口总数的2.7%。2012年欧洲其他市场进口家用纺织品48.9亿美元，占世界进口总额的6.4%；GDP总量3.56万亿美元，占世界GDP总额的5%，见图10。

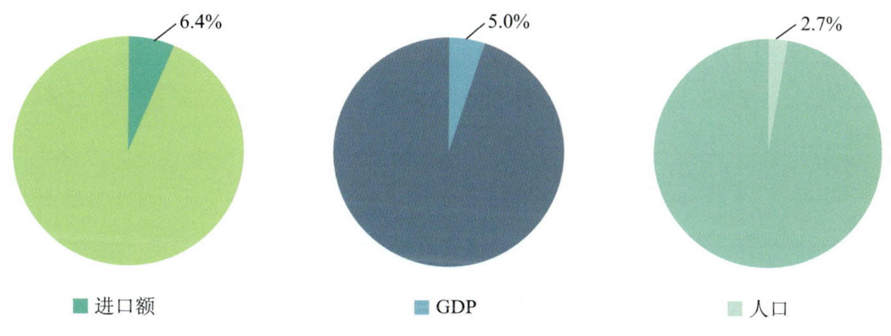

图10 欧洲家用纺织品进口额、GDP及人口占全球的比重

在欧洲其他市场中，俄罗斯是最主要的进口国家，且近几年增长势头强劲。2012年俄罗斯进口家用纺织品16.7亿美元，同比增长41%，进口额占欧洲其他市场进口总额的34%，中国产品占到俄罗斯进口额的77%。其次是瑞士，进口额也高于10亿美元，达到10.5亿美元，同比下降6.2%，进口额占欧洲其他市场进口总额的21.4%。随后的捷克、挪威和乌克兰都超过了3亿美元，进口额分别为6.2亿美元，5.7亿美元和 3.5亿美元，分别占欧洲其他市场进口总额的12.7%、11.7%和7.1%，乌克兰的进口额较2011年增长了16.7%，中国产品占到了乌克兰进口额的40%。俄罗斯、瑞士、捷克、挪威和乌克兰这五个国家的进口额超过了欧洲其他市场进口总额的80%。欧洲其他市场部分国家家纺进口额比重及增长幅度见图11。

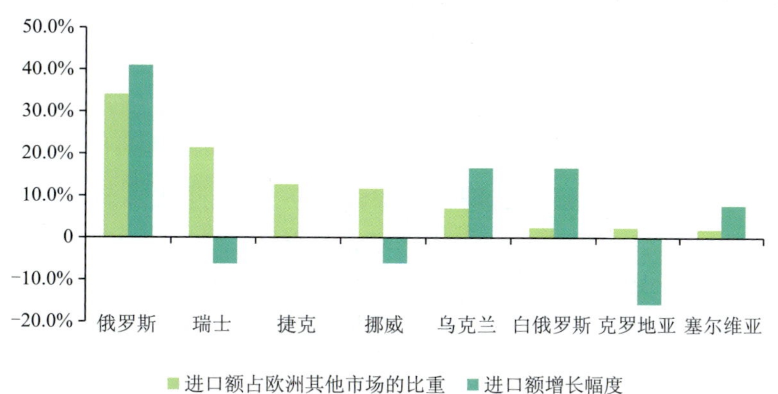

图11 欧洲其他市场部分国家家纺进口额比重及增长幅度

在欧洲其他市场中，国家间的经济发展程度差别也较大，生产水平高的国家人均GDP接近8万美元，生产水平相对较低的国家人均GDP在5000美元以下。人均家用纺织品进口额高的超过100美元，低的不足10美元。欧洲其他市场部分国家人均GDP及家纺进口额见表6。

表6　欧洲其他市场部分国家人均 GDP 及家纺进口额

国　家	进口额（万美元）	人均 GDP（美元）	人均进口额（美元）
俄罗斯	166565	14247	11.74
瑞　士	104764	79033	130.93
捷　克	62237	18579	58.97
挪　威	57161	29946	113.46
乌克兰	34613	3905	7.67
白俄罗斯	12121	6739	12.91
克罗地亚	11672	12972	26.52
塞尔维亚	9595	4943	12.68

（六）拉丁美洲

拉丁美洲有人口5.86亿，占世界人口总数的8.4%。在亚、非、拉三大洲中，拉丁美洲生产水平相对较高，2012年GDP总量为5.77万亿美元，占世界GDP总额的8.1%，人均GDP为9841美元，接近世界平均水平。2012年拉丁美洲进口家用纺织品47.9亿美元，占世界进口总额的6.2%，见图12。

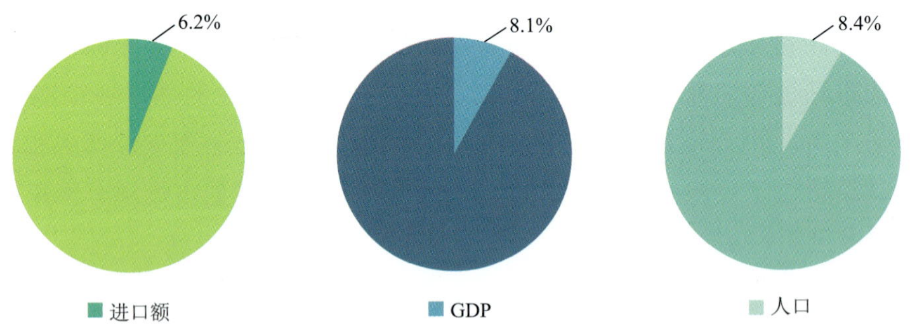

图12　拉丁美洲市场家纺进口额、GDP及人口占全球的比重

拉丁美洲市场家用纺织品进口额排在前三位的国家分别为墨西哥、巴西和智利，这三个国家合计进口额超过了拉丁美洲进口总额的50%。2012年墨西哥进口家用纺织品10.4亿美元，同比增长8.5%，占拉丁美洲进口市场比重的24.7%；巴西进口5.9亿美元，增长16.34%；智利进口5.1亿美元，增长4.5%。排在其后的哥伦比亚、阿根廷、秘鲁和哥斯达黎加四国合计进口7.2亿美元，占拉丁美洲市场进口总额的17%。除阿根廷进口额同比下降了33.6%外，其他三个国家都实现了8.0%以上的增长，特别是哥斯达黎加进口额同比增长了60%。拉丁美洲部分国家家纺进口额市场比重及增长幅度见图13。

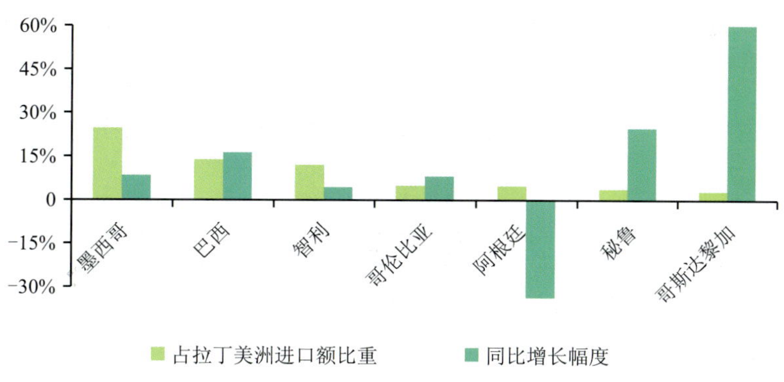

图13 拉丁美洲部分国家家纺进口额市场比重及增长幅度

拉美国家中生产水平较高的国家有智利和乌拉圭，人均GDP分别为1.54万美元和1.46万美元，人均进口家用纺织品也相对较高，分别为29.35美元和23.19美元。在拉美国家中，巴西的家用纺织品生产能力相对较强，表现出进口需求不高。拉丁美洲部分国家人均GDP及家纺进口额见表7。

表7 拉丁美洲部分国家人均GDP及家纺进口额

国　家	进口额（万美元）	人均GDP（美元）	人均进口额（美元）
墨西哥	104404	10247	9.09
巴　西	58910	12079	2.97
智　利	51071	15410	29.35
哥伦比亚	21357	7855	4.58
阿根廷	20847	11576	5.08
秘　鲁	16459	6530	5.40
哥斯达黎加	12908	9673	27.66
厄瓜多尔	5479	5311	3.60
乌拉圭	7840	14614	23.19

从拉丁美洲进口来源国的数据看，中国在南美地区进口市场中占的比重较高，在中美洲则偏低。中美洲国家墨西哥和哥斯达黎加进口额中，源于中国的进口额分别占其进口总额的17.4%和10.8%。而中国产品在南美国家巴西、智利、哥伦比亚、阿根廷和秘鲁的进口额中，分别占到了71.7%、77.9%、45.8%、44.5%和52.4%，明显高于中美洲地区的国家。

（七）亚洲其他市场

亚洲其他市场的国家共计有12.68亿人，人口占到世界总人口的18.3%。2012年，进口家用纺织品94.2亿美元，占世界进口总额的12.2%；GDP总量为7.18万亿美元，占世界GDP总额的10%，见图14。

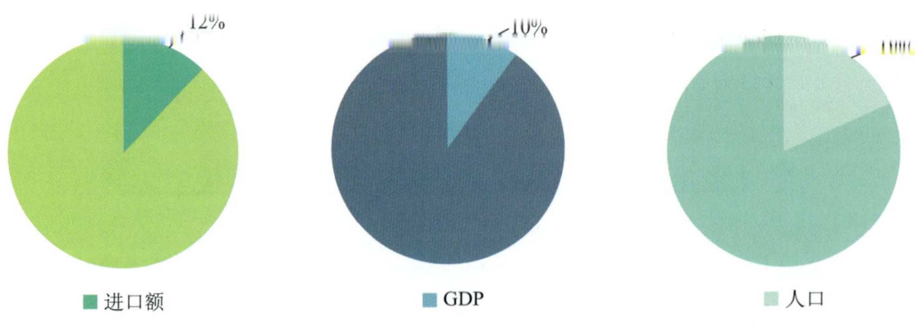

图14 亚洲其他市场家用纺织品进口额、GDP及人口占全球的比重

在亚洲其他市场中，东盟是最大的经济联盟体，2012年东盟国家合计GDP达到2.21万亿美元。2012年，新加坡、泰国、印度尼西亚、马来西亚、柬埔寨、菲律宾、文莱等东盟七个国家合计进口家用纺织品15.1亿美元，同比增长5.3%，占亚洲其他市场进口总额的16.1%。东盟是近几年世界经济中比较活跃的经济联盟体，特别是我国与东盟签订自贸协议后，我国对东盟出口呈现高增长的态势，东盟市场对我国出口的稳定增长发挥了积极作用。东盟国家的人均GDP差距较大，人均家用纺织品进口额也颇有距离。2012年统计的东盟七国合计人均家纺进口额为3.28美元，人均GDP为4553美元。东盟7国家纺进口额及人均GDP和人均进口额见表8。

表8 东盟7国家纺进口额及人均GDP和人均进口额

国　家	进口额（万美元）	人均GDP（美元）	人均进口额（美元）
新加坡	41229	51162	76.28
泰　国	34382	5678	5.34
印度尼西亚	29990	3570	1.22
马来西亚	25809	10304	8.76
柬埔寨	8676	926	5.90
菲律宾	7918	2455	0.78
文　莱	3429	42402	85.33

亚洲地域广，贫富悬殊严重，有些国家人均GDP不到1000美元，也有人均GDP接近10万美元的国家，相差100多倍。如西亚的卡塔尔人均GDP达到9.97万美元，排在世界第二位。同是西亚的阿联酋、科威特、沙特阿拉伯人均GDP分别为6.48万美元、4.58万美元和2.51万美元，分别排在世界第6位、第17位和第30位。但联合国没有统计到这些国家2012年的具体数据，在此不能反映这些国家的家纺贸易情况。

在统计的数据中，2012年家用纺织品进口额超过1亿美元的国家还有韩国、以色列、哈萨克斯坦、斯里兰卡、阿曼和阿富汗。亚洲部分国家和地区家纺进口额及增长幅度如图15所示。2012年，韩国进口家用纺织品7.3亿美元，增长0.7%，占亚洲其他市场进口总额的7.5%；以色列进口2.49亿美元，同比增长5%，占亚洲其他市场进口总额的2.6%；哈萨克斯坦进口2.4亿美元，占亚洲其他市场进口总额的2.5%；斯里兰卡和阿曼分别进口了1.56亿美元和1.15亿美元，分别实现了19.9%和27.9的高增长；阿富汗进口1.1亿美元，占亚洲其他市

表 11　非洲市场人均 GDP 低于 1000 美元国家家纺进口额

国　家	家纺进口额（万美元）	人均 GDP（美元）	家纺人均进口额（美元）
埃塞俄比亚	4866	461	0.54
坦桑尼亚	3785	661	0.89
马达加斯加	2862	451	1.31
乌干达	2557	596	0.74
卢旺达	2337	682	2.06
马　里	1879	631	1.33
津巴布韦	1756	756	1.45
莫桑比克	1151	634	0.50

（九）四大出口国市场

四大出口国市场中的中国和印度是世界人口最多的国家。中国、印度、土耳其和巴基斯坦共计有27.8亿人口，占世界人口总数的40%。2012年，四国GDP合计为11.38万亿美元，占世界GDP总额的15.9%，进口家用纺织品32.2亿美元，占世界进口总额的4.2%。四大出口国市场家纺进口额、GDP及人口占全球的比重如图18所示。四个国家的人均GDP差距也较大，土耳其超过1万美元，中国超过6000美元，印度和巴基斯坦不到2000美元，见表12。

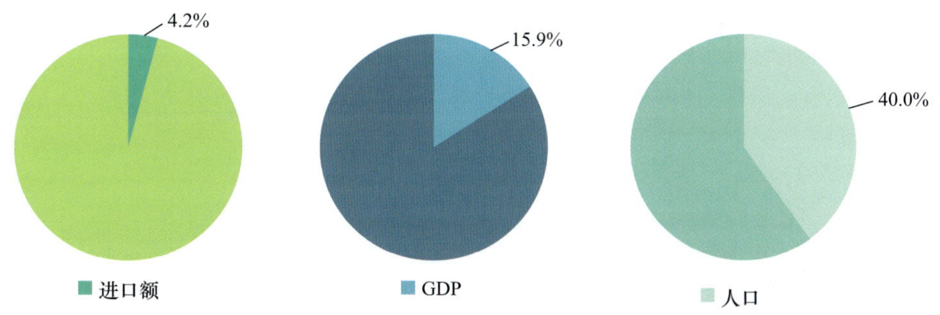

图18　四大出口国市场家纺进口额、GDP及人口占全球的比重

表 12　四大出口国家纺进口额、人均 GDP 和人均家纺进口额

国　家	家纺进口额（万美元）	人均 GDP（美元）	家纺人均进口额（美元）
中　国	211847	6267	1.56
印　度	38461	1565	0.33
土耳其	60677	10609	8.10
巴基斯坦	10657	1317	0.61

中国、印度、土耳其和巴基斯坦是世界最主要的四个家纺出口国家，2012年四个国家的出口额占到世界出口总额的72%，其中中国的出口额占到了世界出口总额的52%。2012的主要国家和地区家纺出口额比重如图19所示。

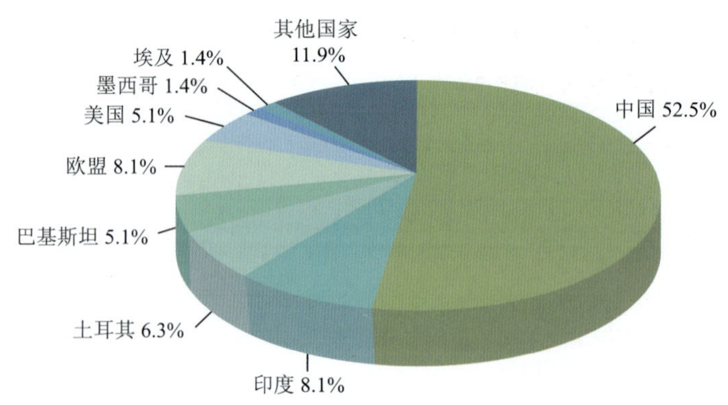

图19　2012的主要国家和地区家纺出口额比重

三、结论与建议

通过对全球家用纺织品进口市场分布与需求的分析，不难发现国际家用纺织品贸易三个值得关注的现象。

第一，家用纺织品人均进口额与人均GDP关联度较大。虽然家用纺织品进口量涉及不同国家和地区的消费水平、消费习惯及当地家纺产业发展程度，但总体来说，经济发达地区的人均家用纺织品进口额明显高于经济次发达地区，更高于经济欠发达地区国家的人均进口额。各大进口市场人均家纺进口额和人均GDP如图20所示，北美、欧盟、大洋洲和日本这四大市场的区域人均家用纺织品进口额均高于40美元，欧洲其他市场高于20美元，而拉丁美洲、亚洲其他及非洲市场的区域人均家用纺织品进口额则都低于10美元。

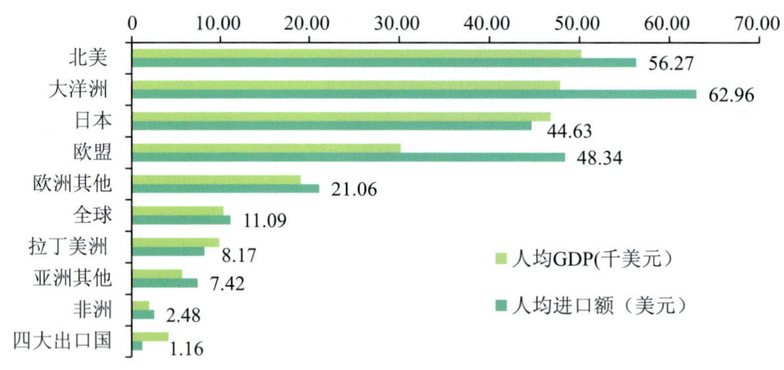

图20　各大市场家用纺织品人均家纺进口额及人均GDP

第二，发达国家和地区占全球家用纺织品进口市场主导地位的格局短时期内不可能发生改变。通常情况，影响一个国家或一个地区家用纺织品消费水平主要有两大因素，一是当地的经济水平，二是当地的人口数量。而在家纺生产能力相当的情况下，经济水平和人口数量也是影响进口规模的两大主因。在当前的全球家用纺织品进口贸易中，经济水平高低的影响程度明显高于人口多少的影响因素。占全球15%人口的世界最发达地区家用纺织品进口额超过了全球家纺进口总额的2/3，其中，占全球人口1/20的北美进口额占到了全球进口总额的1/4。所以，在推进国际市场多元化的同时，一定要加强对发达地区市场，也就是家纺传统优势市场的保护和巩固。

第三，发展中国家及新兴市场作为家纺进口市场的增长点值得关注和研究拓展。总体而言，家用纺织品的需求量和贸易量随着世界经济水平提高和人口增加而不断增长，家纺进口市场的增量取决世界经济和人口的增长速度。不同地区的经济增长速度和人口增长幅度不尽相同。20世纪90年代以来，发展中国家经济总体上发展较快，实力逐渐增强，在世界经济中的地位与作用不断增大。从近几年世界主要经济体GDP增长速度来看，以亚洲、非洲、拉丁美洲为主体组成的世界发展中国家经济增长速度明显高于发达经济体。近几年世界发达经济体和发展中国家GDP增长速度如图21所示。

图21 近几年世界发达经济体和发展中国家GDP增长速度

另外，目前世界人口总数已超过70亿，联合国人口基金会数据显示世界人口将在未来数十年持续增长，预计2025年世界人口将达到80亿，2050年将超过90亿人。从世界各大洲的状况来看，除了欧洲之外的其他各洲的人口将有不同幅度的增长。亚洲和非洲在未来数十年人口将会持续相对较快增长，并成为世界人口增长的主要驱动力。同时多数发展国家也将经历大规模城市化，大量人口将往大城市聚集，并由此带来新一轮家用纺织品的消费升级。各大洲人口增长趋势见图22。

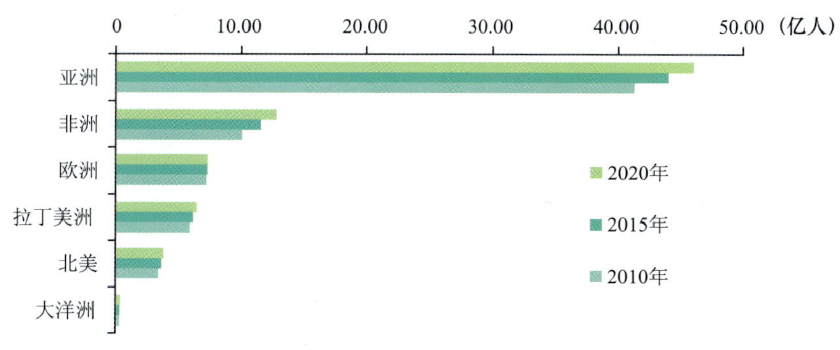

图22 各大洲人口增长趋势

总之，随着经济全球化的深入，家纺产业已身处全球经济中，家用纺织品国际贸易规模总体将继续扩大。特别是我国在从家纺大国向家纺强国的发展过程中，将越来越多地参与全球市场竞争，越来越多地与世界优秀企业同台竞技。我国的家纺企业需要以全球化的视野，审视世界家纺产业格局、资源格局和市场格局，打造出更多的国际品牌企业，走出国门走向世界。

（中国家用纺织品行业协会）

2013年寝用纺织制品出口综述

魏启雄

寝用纺织制品是家纺行业的第一大品类，我国家用纺织品出口总额中的四成为寝用纺织制品。据我国海关统计[1]，2013年，我国出口寝用纺织制品金额达到161.3亿美元，同比增长9.55%，较2005年的61.7亿美元增长了1.61倍，年均增长12.76%，有力地拉动了家纺行业的整体出口增长。近年来寝用纺织制品出口金额及增幅见图1。

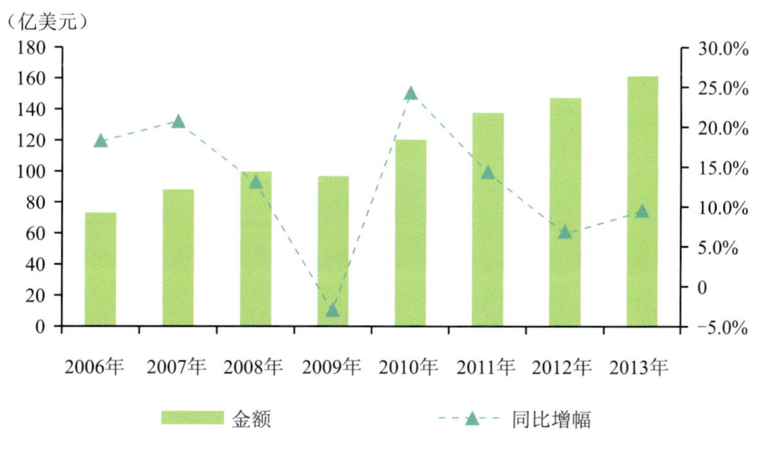

图1 近年来寝用纺织制品出口金额及增幅

出口的寝用纺织制品主要由三类产品组成，床品件套及床罩、芯被类产品、毯子及旅行毯。三类产品出口额的比例约为1.5∶2∶1，其中芯被类产品的出口额最大，比重占到寝用纺织制品的44%，见图2。

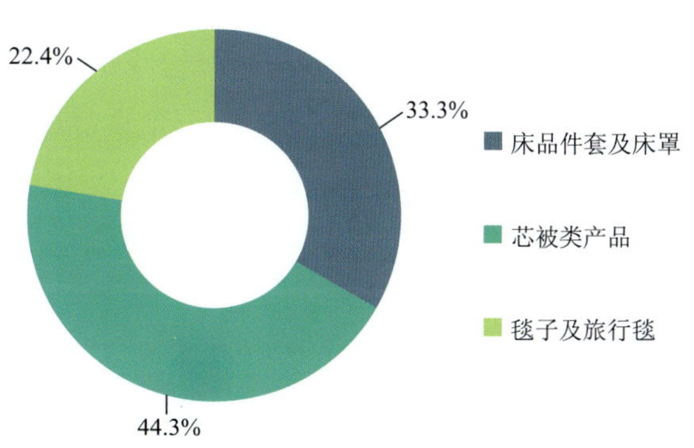

图2 寝用纺织制品分类出口额比重

一、贸易方式

寝用纺织制品出口贸易方式中，一般

[1] 本文数据资料均来自中国海关

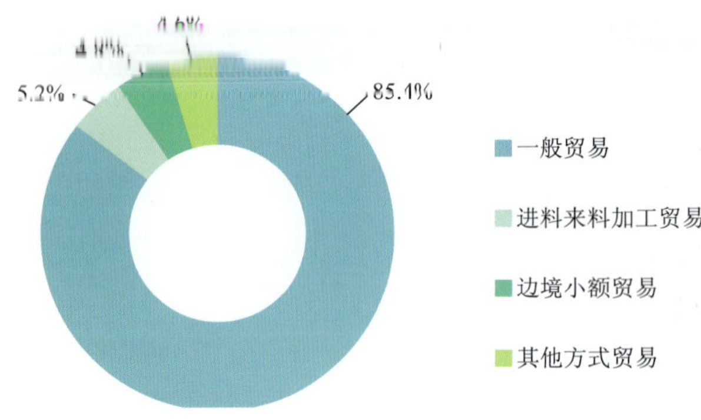

图3　寝用纺织制品主要出口贸易方式及比重

贸易占有绝对地位，一般比重稳居85%以上。进料和来料加工贸易不断减少，特别是来料加工贸易2013年仅有6300万美元，较上年下降了14.64%，比重为0.4%。边境小额贸易同比增长了21.4%，比重上升了0.46个百分点。寝用纺织制品主要出口贸易方式见图3。

三大类品种出口贸易方式构成各有特点，其中，芯被类产品一般贸易占比高，且比重进一步提高，2013年，芯被类产品一般贸易比重超过了90%。相对而言，芯被类产品边境小额贸易较另两类产品要少得多，比重仅为0.8%。三大类产品出口贸易方式比较见图4。

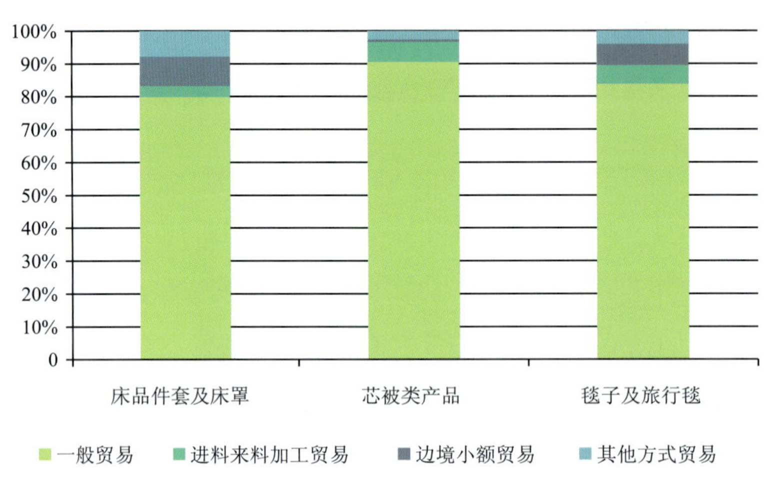

图4　三大类产品出口贸易方式比较

床品件套的一般贸易的比重为79.7%，较2012年下降了1.6个百分点。床品件套的边境小额贸易和进料加工贸易增长较快，同比分别提高了48.9%和28.4%，比重分别提高了2个百分点和0.3个百分点。

毯子的一般贸易保持较好的增长，2013年比重为83.75，较2012年略有提高，进料加工贸易同比下降12.7%，比重减少了1.7个百分点。

二、主要市场

美、欧、日三大传统市场所占市场份额虽较2012年有所降低，但仍占主导地位。2013年对美、欧、日三大市场共计出口寝用纺织制品85亿美元，同比增长5.28%，市场比重为53%，对出口额增长的贡献率为30%。三大市场中，美国市场一枝独秀，占有26%市场份额的美国市场实现了10.7%增长，增长贡献率达到29%，增长贡献位居全球榜首。寝用纺织制品出口市场分布见图5，寝用纺织制品主要市场出口金额增幅及增长贡献率见图6。

70%的增长贡献来自于三大市场以外的其他市场，特别是我国周边国家和地区的新兴市场增长势头强劲。2013年对其他市场出口76亿美元，同比增长14.8%，市场比重提高了2个百分点，达到47%。表现最为突出是东盟市场和俄罗斯市场，2013年对这两个市场的出口额同比分别增长了53%和49%，两个市场合计的增长贡献率高达42%。2012年对东盟、澳大利亚、俄罗斯的出口额相差不大，均为5亿多美元，出口金额分别排在4～6位。2013年俄罗斯超过了澳大利亚排在了第5位，且高出澳大利亚2亿多美元。东盟更是高出澳大利亚3亿多美元，稳居第4的位置。

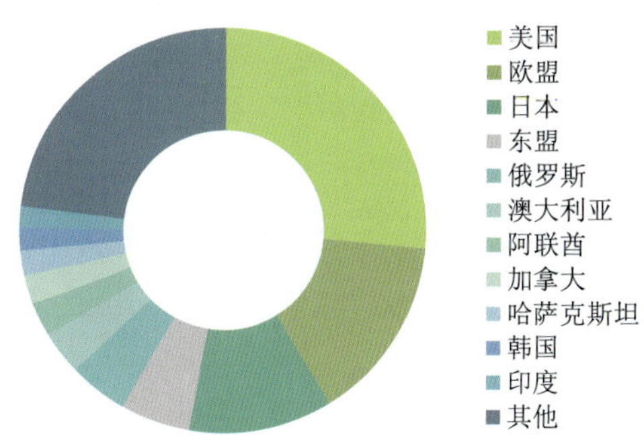

图5　寝用纺织制品出口市场分布

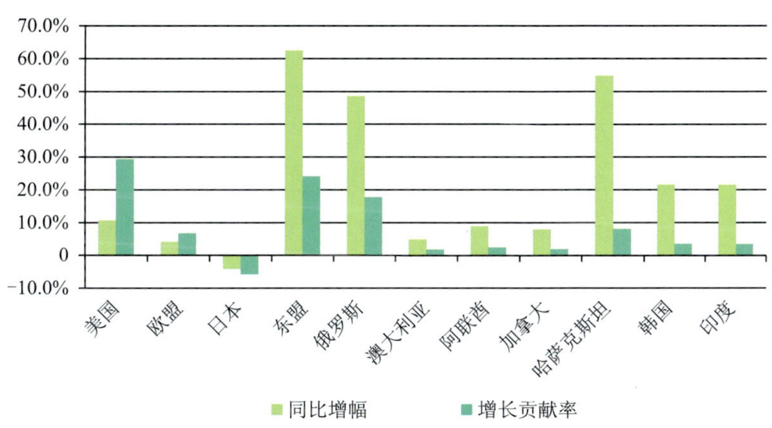

图6　寝用纺织制品主要市场出口金额增幅及增长贡献率

另外，对周边国家哈萨克斯坦、韩国、印度的出口额分别实现了55%、22%和22%的增长，三个市场的合计增长贡献率达到15%，出口额排位哈萨克斯坦上升了4位，韩国和印度分别上升了2位，分别排到了9~11位。

三、地区海关

五成以上的寝用纺织制品是通过江苏和浙江两省海关出口的，这两个省的比重优势还在进一步扩大。2013年经江苏、浙江海关的出口额同比分别增长了10.7%和11.4%，均高于同类产品的平均水平。出口额超过5000万美元，且增长较快的地区有广东、黑龙江、辽宁、江西、湖北、河南、广西、北京和云南，出口额同比分别增长了13.25%、65.28%、27.33%、17.71%、32.16%、13.48%、52.53%、15.22%和159.52%。寝用纺织制品出口省级海关分布见图7，寝用纺织制品部分省级海关出口金额及增幅见图8。

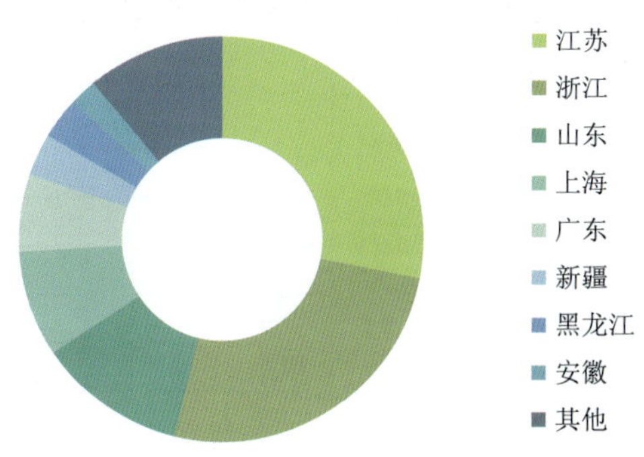

图7　寝用纺织制品出口省级海关分布

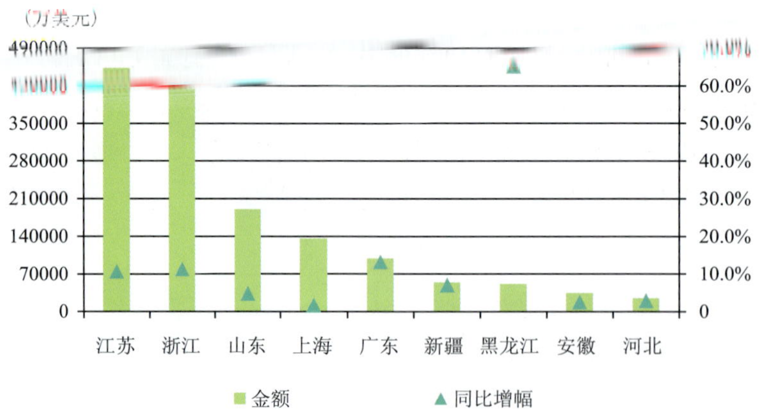

图8 寝用纺织制品部分省级海关出口金额及增幅

四、分类产品

（一）床品件套及床罩

三类产品中，床品件套及床罩的增长态势最好，全年出口53.7亿美元，同比增长了15.8%，增速在所有家用纺织品中也是位居前列。主要市场中，美国市场的增速超过了18%，市场比重占到了1/4。排在第二位的欧盟市场实现了14%的增长，市场比重约为1/8。美欧两大市场对出口额的增长贡献率接近40%。贡献率增长最大的是俄罗斯，2013年对俄罗斯出口同比增长了57%，排位超过日本，上升到第三位。对日本市场出口同比下降了3.11%，市场比重首次低于1/10。东盟超过澳大利亚排在第五位，全年对东盟出口同比增长了44%，俄罗斯和东盟两大市场合计出口增长贡献率超过了40%，略高于美国和欧盟之和。

另外，市场比重较大且增长较快的主要为我国周边国家，如印度、哈萨克斯坦、韩国，出口额同比分别增长了33%、36%和41%，这三个市场的合计增长贡献率约为14%。床品件套及床罩出口市场分布见图9，床品件套及床罩主要市场出口金额增幅及增长贡献率见图10。

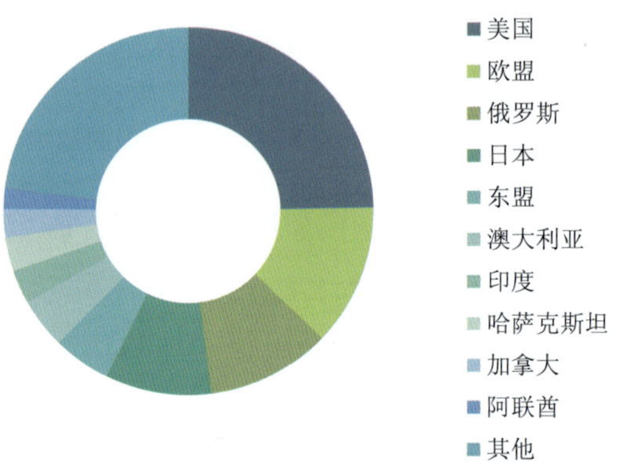

图9 床品件套及床罩出口市场分布

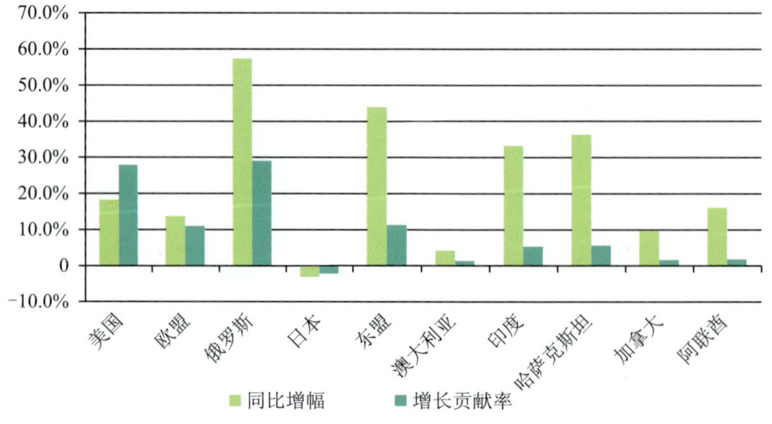

图10 床品件套及床罩主要市场出口金额增幅及增长贡献率

受原料价格的影响，棉产品出口数量和金额的占比均有所下降。以件套产品为例，2013年件套产品出口数量增长6.7%，出口额增长了15.9%。其中，除棉产品数量增长和金额增长低于整体平均水平外，化纤、麻、丝绸及其他原料的产品均高于平均增长水平。麻和丝绸产品所占比重较小，但增长速度明显加快，在印花产品中更突出。件套产品原料类型分布及增长情况见表1。

表 1　件套产品原料类型分布及增长情况

原料种类	数量占比（%）	金额占比（%）	单价（美元/件）	数量增长（%）	金额增长（%）
棉	23.35	41.61	4.84	5.44	10.17
化纤	74.50	53.63	1.96	6.96	19.12
麻	0.25	1.82	20.09	19.72	44.25
丝绸	0.07	0.41	17.07	41.52	50.41
其他	1.83	2.52	3.74	9.85	28.29

件套产品中，印花产品出口额约占30%。2013年印花件套产品出口数量和金额分别增长了6.8%和11.5%，麻和丝绸印花产品出口数量分别增长了2.4倍和1.9倍，出口额分别增长了2.2倍和4.5倍。印花件套产品原料类型分布及增长情况见表2。

表 2　印花件套产品原料类型分布及增长情况

原料种类	数量占比（%）	金额占比（%）	单价（美元/件）	数量增长（%）	金额增长（%）
棉	27.24	47.74	5.25	3.79	4.96
化纤	72.45	50.88	2.11	7.87	16.56
麻	0.13	0.57	13.08	241.61	227.50
丝绸	0.10	0.68	20.84	194.87	446.44
其他	0.08	0.14	4.82	-47.11	-54.30

从省级海关出口情况来看，江苏省海关床品件套及床罩出口优势明显，出口额和增长贡献率均排在第一位。浙江省海关出口额实现了21%的增长，排名超过山东排在了第二位。排在前三位的江苏、浙江和山东三省合计出口额比重占到了65%。

黑龙江省海关出口额增幅超过了70%，排名超过上海市上升到第四位。另外，中西部海关的出口额增长有所加快，如中部的江西、湖北、河南、湖南，分别实现了43%、27%、119%和32%的增长。西部的重庆、四川、广西、云南，分别实现的20%、35%、63%和417%的增长。床品件套及床罩部分海关出口金额及增幅见图11。

（二）芯被类产品

芯被类产品主要由被子及枕垫（含枕头、坐垫、靠垫等）、睡袋、褥垫（包含絮胎）等

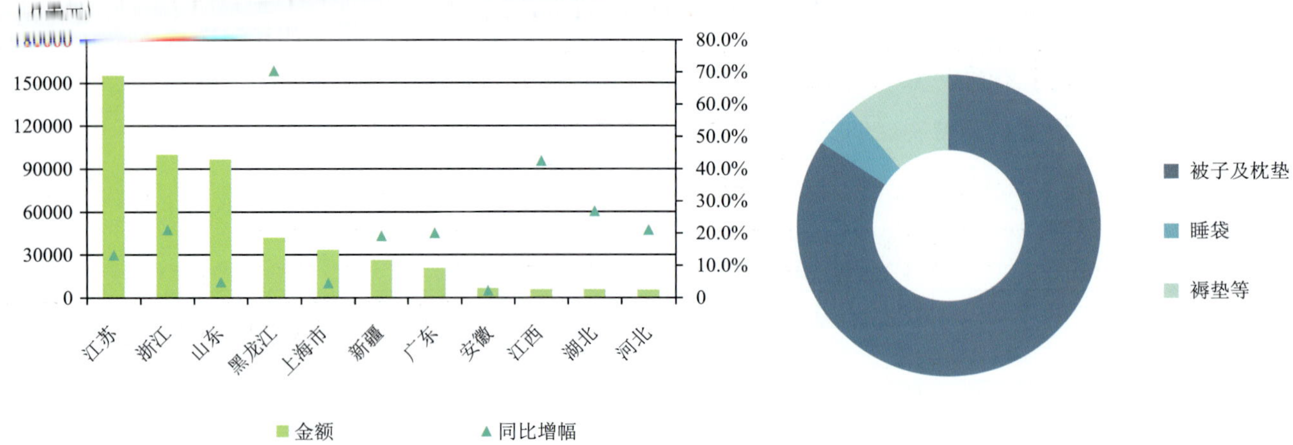

图11 床品件套及床罩部分海关出口金额及增幅

图12 芯被类产品主要品种构成分布

三类产品组成，其中被子及枕垫的比重最大，其出口额占80%以上。2013年，芯被类产品出口71.5亿美元，同比增长3.7%，其中被子及枕垫增长3.7%、睡袋增长1.7%、褥垫等增长4.6%。芯被类产品主要品种构成分布见图12。

芯被类产品填充料以化学纤维为主，以被子及枕垫类产品为例，化纤填充产品占2/3以上，其次为羽毛羽绒，化纤填充产品和羽毛羽绒填充产品出口额合计占到了70%，丝棉和兽毛填充产品合计仅占2.3%，见图13。

被子及枕垫产品中，化纤填充产品出口额同比增长了4.9%，并实现了出口数量和单价同步增长。羽毛羽绒填充产品出口额较2012年下降了2.2%，国内原料价格大幅上涨对出口造成了一定影响。兽毛填充产品出口额同比减少了55.6%，出口数量和单价都比2012年下降了30%以上。丝棉填充产品出口单价同比提高了7.2%，致使出口额同比增长了4.5%。

2013年，芯被类产品出口市场有两大亮点，美国市场和东盟市场。占有近1/3市场比重的美国市场实现了6.3%的增长，比平均增幅高2.6个百分点，增长贡献率高达52%。对东盟市场的出口额同比增长了47%，增长贡献率为44%，出口额位居第四。排在第二和第三位的欧盟和日本，出口额分别下降了5%和4%，增长贡献率合计为负的42%。芯被类产品主要出口市场分布见图14。芯被类产品主要市场出口金额增幅及增长贡献率见图15。

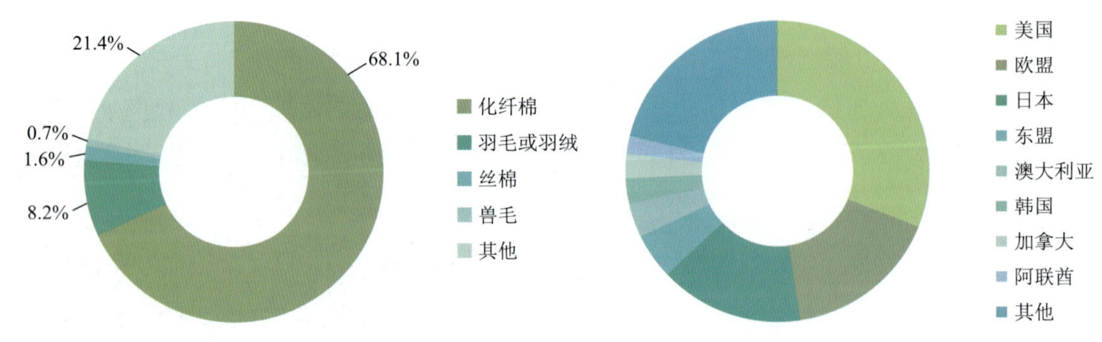

图13 被子及枕垫填充原料构成分布

图14 芯被类产品主要出口市场分布

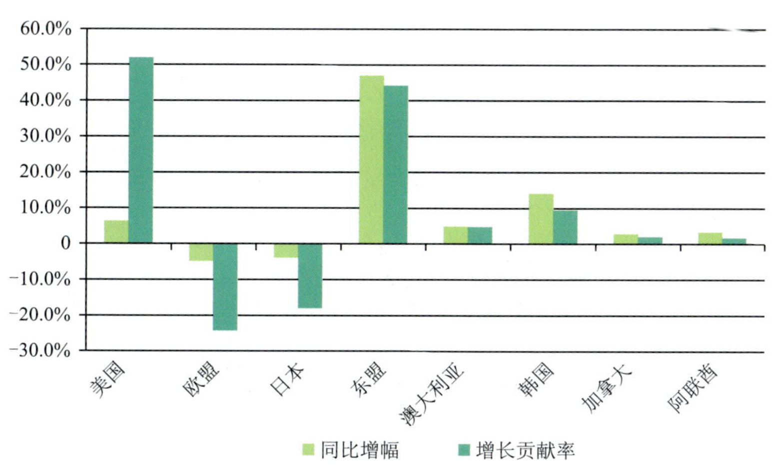

图15 芯被类产品主要市场出口金额增幅及增长贡献率

从省级海关出口额来看，浙江省和江苏省占有绝对的优势，两省的出口额同比增长都超过6%，高于平均水平（3.7%），出口额比重合计占到了57%，合计增长贡献率高达96%。增长贡献率较高的还有广东省和辽宁省，两省出口额同比分别增长了13%和34%，增长贡献率合计超过40%。芯被类产品部分海关出口金额及增幅见图16。

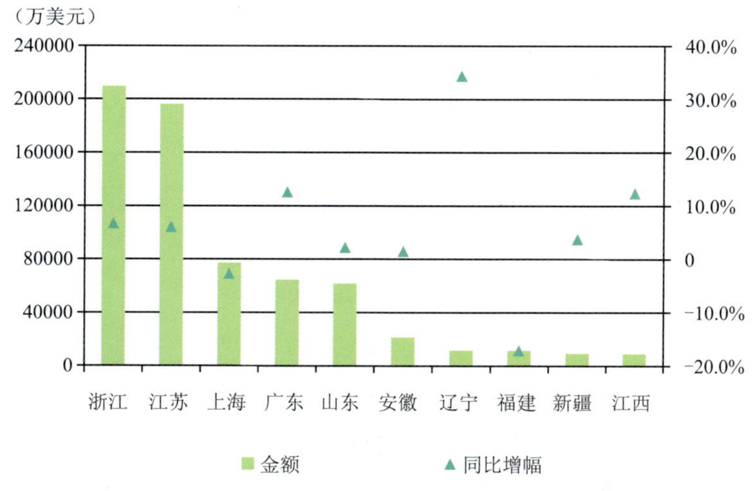

图16 芯被类产品部分海关出口金额及增幅

（三）毯子及旅行毯

毯子及旅行毯出口36亿元，比2012年增长了13%。合成纤维毯和棉毯为两主要品种，出口额比重分别占到5/6和1/10，毛毯和其他毯子合计比重不到1%。毯子及旅行毯品种构成分布见图17。主要品种呈现出合成纤维毯份额不断扩大，棉毯份额持续缩小的发展走势。2013年合成纤维毯出口数量同比增长18%，出口额增长超过

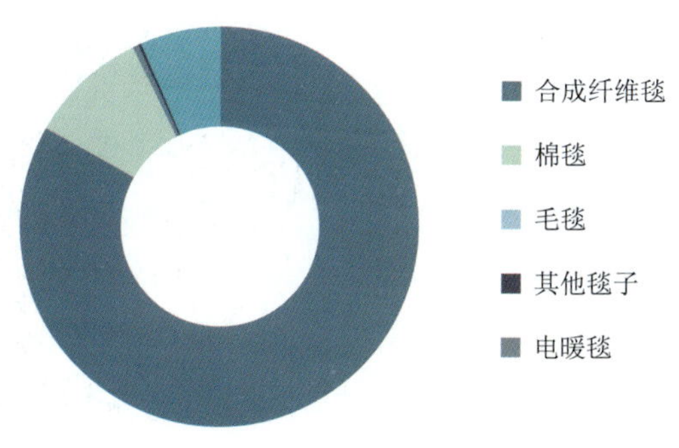

图17 毯子及旅行毯品种构成分布

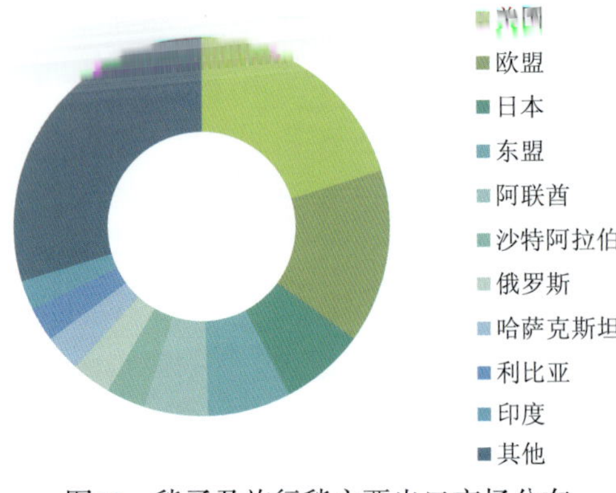

图18　毯子及旅行毯主要出口市场分布

20%，高出平均水平7个百分点。棉毯出口数量和金额分别下降了11%和19%。毛毯的出口价格上涨幅度较大，同比上升了12%，出口数量减少了7.5%。电暖毯出口数量和金额分别下降了3.3%和2.8%。

毯子及旅行毯出口特点是市场分布相对较为分散，出口额比重在3%以上的有8个国家和地区，合计出口额比重为65%。前两大市场美国和欧盟比重合计占到35%，出口额分别增长了12%和17%，增长贡献率均超过了18%。增长贡献最大的是东盟市场，2013年对东盟出口额增长高达125%，增长贡献率超过了34%。另外，对俄罗斯和哈萨克斯坦的出口也实现高增长，出口额分别增长了45%和74%，增长贡献率合计高于20%。毯子及旅行毯主要出口市场分布见图18。毯子及旅行毯主要市场出口金额增幅及增长贡献率见图19。

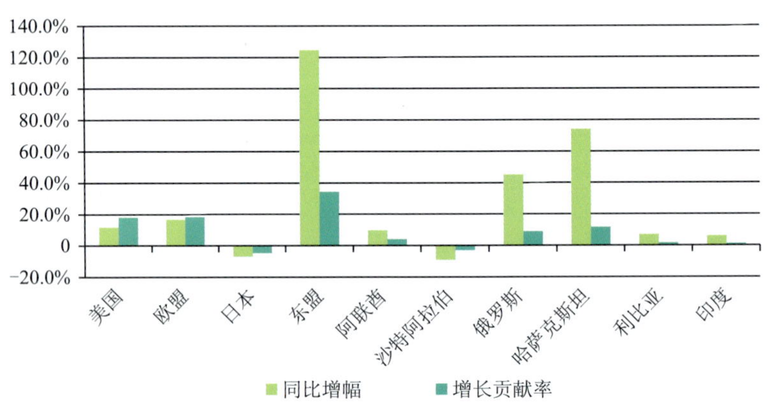

图19　毯子及旅行毯主要市场出口金额增幅及增长贡献率

在毯子及旅行毯出口的省级海关中，浙江省和江苏省的规模旗鼓相当，出口额比重都在28%以上，出口额分别实现了12%和16%的增长，增长贡献率合计为62%，继续保持明显的领先优势。排在第三和第四位的山东省和上海市，出口额分别增长了10%和13%，出口额比重合计占到16%，增长贡献率合计为14%。

另外，增长快、贡献大的地区还有北方的黑龙江省和南方的广西壮族自治区，出口额同比均超过了100%，增长贡献率合计为14%，出口额排列均上移了3位，分别排在第9位和第11位。毯子及旅行毯部分海关出口金额及增幅见图20。

综上所述，2013年寝用纺织制品出口表现出以下特点：一是传统市场中美国和欧盟市场呈现出较好的增长态势。特别是美国市场整体增长幅度高于平均水平，奠定了增长基础。而欧盟表现出恢复性增长，并在一些产品类别实现了超过平均水平的高增长。二是我国周边多个国家和地区增长势头强劲，市场着力点不断增多，为推进国际市场多元化战略创造了条件。三是出口产品原料结构逐步在发生变化，棉质产品占比趋于减少，原料多样化不断推

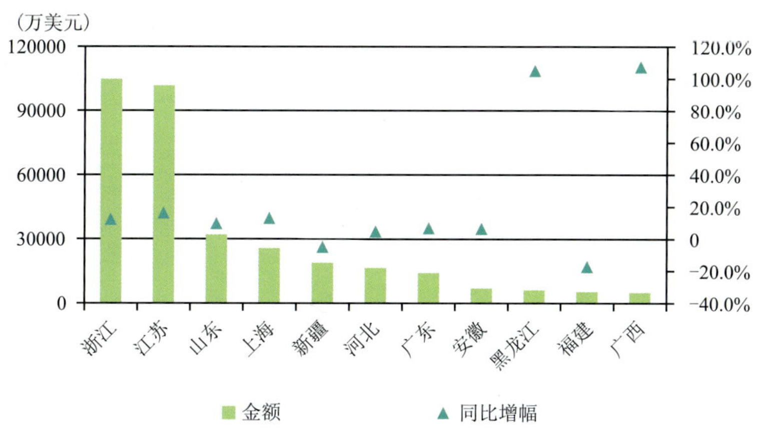

图20　毯子及旅行毯部分海关出口金额及增幅

进，特别是化纤产品的品种和比重明显提高。四是海关出口金额除江苏和浙江两省保持明显的领先优势外，一些中西部地区和东北地区的海关出口额增长提速，反映出产业布局和市场结构的一些变化。五是随着我国对周边国家贸易环境的改善，一些产品类别的边境贸易不断增多，今后值得关注。2013年寝用纺织制品出口取得了良好的业绩，并通过实施产业结构的调整，不断适应新的市场形势，为2014年及将来的出口市场拓展打下了良好的基础。

（中国家用纺织品行业协会）

2013年地毯出口贸易情况分析

陈　润　王　冉　魏启雄

作为家用纺织品的主要品类之一，地毯是集传统和现代、技术和艺术于一体的消费品，常用于家居民用和商业办公，也被用于固定建筑改进和移动运输器。生活在不同地理区域的民族与国家以及具有不同文化传统的人对地毯的消费习惯差异巨大。随着人类活动范围的扩大、生活方式的转变以及生活质量的提高，地毯贸易的品种和数量都在不断增长。研究中国及国际地毯市场贸易情况的变化有利于为发展地毯产业制定正确发展策略，为地毯企业指明发展方向。本文分为两部分，第一部分为2013年中国地毯出口分析，第二部分为2012年世界地毯贸易情况[1]。

一、2013年中国地毯出口分析

（一）出口增速稳中有升，传统市场有所下降，新兴市场增速较快

据中国海关统计数据显示，2013年我国地毯累计出口25.1亿美元，同比增长4.3%，增速较上年同期上升0.9个百分点，近两年我国地毯出口增速低于家纺行业的出口增速。从2008年以来的出口走势来看，我国地毯出口额除了2009年有所下降之外，其余年份皆有所增长，但出口增速波动较大。如图1所示。

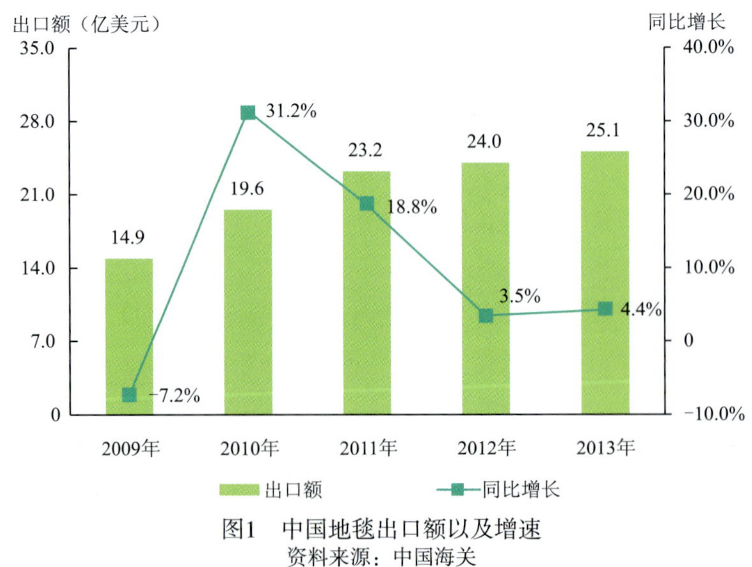

图1　中国地毯出口额以及增速
资料来源：中国海关

[1] 由于最新的世界地毯数据为2012年，故采用2012年数据分析。

1. 传统市场有所下降

2013年，我国对美国、欧盟和日本三大主要国家和地区出口12.3亿美元，同比降低了2.6%。这三大市场在我国出口总额的比重总体呈下降趋势，我国地毯对美、欧、日出口占比由2012年的52.4%下降至当前的48.9%。

三大主要市场中，美国占比最大，但下降较快。我国对美国出口总额4.4亿美元，同比下降6.1%，出口额占到我国地毯出口总额的19.4%，比去年同期降低1.9个百分点，出口增长贡献率为-27.5%。我国对欧盟市场出口形势良好。2013年我国对欧盟出口地毯总额为3.8亿美元，同比上升11.9%，出口额在我国出口总额的比重也由2012年的14%上升至2013年的15%，较去年同期增加了1个百分点，出口增长贡献率为38.9%。日本市场表现尤为不佳。2013年，我国对日本出口地毯总额4.1亿美元，同比降低9.8%，出口额占我国地毯出口总额的比重为16.4%，较去年同期减少近2.6个百分点，出口增长贡献率为-43.2%。如图2所示。

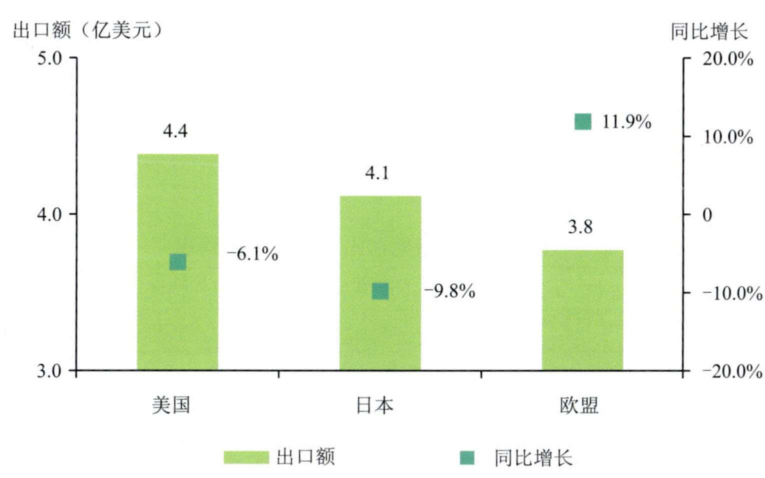

图2　2013年中国地毯出口美、欧、日金额及增速
资料来源：中国海关

2. 新兴市场增长较快

2013年，除去三大市场以外，我国地毯行业对其他国家和地区出口总额累计12.8亿美元，同比增长11.9%，比去年同期出口额增加1.4亿美元。出口新兴市场比例已由上年的47.6%上升至51.1%。

新兴市场对出口增长拉动作用明显。如图3所示，我国对东盟十国出口地毯3.1亿美元，实现了20.9%的高增长，对东盟十国出口额占到全行业出口总额的12.4%，出口增长贡献率为52.3%，贡献最大。我国对中东十七国出口地毯总额2.5亿美元，同比增长3.4%，出口额占到全行业出口总额的9.9%，出口增长贡献率为7.9%。我国对澳大利亚出口1.1亿美元，同比增长12.8%，出口额占到全行业出口总额的4.3%，出口增长贡献率为12%。我国对巴西和加拿大地毯出口额分别为6365万美元和5542万美元，同比分别增长了45.5%和27.6%，出口增长贡献率分别为19.3%和11.6%。

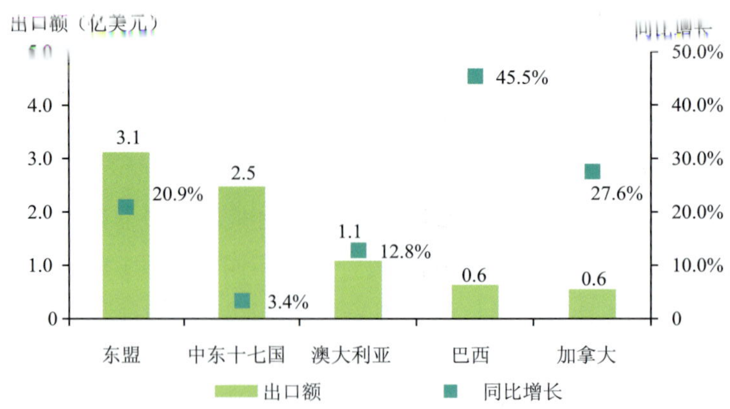

图3　2013年中国地毯出口新兴市场国家金额及增速
资料来源：中国海关

（二）地毯出口的贸易方式

国家海关总署数据显示，我国地毯出口的贸易方式以传统的一般贸易为主。2013年，我国地毯出口中一般贸易21.6亿美元，同比增长4.5%，占地毯出口总额的86.2%，占比最大；进料加工贸易1.8亿美元，同比降低6.5%，占地毯出口总额的7%；其余各类贸易方式总和占比不到地毯出口总额的7%，见表1。

表 1　2013 年中国地毯出口贸易方式情况

贸易方式	金额（万美元）	同比增长（%）	占比（%）
一般贸易	216434	4.47	86.22
进料加工贸易	17665	–6.54	7.04
其他贸易	7114	33.90	2.83
边境小额贸易	5753	28.98	2.29
保税库进出境货物	2900	9.80	1.16
保税区仓储转口货物	699	–36.53	0.28
来料加工贸易	303	–62.83	0.12
对外承包工程出口货物	98	–55.00	0.04
国际间无偿援助和赠送	49	–12.17	0.02

资料来源：中国海关

（三）中国地毯出口区域结构

中国地毯出口以东部地区为主，中部承接地毯产业转移的趋势明显趋缓，西部地区地毯出口增速很快，规模也有所扩大。总体来讲，中西部地区还需要有一个培育的过程。海关总署数据显示[1]，2013年，我国地毯出口中，东部地区占地毯出口总额的86.4%，中部占6.3%，西部占7.3%，西部在2013年出口增长很快，出口规模首次超过了中部地区[2]，如图4所示。

[1] 本节数据采用是各省海关出口数据，而非各省生产数据。

[2] 东、中、西部按照以下来划分，东部地区为：辽宁、北京、天津、河北、山东、江苏、上海、浙江、福建、广东和海南省。中部地区为：黑龙江、吉林、山西、安徽、河南、江西、湖北和湖南省。西部地区为：新疆、青海、西藏、云南、贵州、四川、重庆、陕西、甘肃、宁夏、广西和内蒙古。

2013年，东部地区中，江苏省、浙江省和山东省分别出口地毯5.2亿美元、5.1亿美元和3.5亿美元，占全国地毯出口总额的一半以上，三省同比分别增长6.4%、10.9%和5%。中部省中，地毯出口以河南、安徽和江西为主，三省地毯出口份额占整个中部地区出口的86.1%。西部地区中，青海、广西、新疆三省地毯出口总额占整个西部地区的65.5%，三省同比分别增长34.8%、51.2%和52.3%。2013年中国东、中、西部各省地毯出口额占比情况如图5所示。

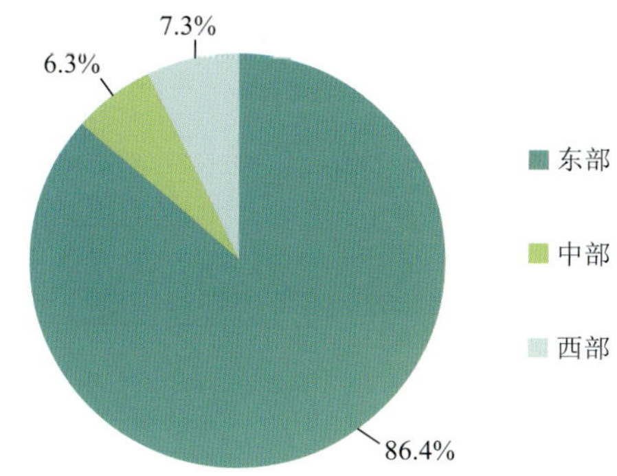

图4 2013年中国东、中、西地毯出口额占比情况
资料来源：中国海关

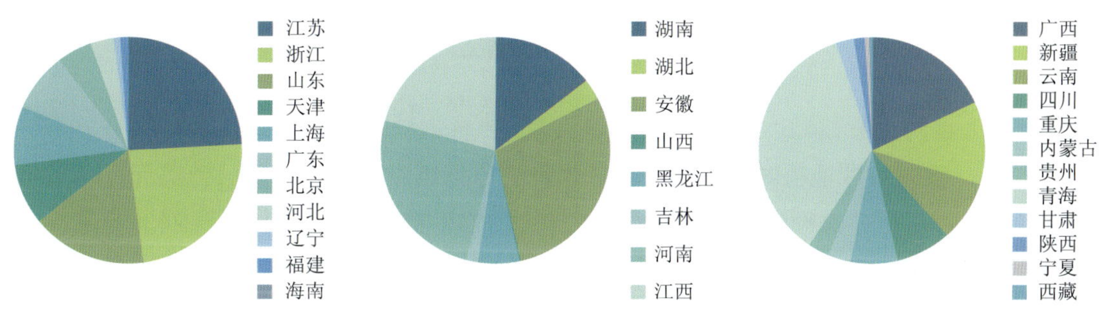

图5 2013年中国东、中、西部各省地毯出口额占比情况
资料来源：中国海关

东部地毯产业在向中西部地区转移的过程中，产业链整体转移的特征越来越明显。转出方和承接方应相互合作，有效实现产业链的无缝对接，形成跨区域的产业链和价值链，提高企业的资源配置能力和配置效率。

（四）出口地毯产品结构

按照标准国际贸易分类HS.96，地毯分为5个子分类，分别是5701——栽绒地毯、5702——机织地毯、5703——簇绒地毯、5704——毡呢地毯和5705——其他地毯。我国地毯产品出口中主要以簇绒为主，2013年，我国簇绒地毯出口总额为11.4亿美元，占各类地毯出口总额的45.7%，所占比例最大，同比增长12.8%，其出口增速也是最快的。其次是机织地毯，出口额为4.6亿美元，同比增长10.7%，占各类地毯出口总额的18.4%。栽绒和毡呢出口份额较低，分别出口1.2亿美元和0.2亿美元，其出口额较上年所有下降，同比分别降低10.4%和24.3%。其他类型地毯出口7.6亿美元，同比降低6.5%。2013年中国地毯子分类出口额及增速如图6所示。

中国地毯各子分类产品的出口结构分析如下。

1. 栽绒地毯

2013年，我国出口栽绒地毯1.2亿美元，其出口额较上年所有下降，同比降低10.4%，主要是因为国际市场需求不旺等国际经济大环境造成的，但出口单价有所提高。2013年，我国栽绒地毯出口数量为1280.5万平方米，数量较上年同比下降14.3%。出口单价为9.4美元/

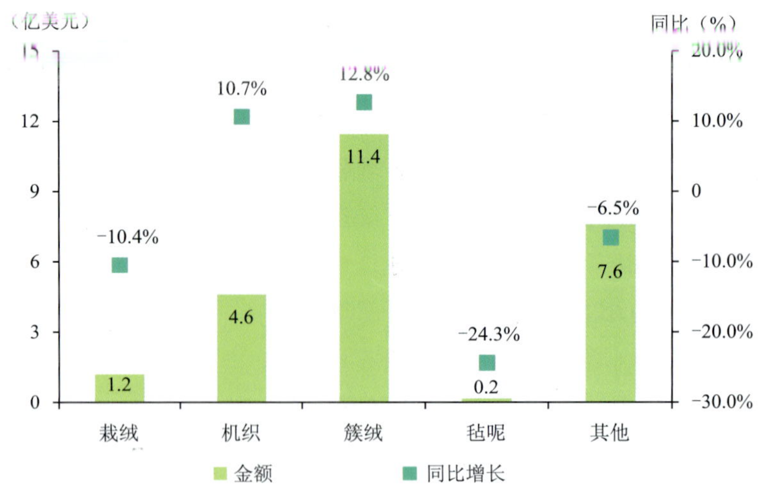

图6　2013年中国地毯子分类出口额及增速
资料来源：中国海关

平方米，较上年同比增长4.5%。

2013年，我国栽绒地毯对美、欧、日三大传统市场出口总额为5563.1万美元，较上年同比下降19.7%，占出口总额的46%。其中出口美国3142.1万美元，同比下降24%，出口欧盟1366.1万美元，同比下降18.3%，出口日本1054.8万美元，同比下降5.8%。新兴市场中，出口中东十七国3848万美元，同比下降4.2%，占出口总额的31.8%。其余国家和地区所占份额则较低。2013年中国栽绒地毯出口国家占比情况如图7所示。

2. 机织地毯

2013年，我国机织地毯出口总额为4.6亿美元，同比增长10.7%，出口数量和价格同比皆有所上升。其中，出口数量为8799万平方米，数量较上年同比上升2.4%，出口单价为5.2美元/平方米，同比上升8.1%。

2013年，我国机织地毯对美、欧、日三大传统市场出口总额为2.2亿美元，同比下降5.6%。其中出口美国8039.6万美元，同比下降11.5%，出口欧盟1366.1万美元，同比下降18.3%，出口日本7828万美元，同比下降12.7%。新兴市场中，出口东盟十国9063.2万美元，同比增长56.9%，增长幅度较大，占出口总额的19.7%。出口中东十七国3883.9万美元，同比增长21.8%，占出口总额的8.4%。出口澳大利亚1996.3万美元，同比下降8.0%，占出口总额的4.3%。其余国家和地区所占份额则相对较低。2013年中国机织地毯出口国家占比情况如图8所示。

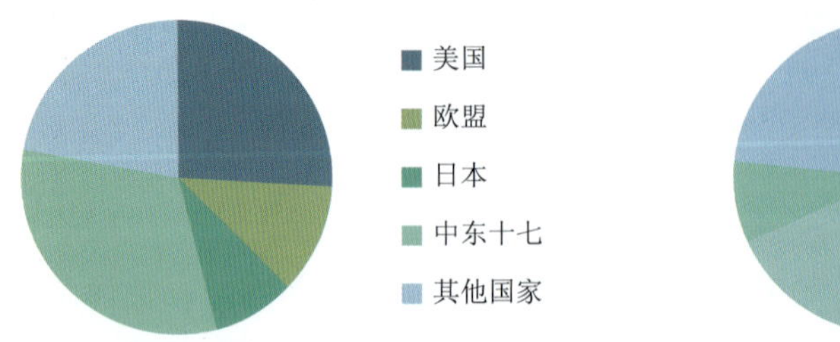

图7　2013年中国栽绒地毯出口国家占比情况
资料来源：中国海关

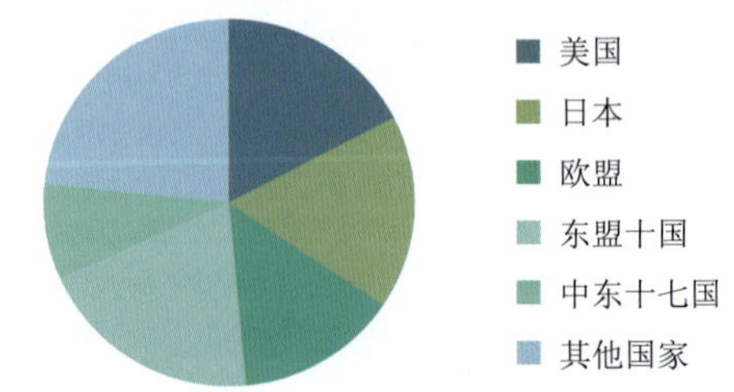

图8　2013年中国机织地毯出口国家占比情况
资料来源：中国海关

3. 簇绒地毯

2013年，我国簇绒地毯出口总额为11.4亿美元，同比增长12.8%，出口数量较上年有较大幅度提高，但出口单价略有下降。其中，出口数量为2.8亿平方米，较上年同比上升16%，出口单价为4美元/平方米，同比下降2.8%。2013年中国簇绒地毯出口国家占比情况如图9所示。

2013年，我国簇绒地毯对三大传统市场出口总额为5.6亿美元，较上年同比增长9.2%，占整个簇绒地毯出口总额的48.2%。其中，出口美国1.9亿美元，同比增长10.1%，占簇绒地毯出口总额的16.4%；出口欧盟2.1亿美元，同比增长18.8%，占簇绒地毯出口总额的18.1%；出口日本1.6亿美元，同比下降2.3%，占簇绒地毯出口总额的13.7%。

新兴市场中，出口中东十七国8709.2万美元，同比增长12.5%，占出口总额的7.6%。出口东盟十国1.3亿美元，同比增长16.8%，占出口总额的11.3%。出口澳大利亚6895.2万美元，同比增长30%，占出口总额的6%。

4. 毡呢地毯

2013年，我国毡呢地毯出口表现不佳，出口总额为1746万美元，同比增长12.8%，出口数量和出口单价皆有下降。其中，出口数量为1245.3万平方米，较上年同比下降2.5%，出口单价为1.4美元/平方米，同比下降22.3%。2013年中国毡呢地毯出口国家占比情况如图10所示。

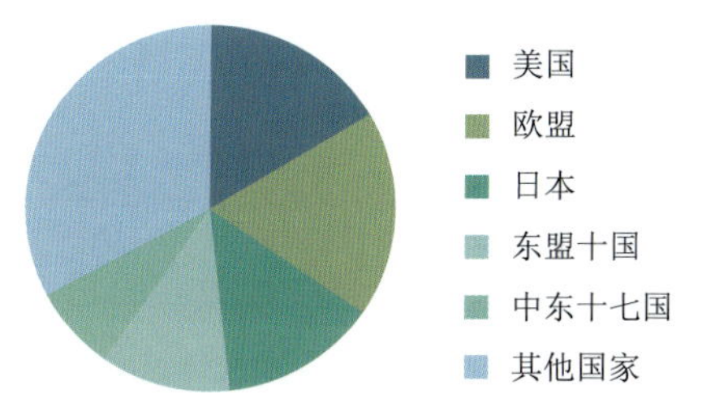

图9　2013年中国簇绒地毯出口国家占比情况
资料来源：中国海关

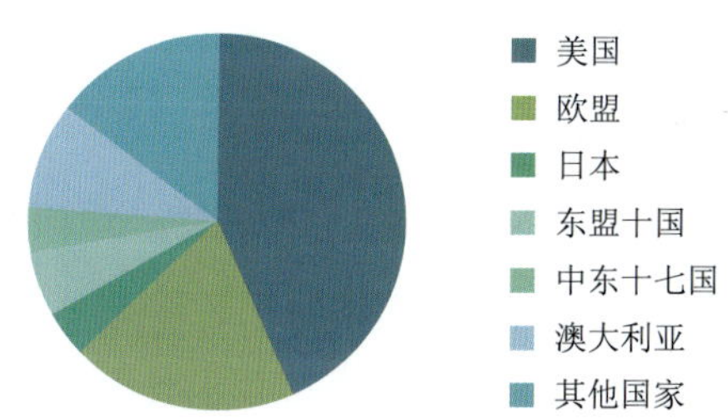

图10　2013年中国毡呢地毯出口国家占比情况
资料来源：中国海关

对三大传统市场出口总额为1165.2万美元，较上年同比降低28.5%，占整个毡呢地毯出口总额的66.7%。三大市场中，出口美国和日本下降较快，出口欧盟则大幅上升。具体而言，2013年，我国毡呢地毯出口美国758.8万美元，同比下降38.4%，占整个毡呢地毯出口总额的43.5%。出口欧盟335.9万美元，同比增长51.9%，占整个毡呢地毯出口总额的19.2%。出口日本70.5万美元，同比下降2.3%，占整个毡呢地毯出口总额的4%。

新兴市场中，出口澳大利亚158.8万美元，同比增长15.6%，占出口总额的9.1%。出口东盟十国97.8万美元，同比下降1.4%，占出口总额的5.6%。出口中东十七国66.4万美元，同比下降20%，占出口总额的3.8%。

5. 其他地毯

2013年，我国其他类别地毯出口总额为7.6亿美元，同比降低6.5%。出口数量为2亿平方米，较上年同比下降7.3%，下降幅度较大。出口单价为3.9美元/平方米，同比略增1%。对三大传统市场出口总额为3.8亿美元，较上年同比降低11.1%，占整个毡呢地毯出口总额的

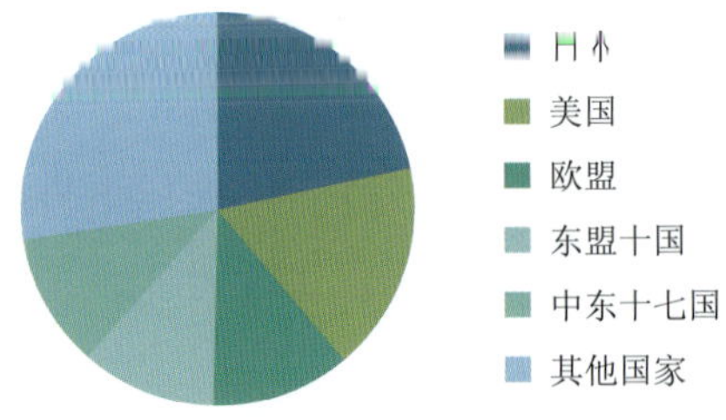

图11 2013年中国其他类别地毯出口国家占比情况
资料来源：中国海关

50.4%。2013年中国其他类别地毯出口国家占比情况如图11所示。

三大市场中，出口美国和日本下降较快，出口欧盟较上年略增。具体而言，2013年，我国其他类别地毯出口美国1.3亿美元，同比下降13.5%，出口欧盟8738.3万美元，同比略增0.4%，出口日本1.7亿美元，同比下降14.4%。新兴市场中，出口澳大利亚3352.8万美元，同比下降28.2%，占出口总额的4.4%。出口东盟十国8363.4万美元，同比增长2%，占出口总额的11.1%。出口中东十七国834832万美元，同比下降6.6%，占出口总额的11%。

（五）中国地毯出口的原材料结构

由于应用材料科学的不断进步，化学纤维在地毯中的应用得到巨大发展，再加上羊毛成本越来越高，使得在我国地毯出口的原材料中，化学纤维成为主要组成部分，并且逐渐占有越来越重要的地位，而羊毛原料的使用率逐渐降低。2013年，我国化纤地毯出口总额为21.2亿美元，同比增长6.7%，占地毯出口总额的比例也由2012年的82.8%上升至2013年的84.5%，说明在出口地毯当中，化学纤维的使用量越来越大。2013年，我国羊毛类地毯出口总额为2.3亿美元，同比下降6.8%，占地毯出口总额的比例也由2012年的10.5%下降至2013年的9.4%。2013年，我国其他纺织材料的地毯出口总额为1.5亿美元，同比下降9.2%，占地毯出口总额的比例也由2012年的7%下降至2013年的6.1%。

中国海关数据显示，2013年，我国各子分类地毯按原料成分的组成同样反映了以上的变化趋势。例如，羊毛类地毯出口中除了机织地毯同比上升4.5%，其余四类地毯出口同比皆有所降低。化纤地毯中，出口额占比最大的簇绒和机织地毯同比增长都在两位数以上。同样在各类地毯中，化纤地毯的出口额占比最大，例如，机织地毯中化纤类出口额占比67.5%，簇绒地毯中化纤类出口额占比91.5%，其他地毯中化纤类出口额占比为92.5%。具体数据见表2。

表2 2013年中国地毯子分类按原料成分划分出口情况 单位：万美元

原料 / 分类	羊毛类			化纤			其他材料		
	出口额	同比（%）	占比（%）	出口额	同比（%）	占比（%）	出口额	同比（%）	占比（%）
栽绒地毯	3178.9	-9.4	26.3	5569.7	-11.3	46.1	3346.0	4.2	27.7
机织地毯	9464.3	4.5	20.5	31112.3	13.4	67.5	5513.9	7.0	12.0
簇绒地毯	8005.7	-8.9	7.0	104691.4	16.0	91.5	1764.1	-28.1	1.5
毡呢地毯	1746.0	-24.3	100.0	—	—	—	—	—	—
其他地毯	1099.6	-28.8	1.4	70434.0	-5.4	92.5	4613.6	-15.5	6.1

数据来源：中国海关

二、2012年世界地毯出口分析

根据联合国商品贸易统计数据库（United Nations Commodity Trade Statistics

Database）以标准国际贸易分类HS数据为基础，对2012年全球地毯数据进行整理，并对栽绒地毯、机织地毯、簇绒地毯、毡呢地毯及其他类地毯等五大类产品进行了分析。

（一）世界地毯出口概况

2012年，世界地毯出口总额为97.34亿美元，其中中国所占比重最大，为24.04亿美元，占世界地毯总出口的24.69%，较2011年增长3.45%。土耳其2012年地毯出口19.98亿美元，占世界的20.52%，成为仅次于中国的第二大地毯出口国。较2011年增长了24.73%，增速远高于其他主要地毯出口国，成为世界地毯出口增长最快的国家。除以上两国以外，印度、欧盟及美国也均有较大份额，分别占世界总额的13.88%、13.00%和11.36%。见图12

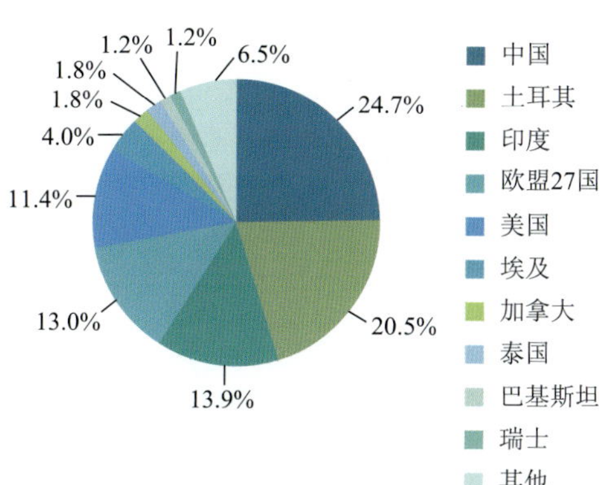

图12　世界地毯主要出口国家分布
数据来源：联合国商品贸易统计数据库

从出口增长方面看，土耳其增长幅度最大。此外，加拿大和欧盟也有较快增长，增速分别为13.51%和9.15%，均高于世界平均水平。世界主要国家地毯出口增长情况见图13。

图13　世界主要国家地毯出口增长情况
数据来源：联合国商品贸易统计数据库

（二）大类地毯产品出口情况

1. 栽绒地毯

从地毯分类情况看，栽绒类地毯2012年全球共出口12.25亿美元。其中，埃及、印度出口额分别为3.74亿美元和3.65亿美元，所占比重最大（图14）。两国出口合计额超过世界的60%。另外，中国、土耳其和巴基斯坦也占有较大份额，分别占世界的百分之十左右。以上五国出口额合计占世界的91.48%。从增长率方面看，除印度和欧盟分别较去年增长了9.47%和12.60%以外，其他几个主要出口国较2011年均有所下降，其中下降最多的为土耳其22.26%，美国下降了21.51%。而中国2012年出口情况相对平稳，略有下降。为1.35亿美元，降低了0.39%。

2. 机织地毯

机织地毯2012年共出口31.83亿美元，较上一年增长了0.78%。土耳其是全球机织地毯的主要出口国，2012年出口额为16.81亿美元，占世界的52.80%。而且增长速度最快，较上一年增长了31.42%。此外，欧盟、中国和印度也占有较大份额，所占比重均超过全球总出口的百分之十。三个国家较上一年度均有所增长，分别增长了6.23%、4.41%和3.12%。主要国家出口占比见图15。

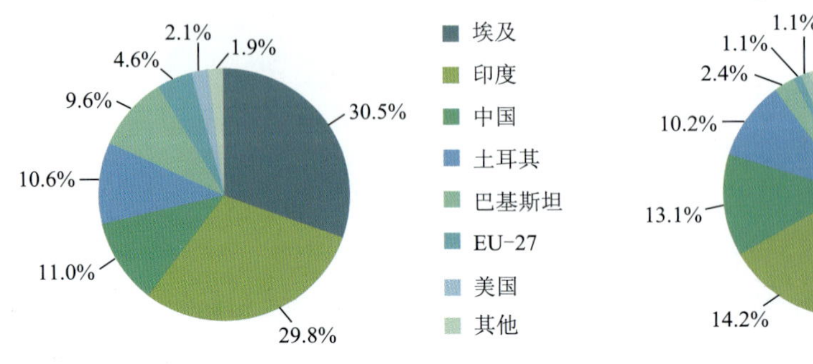

图14　世界栽绒地毯国家出口占比分布
数据来源：联合国商品贸易统计数据库

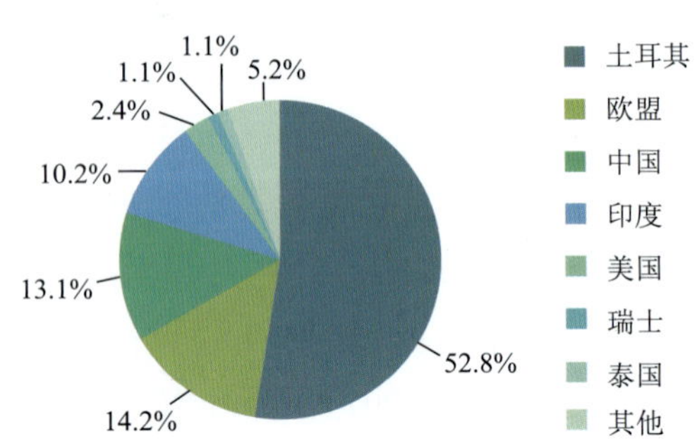

图15　世界机织地毯国家出口占比分布
数据来源：联合国商品贸易统计数据库

3. 簇绒地毯

2012年，簇绒地毯出口总额为36.95亿美元，较上一年增长5.91%。中国簇绒地毯出口总额为10.15亿美元，占世界出口总额的27.47%，所占比重最大，增速较上一年同比增长16.12%，为世界簇绒地毯增速的3倍，发展态势良好。其次，美国、欧盟、印度等也占有较大的出口份额，分别占总数的24.84%、14.74%和10.31%，见图16。其中欧盟增长速度最大，较上一年增长14.88%，仅次于中国。另外，土耳其2012年簇绒地毯出口份额虽然较小，仅占总数的4.64%，但增长势头强劲，较上一年增长了23.47%，是印度增长速度的2倍多。

4. 毡呢地毯

2012年，毡呢地毯出口总额为2.86亿美元，同比有所下降，较上一年下降了20.74%。欧盟是世界最大的毡呢地毯出口市场，出口额为1.17亿美元，占世界总量的41.11%。其次，瑞士出口5084万美元，占世界出口的20.25%，排名第三的美国出口3557万美元，占比12.45%。三个世界主要出口市场较上一年均有所下降，增速分别为-1.48%、-5.57%和-9.74%。与之相比，中国2012年毡绒地毯出口2307万美元，所占份额仅为8.07%，但增长迅速，增速为48.59%。主要出口占比如图17所示。

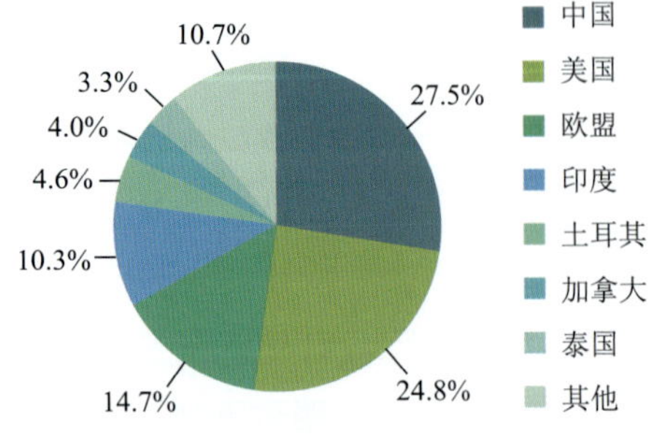

图16　世界簇绒地毯国家出口占比分布
数据来源：联合国商品贸易统计数据库

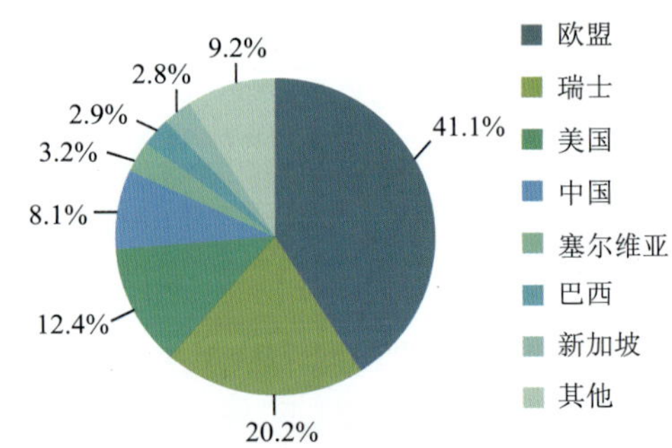

图17　世界毡呢地毯国家出口占比分布
数据来源：联合国商品贸易统计数据库

5. 其他类地毯

2012年，其他类地毯共出口13.45亿美元，中国和印度为主要出口国，两国其他类地毯出口额占比将近90%。其中中国出口所占比重最大，为60.5%，金额达8.14亿美元。第二大出口国为印度，2.73亿美元，占比20.30%。两个主要出口国出口额较2011年分别下降9.5%和1.8%，如图18所示。

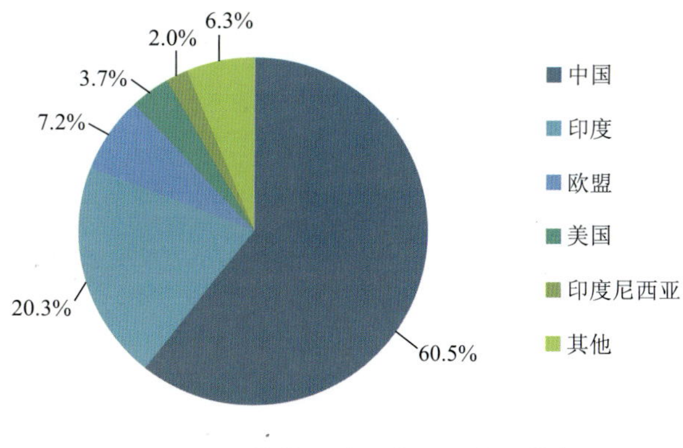

图18　世界其他地毯国家出口占比分布
数据来源：联合国商品贸易统计数据库

综上所述，中国地毯类产品出口总体占世界的四分之一，出口比重最大，但总体优势并不明显。在分类产品中，中国簇绒地毯出口总量居世界首位，占比为27.5%；其他类地毯出口占绝对优势，占比超过世界的60%；但是在毡呢地毯、机织地毯及簇绒地毯出口中，中国排名均在第三、第四位，与埃及、印度、土耳其、欧盟等国家和地区相比存在一定的差距。中国地毯出口还有很大的发展空间。

（中国家用纺织品行业协会）

2013年家用纺织品零售市场分析

中华全国商业信息中心

一、家用纺织品市场销售运行情况

（一）大型零售企业床品销售增速再创新低

受宏观经济形势和市场环境变化的影响，2013年，大型零售企业床上用品销售增速呈现较为明显的下滑。根据中华全国商业信息中心统计，2013年，全国重点大型零售企业床上用品零售额同比下降2.6%，增速较2012年低7.0个百分点，是2006年以来首次呈现负增长，见图1。

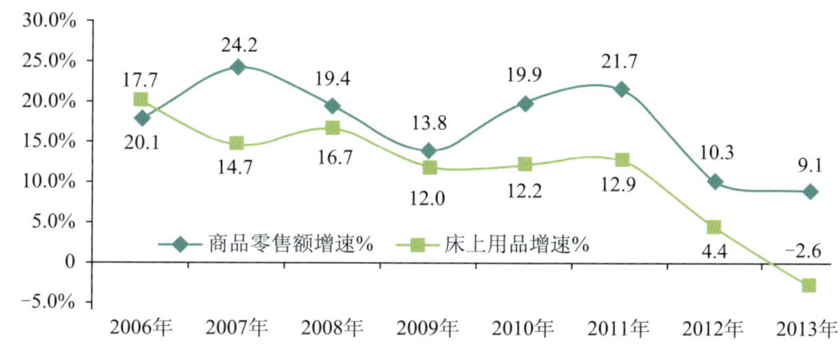

图1　2006~2013年全国重点大型零售企业商品零售额和床上用品零售额增长情况
数据来源：中华全国商业信息中心

2013年，床上用品各月销售增速波动较大，上半年各月大型零售企业增长情况略好，4月零售额增长7.2%，为全年最高。下半年的6个月中除9月实现4.1%的增长速度外，其余月份均为负增长。其中10月是全年销售低谷，床上用品零售额降幅达到了15.9%，这主要是由于各路电商的大规模促销活动冲击了大型零售企业的销售。2013年全国重点大型零售企业床上用品零售额月度增速见图2。

2013年，全国重点大型零售企业床上用品销售增速显著下降，一方面，与当前大型零售企业的发展环境有关，宏观经济增速放缓，居民收入增速下滑，客流减少等使得近两年大型零售企业销售增速也呈现出明显的下降态势，家纺行业明显难以独善其身。另一方面，大型零售企业家纺商品价格快速增长，明显超过消费者承受能力，根据中华全国商业信息中心的统计，2008~2013年的五年间，全国重点大型零售企业床上用品（套件）销售单价上涨

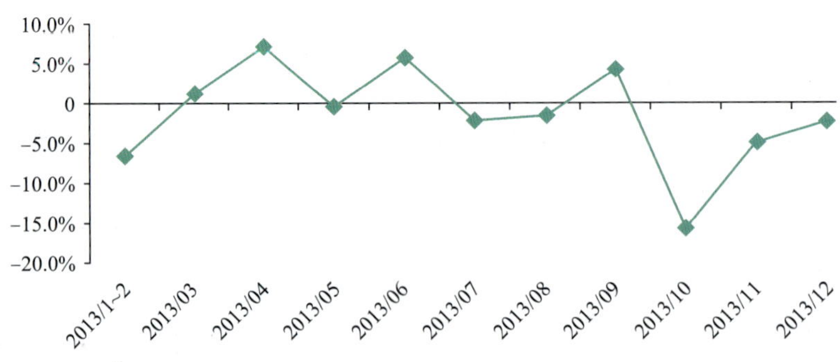

图2　2013年全国重点大型零售企业床上用品零售额月度增速
数据来源：中华全国商业信息中心

82.6%，各种被销售单价上涨87.0%，虽然近两年涨幅有所放缓，但依旧处于上升通道，消费转移明显。

（二）大型零售企业家纺商品单价小幅上涨

受家用纺织品原料、工资等生产成本叠加上涨，以及部分企业盲目发展高端产品，我国家纺商品价格在2011年出现快速上涨。2011年，全国重点大型企业床上用品套件价格同比涨幅达到41.4%，各种被价格同比涨幅达到39.9%，但是其后价格涨幅明显回落；2012年，床上用品套件价格同比增速下降至1.0%；2013年，升至3.1%。床上用品各种被价格涨幅连续下滑，2012年同比增速回落至7.9%，2013年继续下滑至4.6%。见图3和图4。

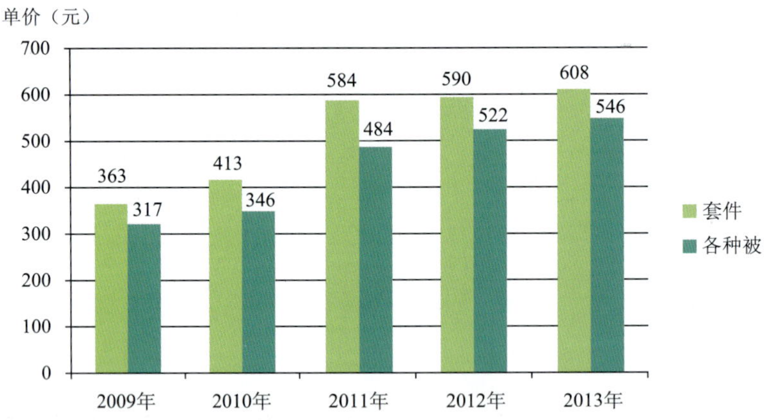

图3　2009~2013年全国重点大型零售企业品牌床上用品套件、各种被平均单价（元）
数据来源：中华全国商业信息中心

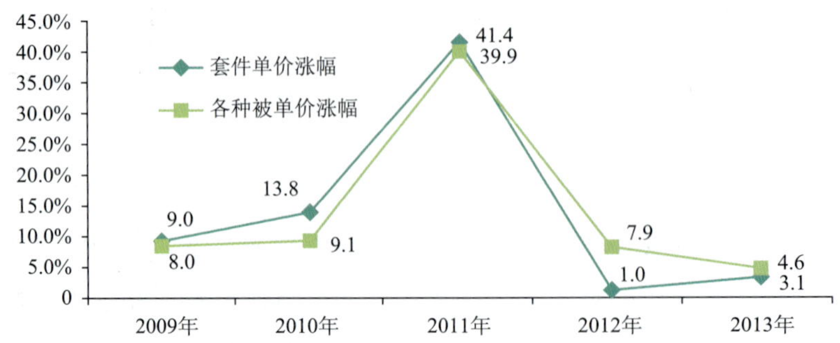

图4　2009~2013年全国重点大型零售企业床上用品套件和各种被平均单价涨幅
数据来源：中华全国商业信息中心

2012年以来，家用纺织品价格涨幅的回落，主要是由于目前大部分消费者仍然看重床上用品的性价比和材质，面对虚高的价格，消费减少，加之目前家纺企业普遍面临着较大的库存压力，家纺市场打折促销活动较往年更为频繁，家用纺织品的终端销售标价虽然仍然较高，但实际销售价格往往远低于标价。

（三）销售增速下降趋势蔓延至二三线城市

2012年，一线城市大型零售企业床上用品销售曾出现较大幅度的下滑，零售额同比下降9.8%，2013年降幅有所收窄，但零售额同比仍然下降了8.2%，降幅依旧明显；2013年，一线城市床上用品销售大幅下降的趋势也蔓延到了二三线城市，其中二线城市零售额增速从上年的9.7%下降为-1.3%，三线城市也从上年的4.8%，下降为-0.3%，见图5。

图5　2010~2013年全国重点大型零售企业一、二、三线城市床上用品零售额增速情况

数据来源：中华全国商业信息中心

（四）西部地区零售额增速回落明显

2013年，不同地区大型零售企业中，西部地区大型零售企业床品销售下降明显，零售额增速从上年的16.2%下降到-10.9%，在四大地区中增速最低，降幅最大；东北地区零售额同比增速则从上年的8%下降至3.7%；东部地区零售额降幅有所扩大；中部地区零售额呈现加速增长。见表1。

表 1　2012~2013 年不同地区大型零售企业床上用品零售额增速情况（%）

年份	东部	中部	西部	东北
2013 年	-2.3	1.7	-10.9	3.7
2012 年	-1.6	0.3	16.2	8

数据来源：中华全国商业信息中心

（五）线上销售与线下销售反差巨大

与线下销售出现负增长形成明显反差的是，2013年家纺线上销售额继续实现“突飞猛进”的增长。根据中国家用纺织品行业协会数据，网络渠道家用纺织品2013年1~10月的销售额达530亿元，全年家用纺织品网上销售额预计突破600亿元，同比2012年260亿元的网上销售额，增幅超过100%。当前，仅电商天猫里面的家纺品牌已超过 2000 个，共有 3000 多个商家。相关数据还显示，在天猫的各个行业中，家纺销量稳居前10 名。

（六）频繁打折的促销活动损伤品牌价值

虽然家纺原材料成本和人力成本等不断上涨，但行业价格战却愈演愈烈，产品价格几乎触及产品成本红线。据了解，在终端卖场中，梦洁、罗莱等知名品牌也在打折之列。节日促销、周末促销、淡季促销，以至于发展到天天促销，消费者面对商家的五花八门的促销也逐渐麻木，这使得企业与商家吸引消费者最后的利器也失去了效应。市场不断打折促销，表面上是让利优惠，而实质上打折的恰恰是品牌价值。品牌过度依赖打折促销，对品牌价值会产生很大的伤害。尤其是家纺用品具有不可刺激性消费特征，过多打折促销会引发品牌间的“价格战”，让行业无利可图，严重制约行业发展。

二、家纺市场消费特点分析

（一）夏凉产品热销

以往，夏凉用品由于销售时间短、商家不够重视，致使该类家纺市场发展一度相对滞后，而近几年，随着以竹、藤、麻、丝、牛皮等为原材料制造的凉席、凉毯、空调被以及纯棉线手工纺织的老粗布、桑蚕丝制成的夏凉被等夏凉商品畅销，家居夏凉行业逐渐壮大起来，众多家纺品牌也纷纷加入到研发夏凉新品的行列，希望在市场中分一杯羹。目前在各大卖场销售的塔山、老席匠、恩达等品牌，已逐渐在消费市场上获得了良好口碑，品牌竞争力不断增强。

（二）婴童床品量少价高

我国婴童家纺市场需求较大，根据我国权威机构的调查显示，中国每年有2000万~3000万婴儿出生，8个月至3岁的婴儿约为4500万，儿童为3.2亿。特别是随着单独二胎政策的放开，未来对婴童家纺的需求将进一步扩大。80后、90后家长对婴幼儿床上用品的购买十分谨慎，但目前的床上用品品牌设计儿童床品的比较少，而且价格贵，一直是困扰消费者的一大问题。

（三）绿色环保材料全面应用

在家纺行业竞争日趋激烈的今天，无论是从国家的政策，还是消费需求来看，环保都是大势所趋。为此，不少家纺企业都在材料上、技术上改进了工艺，像现在主推的羊毛、纯棉、丝质、植物纤维等各种材质家纺产品比较受欢迎。对于消费者来说，更注重健康的生活，如果质量不达标，会影响家人的身体健康，所以买的时候都很注重看标签里面的材料含量和指数。以前人们购买家用纺织品都是看款式，现在还要看面料是否环保低碳。

（四）面料、色彩更加讲究

近年来，以真丝、纯棉混纺、棉麻等为面料的床上用品正逐步占领市场，成为年轻人和白领阶层的首选。花型也是消费者在购买时相对看重的，各种具有回归自然、简约风格以及几何图案的床上用品，也深得消费者的喜爱，床上用品通过色彩、图案、款式表现出民族、自然、浪漫、古典等各种特色风格，消费者根据居室环境的不同，选择不同风格的床上用品。从而为自己的生活空间营造出良好的氛围。

（五）产品技术创新带来更新需求

当前，各种被套，枕套，床罩，甚至是家居小布艺，高科技含量越来越高。高科技材料让织物反复洗涤后保持良好的恢复能力和抗菌能力，赋予床品耐污、透湿、排汗、抗菌、抗紫外线、抗静电等性能，使得产品舒适度体验大为提高，家纺技术成熟的同时带来了更新换代的新需求。

三、主要家用纺织品品牌竞争情况

（一）床上用品

1. 品牌集中度连续下滑

根据中华全国商业信息中心多年来的监测数据显示，前几年床上用品市场呈现品牌集中度逐年提高、畅销品牌优势逐步扩大的发展态势，而这一趋势却在2012年、2013年发生了变化。

2013年，前十位品牌床上用品套件集中度为33.9%，相比2011年和2012年分别下降了3.8和1.6个百分点；床上用品各种被市场集中度为30.9%，相比2011年和2012年分别下降了1.0和0.6个百分点，床上用品套件和各种被品牌集中度连续两年下滑，见图6。这主要是因为，家纺行业面临着经济增速下滑，生产成本上升、线上销售不断挤压传统销售渠道份额的外部环境，各品牌之间在技术、产品、渠道、价格上的较量加强，市场竞争日趋激烈。

图6　2006~2013年床上用品套件和各种被前十位品牌市场综合占有率之和（%）
数据来源：中华全国商业信息中心

2. 品牌集中度处于相对较低的水平

目前，虽然我国床上用品市场涌现了一大批知名企业，如罗莱、富安娜、梦洁、佳丽斯、维科、水星等，品牌格局初现，这些家纺名牌基本上涵盖了高、中、低档消费市场，但即使是业内销售处于领先位置的罗莱，销售门店也不到2000家，年销售额只有11亿元。

根据中华全国商业信息中心数据统计，2013年床上用品套件和各种被前十位品牌市场综合占有率之和分别为33.9%和30.9%，明显低于运动服、运动鞋、羽绒服、女性内衣等品类，见图7。

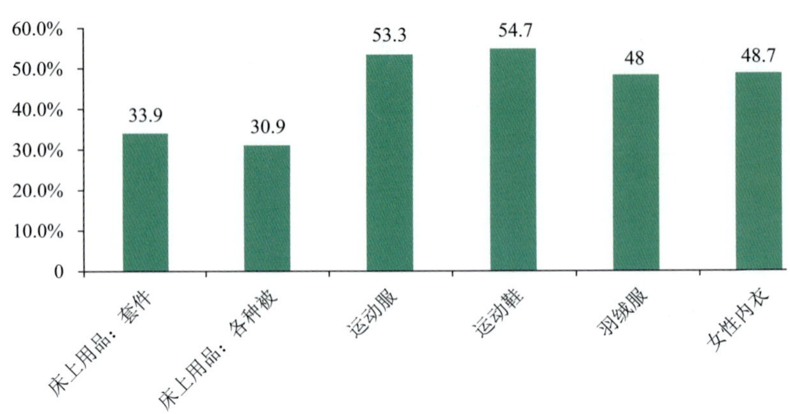

图7 2013年全国重点大型零售企业主要商品销售前十位品牌市场占有率合计

数据来源：中华全国商业信息中心

从前十位品牌来看，2013年市场综合占有率最高的罗莱其占有率也不到10%，主要是床上用品行业市场进入门槛低，市场品牌众多，并未形成主导型的品牌，市场竞争手段以价格为主，导致价格竞争激烈。以床上用品套件为例，前三位品牌优势明显，其他品牌的差距不是很大，仅在0.1%~0.5%之间，见图8。

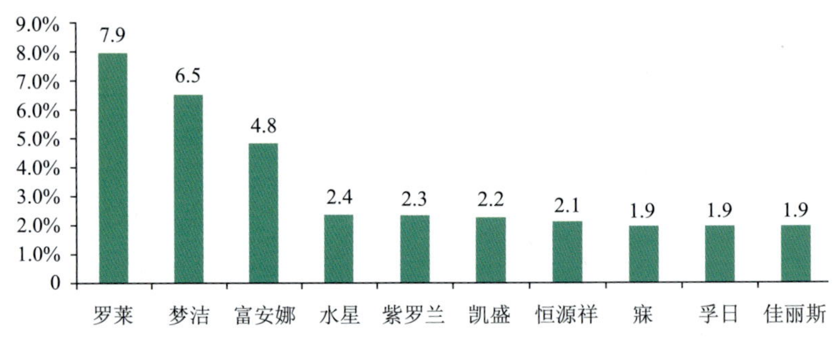

图8 2013年床上用品套件前十位品牌市场综合占有率

数据来源：中华全国商业信息中心

3. 领先品牌竞争愈加激烈

根据中华全国商业信息中心数据，2013年，床上用品套件市场销售前十位品牌市场综合占有率合计为33.9%，相比2012年有所下降。其中，罗莱、梦洁、富安娜已经连续三年占据市场综合占有率排名的前三位，2013年，三家品牌的综合占有率合计为19.2%，相比2011年和2012年分别下降了3.0和1.2个百分点，排名第一位的罗莱与第三位的富安娜之间差距已经由2011年的3.4个百分点缩小至2013年的3.1个百分点，三家品牌的差距逐渐缩小，领先品牌之间竞争愈加激烈。2011~2013年床上用品排名前三位品牌市场综合占有率情况见表2。

表 2　2011~2013 年床上用品排名前三位品牌市场综合占有率情况

排名	2011 年		2012 年		2013 年	
	品牌	占有率（%）	品牌	占有率（%）	品牌	占有率（%）
1	罗莱	9	罗莱	8.7	罗莱	7.9
2	梦洁	7.6	梦洁	6.7	梦洁	6.5
3	富安娜	5.6	富安娜	5	富安娜	4.8
合计		22.2		20.4		19.2

数据来源：中华全国商业信息中心

4. 品牌销售区域性特点明显

根据中华全国商业信息中心统计，我国床上用品销售呈现出明显的区域化态势。从分地区的市场综合占有率来看，罗莱在华北、华东地区具有明显的销售优势，市场综合占有率分别为11.2%和8.0%，占据榜首，领先第二位品牌达到5.6和2.7个百分点；梦洁在中南和东北地区表现较好，分别以11.0%和8.7%的市场综合占有率位居榜首；在别的地区没有取得排名的罗卡芙和小林分别以8.3%和8.0%的市场综合占有率占据西南地区前两位。2013年各地区床上用品排名前十位品牌及市场综合占有率见表3。

表 3　2013 年各地区床上用品排名前十位品牌及市场综合占有率

排名	华北		东北		华东		中南		西南		西北	
	品牌	占有率(%)	品牌	占有率(%)	品牌	占有率(%)	品牌	占有率(%)	品牌	占有率(%)	品牌	占有率(%)
1	罗莱	11.2	梦洁	8.7	罗莱	8	梦洁	11	罗卡芙	8.3	罗莱	7.1
2	梦洁	6.6	乔德	5.6	梦洁	5.3	多喜爱	7.3	小林	8	佳丽斯	6.5
3	富安娜	6.3	罗莱	5.4	富安娜	4.1	罗莱	4.6	富安娜	7.9	梦洁	5.9
4	凯盛	5	富安娜	5	紫罗兰	2.9	富安娜	4.6	佳丽斯	6.4	菲尔曼斯	5.1
5	紫罗兰	2.7	富丽真金	3.5	恒源祥	2.7	恒源祥	3.6	惠谊	5.8	恒源祥	4.3
6	佳丽斯	2.7	水星	3.4	水星	2.4	晚安	3.5	佳梦	4.5	富安娜	4.2
7	孚日	2.7	埃迪蒙托	2.9	博洋	2.4	馨而乐	3.5	梦洁	4.5	惠谊	3.3
8	水星	2.5	ESPRIT	2.8	寐	2.4	寐	3.3	SALSA	4	堂皇	3.1
9	惠谊	2	三和	2.7	仙合	2.2	孚日	3	蓝鸽	4	百思佳	2.8
10	依娜	2	寐	2.5	梦兰	2	黛富妮	2.8	盛宇	3.8	水星	2.6

数据来源：中华全国商业信息中心

5. 国产品牌垄断市场

根据中华全国商业信息中心数据，2013年床上用品套件前十位品牌均为国内品牌，外资品牌无一涉足；床上用品各种被前十位品牌也均为国内品牌。这是由于中国作为名副其实的纺织大国，拥有完整的产业链和相对较低的劳动力成本，同时行业门槛较低，而且罗莱、梦洁、富安娜、恒源祥等内资家纺品牌介入市场时间较早，知名度较高。2013年床上用品排名前十位品牌分布情况见表4。

表 4　2013 年床上用品排名前十位品牌分布情况

排名	套件品牌	占有率（%）	排名	各种被品牌	占有率（%）
1	罗莱	7.9	1	罗莱	7.1
2	梦洁	6.5	2	梦洁	5.9
3	富安娜	4.8	3	富安娜	4.2
4	水星	2.4	4	恒源祥	2.5
5	紫罗兰	2.3	5	紫罗兰	2.1
6	凯盛	2.2	6	水星	2.0
7	恒源祥	2.1	7	佳丽斯	2.0
8	寐	1.9	8	罗卡芙	1.8
9	孚日	1.9	9	凯盛	1.8
10	佳丽斯	1.9	10	鸿润	1.6

数据来源：中华全国商业信息中心

6. 外资品牌市场份额略有下降

我国家纺市场外资介入较晚，近年虽然有个别外资品牌占据了一定份额，但相比国产品牌仍处于明显的弱势。

根据中华全国商业信息中心数据，2013年，我国床上用品套件市场排名前二十位的品牌中仅有来自美国的ESPRIT以1.5%的市场综合占有率排名第12位的位置，见表5。

表 5　2012 年、2013 年床上用品套件中排名前 30 位的外资品牌及市场综合占有率

2012 年			2013 年		
品牌	排名	市场综合占有率（%）	品牌	排名	市场综合占有率（%）
ESPRIT	10	1.6	ESPRIT	12	1.5
安睡宝	28	0.7			
合计	—	2.3	合计	—	1.5

数据来源：中华全国商业信息中心

（二）毛巾

1. 品牌集中度比上年略降

随着生活水平的提高，消费者更加注重毛巾产品的品质，在选购时品牌意识大大增强，市场集中度显著提高，根据中华全国商业信息中心的统计数据，2013年，全国重点大型零售企业毛巾销售前十品牌集中度为65.8%，尽管比2012年下降了3.6个百分点，但仍处于较高水平，见图9。

2. 优势品牌地位稳固

在市场综合占有率前十品牌中，孚日、洁丽雅、金号三家毛巾品牌是市场的佼佼者。中华全国商业信息中心数据显示，2010~2013年，孚日、洁丽雅、金号这三家老牌的毛巾企业稳居市场综合占有率前三位，其中孚日连续蝉联榜单第一的位置，金号和洁丽雅市场角逐激

图9 2007~2013年全国重点大型零售企业毛巾销售前十位品牌市场综合占有率之和
数据来源：中华全国商业信息中心

烈，分列第二和第三的位置，前三位品牌市场综合占有率均超过10%，2010~2013年，前三位品牌市场综合占有率之和分别为32.7%、34.3 %，35.0%和34.9%，基本呈现稳定趋势，可见排名靠前的优势品牌市场格局短期内不会有太大变化，见表6。

表 6 2010~2013 年全国重点大型零售企业毛巾销售前三位品牌市场综合占有率情况

排名	2010 年		2011 年		2012 年		2013 年	
	品牌	占有率（%）	品牌	占有率（%）	品牌	占有率（%）	品牌	占有率（%）
1	孚日	11.4	孚日	12.0	孚日	11.8	孚日	11.9
2	洁丽雅	11.0	金号	11.8	金号	11.7	金号	11.8
3	金号	10.4	洁丽雅	10.6	洁丽雅	11.6	洁丽雅	11.1
合计		32.7		34.3		35.0		34.9

数据来源：中华全国商业信息中心

3. 区域性品牌优势明显

毛巾的前十品牌中来自山东的品牌实力强大，占据了五席，分别是孚日、金号、洁玉、赤金、喜盈门，这五家品牌市场综合占有率之和达到34.3%。见表7。

表 7 2013 年毛巾市场综合占有率排名前十的品牌地区分布

商标属地	个数	品牌
山东	5	孚日、金号、洁玉、赤金、喜盈门
浙江	1	洁丽雅
上海	1	永亮
河北	1	三利
美国	1	ESPRIT
日本	1	内野

数据来源：中华全国商业信息中心

4. 本土品牌占据主导地位

毛巾市场主要被本土品牌所占据，市场综合占有率前十位品牌中仅有两个外资品牌——

来自日本的内野和来自美国的ESPRIT，且市场综合占有率仅为1.6%和1.5%，二者合计3.1%，在前十位品牌占有率总和中的比重仅为4.7%。见图10。

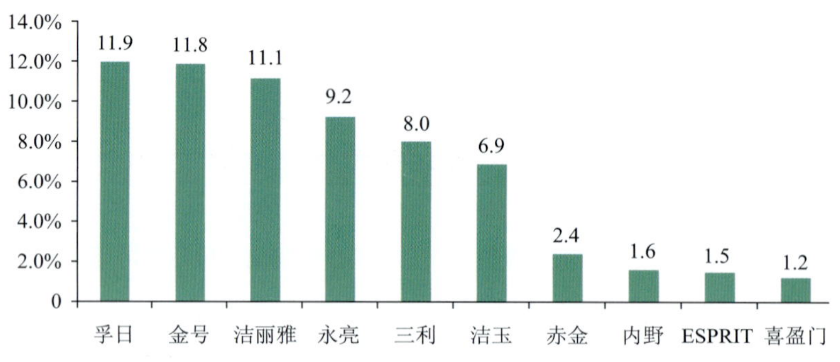

图10 2013年毛巾前十位品牌市场综合占有率

数据来源：中华全国商业信息中心

四、家纺内需市场的发展趋势

（一）传统渠道销售仍将面临较大压力

近年来，我国物价水平连年升高，居民普遍感到生活成本大幅上升，而居民手中的可支配收入并没有明显增长。按照中国消费者的消费习惯衣食住行中，住排在衣和食之后，首先满足吃，然而再考虑穿，再考虑住，这肯定会影响家纺消费。另外，今年中央八项规定以来，公务消费和企业经济活动的减少，礼品类家纺销售也受到较大冲击。第三，由于生活质量的提高，消费者对产品的舒适度、美观度等方面的要求都越来越挑剔。最后，随着年轻消费群体消费方式的转变，他们去商场购物的时间减少，而是采取网购的方式，从而影响到传统渠道的销售。

（二）家纺行业将面临销售渠道的转型升级

当前，随着整个宏观经济形势的变化及销售成本的不断增加，家用纺织品在传统渠道的销售增长明显放缓，甚至出现了负增长。而近年来，家用纺织品的网上销售呈现出迅猛增长的势头。在此背景下，家纺行业面临着新形势下的渠道再造的问题。发展线上销售是大势所趋，但目前线上销售基本上是价格驱动型的，而且线上销售会影响到线下的销售，因此对于家纺企业来说，如何规避线上线下冲突，实现二者融合发展，是家纺企业渠道转型升级中必须面对的问题。

（三）特色细分市场发展空间较大

随着生活水平的提高，消费者对家用纺织品更多的期望是实现自我个性的表达，打造具有鲜明特色的细分类家纺市场趋势随之也愈发明显。婚庆主打产品、儿童家纺、法式家纺等特色鲜明的产品，满足了消费者对家用纺织品不同层次的消费，刺激了市场终端消费需求。以儿童家纺为例， 随着80后跻身新一代父母，他们日渐提高的消费水平将使得婴童家纺市场随之不断扩容，表现出巨大的发展潜力。婴童家纺在近年来愈加受到业内关注，目前，如罗莱、梦洁、博洋等一线企业都有自己的婴童家用纺织品系列，且销量不俗。随着家纺行业的逐步成熟，市场细分成为趋势，加之家长对婴童家纺的重视，一个安全实用、价格亲民、选择多样的婴童家纺市场将逐步形成。

（四）企业两极分化更明显

在家纺行业，企业和品牌众多，而随着外部消费环境的变化和行业内部竞争态势的变动，我国家纺业进入结构调整阶段，企业两极分化趋势却愈发严重，一些具有丰厚的资金、品牌优势、渠道优势的龙头家纺企业，日益获得消费者的认同，迅速拉开与中小企业的距离，而一些中小家纺企业却持续亏损，面临倒闭的危险。根据中国家纺协会2013年重点监测的193家企业中，三季度亏损企业数量23家，亏损总额同比大幅度增长了130.9%。可见，在新形势下，家纺企业唯有加强研发，加快产品升级换代，加强电商和实体店融合，拓宽销售渠道，培育有竞争力的品牌，才能在日益白热化的市场竞争中立于不败之地。

五、家纺行业发展对策建议

（一）革新传统的销售模式

当前传统零售企业的销售中，租金和人工成本占据较大的比重，企业可以考虑一方面借助网络加强对消费者的服务，另一方面缩减实体店面积和人工成本，减少成本支出，将线上线下发展相结合，而从达到扩大销售规模，平摊成本的目的，转变之前的单一的销售模式。

（二）力推科学的家纺消费理念

目前消费者中还存在很多不健康的家纺消费观念，这主要是由于行业对于家纺健康、科学的消费理念宣传不够。家用纺织品的质量和消费者的生活水平息息相关。以毛巾为例，发达国家每年毛巾的消费量大多在1.8~2.3千克/人，而我国在0.4~0.5千克/人。据了解，毛巾湿用35天后，菌落数超标，普通洗涤液难起作用，家纺行业领头企业应该加强对消费者的教育，引导他们进行消费升级。此外还有窗帘，由于难洗涤和拆换，好多年不更换；还有枕芯和被芯，也是很少洗涤，这都需要我们教育和引导消费者，激发他们的消费需求。

事实上，随着人们的消费意识观念的变迁，以及市场时尚的引导，国内的家纺消费观念有着很大的变化。当前消费者对家居用品已经开始出现多元化和整体性需求，许多品牌和销售终端已经开始迎合这种消费变化。比如，一些品牌开始在专卖店营造一个整体房间的气氛，以打动顾客；许多商场也开始在家纺区设置毛巾陈列，而以前毛巾只是在生活用品区陈列销售。越来越多的家纺企业开始建立自己的家居体验馆，家居体验馆是组合了家纺诸多产品元素的大终端，而不仅仅是单一家用纺织品的堆砌和组合，通过家居体验馆的展示，营造美好而独特的亲身体验，刺激消费者的购买。

（三）提高产品的科技含量和附加值

随着科学技术的发展和人类生活水平的提高，人们对家用纺织品提出了舒适、卫生、保健的要求，各种高科技含量的家纺产品不断涌现。如卫生保健类家用纺织品（抗菌、防霉、杀螨、芳香保健等）、防护功能纺织品（防辐射、抗静电、抗紫外等）、舒适功能家纺产品（吸热、放热、吸湿、透气、防污、负离子等），高科技含量的家用纺织品的设计与开发，不仅可以满足人们日益提高的生活需求，还可以使人们的生活变得更健康、更舒适、更环保。家用纺织品的高性能化是纺织技术进步的结构，也是提高产品档次和附加值的有效途径之一。虽然当前由于消费者经济能力的不同，对高科技含量的家用纺织品的接受程度不一，但是随着收入的增加，选择保健产品的人群不断增加。

附1

2013 年全国重点大型零售企业销售类值表

指标名称	2013 年		2012 年	
	金额（千元）	同比增速（%）	金额（千元）	同比增速（%）
零售额	778,389,564	9.0	736,572,094	10.3
食品类	120,757,838	10.3	113,991,728	15.5
饮料类	9,143,492	8.6	8,696,344	-2.1
烟酒类	22,105,547	1.8	22,256,546	4.1
针、纺织品类	23,834,696	6.6	23,193,991	14.3
服装类	214,802,517	5.1	207,059,273	12.5
鞋类	46,947,987	3.9	45,903,121	13.2
帽类	3,038,212	5.1	2,882,584	14.0
化妆品类	32,479,552	10.1	30,465,655	13.2
日用品类	66,139,216	7.4	63,713,984	13.4
金银珠宝类	103,742,959	25.0	83,704,278	12.2
家用电器类	43,317,647	8.1	42,036,103	-1.4
音像器材类	19,019,878	2.8	19,452,689	-10.0
体育、娱乐用品类	6,719,776	-2.0	7,022,095	0.5
文化、办公用品类	8,041,954	-5.9	8,673,335	-1.6
通讯器材类	12,887,049	4.1	12,790,927	12.7
书报杂志类	152,458	-5.5	161,589	0.3
其他类	21,021,169	10.1	18,511,882	-0.6

数据来源：中华全国商业信息中心

附2　指标解释

本报告以全国重点大型零售企业统计监测数据为依据，采用科学的统计分析方法撰写而成，本报告中所涉及数据均来源于中华全国商业信息中心统计的资料，所有数据经过严格审核，真实可靠，能够客观地反映监测范围内我国家用纺织品行业的发展现状。

（一）全国重点大型零售企业

调查样本企业为全国各省区市（除海南和西藏）年销售额在亿元以上、具有代表意义的典型大型零售商业集团企业，例如大商集团、百联集团、王府井百货集团、长春欧亚集团、银泰百货、北京燕莎友谊商城等几百家商业集团企业。

（二）分地区

华北：北京、天津、河北、山西、内蒙古

华东：上海、江苏、浙江、安徽、福建、江西、山东

中南：河南、湖北、湖南、广东、广西

东北：辽宁、吉林、黑龙江

西南：四川、重庆

西北：陕西、甘肃、宁夏、青海、新疆

（三）分城市

一线城市：北京、上海、广州、深圳

二线城市：省会城市及部分东部沿海发达城市

三线城市：除去一、二线以外的其他城市

2013年家用纺织品消费者问卷调查报告

家纺消费习惯调研组[1]

作为纺织工业的三大终端消费品之一，家用纺织品在居民日常生活、宾馆饭店、旅游交通、医疗卫生等方面起着较为重要的角色，对美化和改善居住环境、提高人们生活和工作的舒适性起着很大作用。家用纺织品有着庞大的消费群体，因此研究不同收入群体的消费结构和消费能力，有助于企业对市场细分、产品定位、品牌战略以及渠道建设提供重要的参考信息。

为协助企业把握市场消费者的需求动向，在2011年和2012年调查了青岛、成都、北京、上海和太原五个城市消费者的家用纺织品消费行为的基础之上，中国家用纺织品行业协会家纺消费行为调研组于2013年先后奔赴哈尔滨、西安和洛阳三个城市，随机抽取并调查了三千多名消费者对床品、毛巾和窗帘的消费情况。问卷涉及消费者家庭在家用纺织品的消费支出、产品价位、购买频率、购买渠道以及影响因素等几个方面的问题，通过研究和分析以上问题，真实反映当前消费者的消费状况，最后得出消费者问卷调查报告，希望为广大企业提供一些有参考价值的信息。

一、哈尔滨篇

（一）被调查者基本信息

本次消费者调查以哈尔滨市25～54岁的工薪阶层已婚人士为主要样本，共收回有效问卷1000份，分别采集自哈市南岗区国贸服装城（207份）、道里区曼哈顿商场（240份）、香坊区乐松购物广场（259份）、道里区麦凯乐购物中心（144份）、道外区永平小区（150份）。

被调查者多为女性，占88%。91.2%都在54岁以下，且多数处在35～44岁年龄段。88.3%的已婚者中九成都有子女；11.7%的未婚者，13.6%独居。

被调查者主要为普通职员、自由职业者和中级管理人员。51.9%的被调查者所在家庭月收入在3500～8000元之间，3500元以下家庭占33.9%，8000元以上占14.2%。

（二）被调查者消费行为

1. *家庭消费支出*

消费者每年用于家用纺织品的消费支出以500～3500元之间居多，占比71.8%。支出在

---

[1] 调研组负责人：李杰，调研组成员：吴永茜、闫素、郭亮、王志新，报告撰写人：陈润。

500元以下和3500～6000元之间的分别占9.4%和11.4%，年消费6000元以上的仅占7.4%，如图1所示。

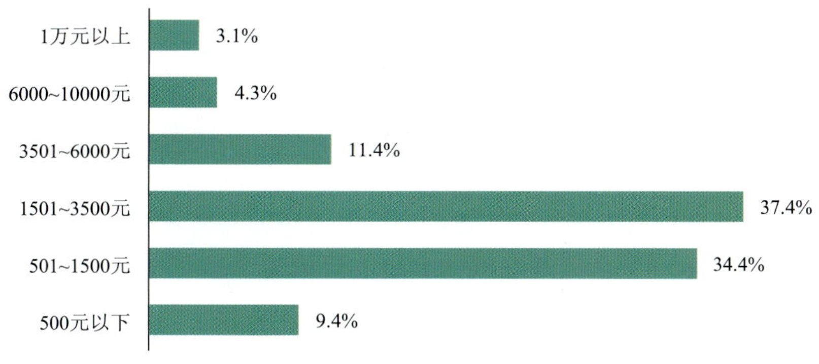

图1　被调查者家庭年均消费占比

2. **市场渠道**

消费者主要通过传统销售渠道选购家用纺织品。59.3%的消费者选择去百货商场购买床上用品，专业市场和超市选择比例分别为33.7%和20.7%，而专卖店和网购的选择率分别为19%和6.2%。绝大多数消费者选择去超市购买毛巾，占比达48.1%，高于其他销售渠道的选择率。百货商场是第二大毛巾销售主渠道，选择率为46.7%。布艺专业市场仍然是消费者购买窗帘的首选去处，选择率高达83.2%，家居店选择率达17.5%。消费者对家用纺织品与专卖店、网络、建材城共享渠道的营销方式有所接受，12.2%的被调查者表示曾在专卖店购买过窗帘等布艺产品，2.6%和1.1% 的受访群体曾通过网络或在建材城购买过窗帘。如图2所示。

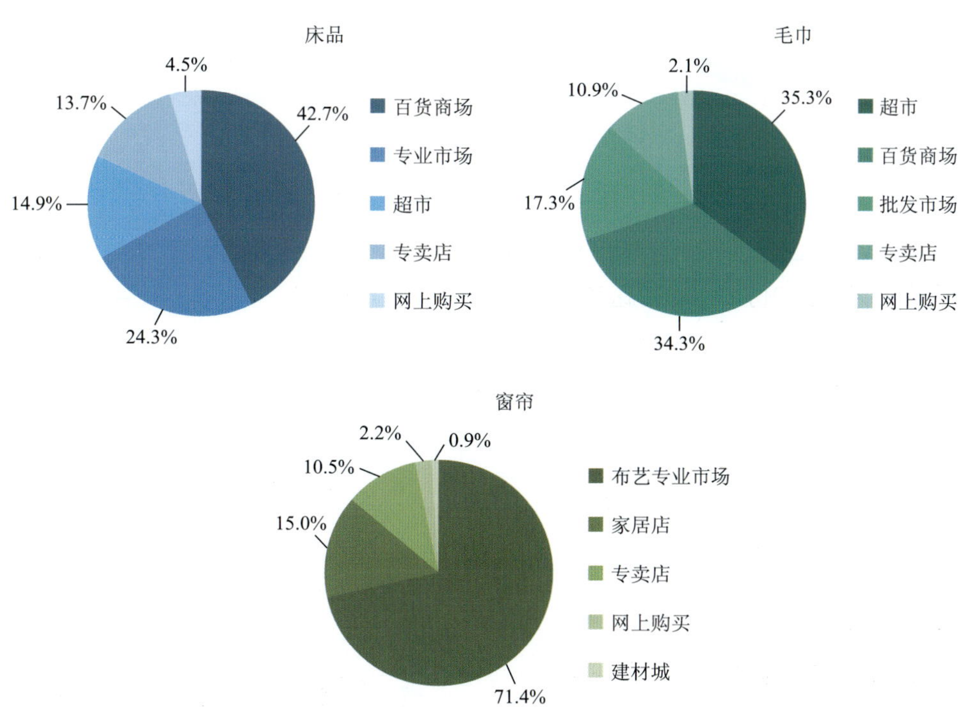

图2　消费者购买家用纺织品的渠道

调查发现，近六成的消费者表示今后愿通过社区销售购买家用纺织品。28%的被调查者会在网上购买该类产品。消费者主要通过自身感受来体验和了解家用纺织品。家纺的媒体渠道以传统的电视、广告为主，朋友推荐、销售人员介绍以及网络等渠道也较为重要。

3. 购买频率

家用纺织品作为日用消费品，消费者的购买频率对其销售有着较大的影响，因此通过调查消费者的购买频率可以预测家纺市场消费者需求的变化，从而为企业分析市场和制定策略所用。

哈尔滨的被调查者中有65.9%购买过毛巾；65.5%的消费者购买过床上用品；50.2%的消费者购买过被子；37.5%的消费者购买过枕头；购置窗帘、毯子或被类的比例分别占到28.4%、19.7%以及16%。消费者购买床品主要以四件套为主，占64.2%，其次是三件套，占18%，再次是单件，多件套和六件套所占比例很低。从家纺产品的购买情况来看46.3%的消费者为自用旧产品更新，40.9%是换季添置，36.2%是打折促销，20.7%是结婚新居装修。送礼和婚庆占到11.7%。

调查数据显示，哈尔滨消费者更换床上用品的时间绝大部分都在3年以下，五年以上才更换床品的比例所占极低。具体而言1～2年更新床品占50.6%，2～3年占27.2%，3～5年占8.1%，5年以上所占比例很小。其中以换季更换被子的消费者占32.6%；其次是2～3年更换一次被子，占比20.7%。如图3所示。

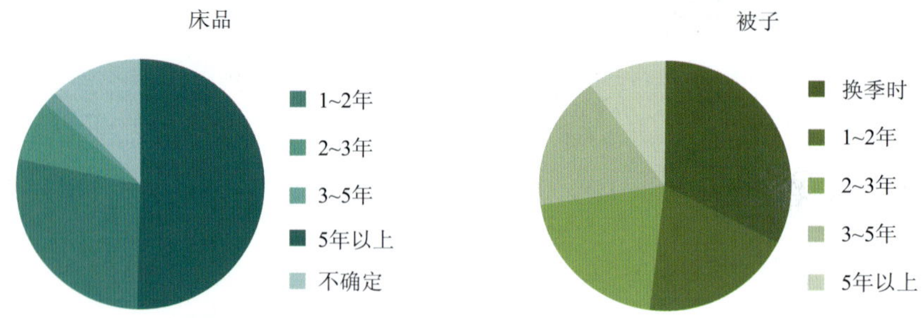

图3 消费者购买床品和被子的频次

毛巾作为一种小型家用纺织品，消费者对其更换的频率较高。在被调查者中，绝大部分消费者选择在一个季度内更换毛巾。其中，有45.9%的消费者在一个月内更换一次毛巾，31.7%的消费者更换周期为一个季度，12.2%的消费者每半年更换一次，2.1%一年更换一次。

与床品和毛巾相比，消费者对窗帘的更换频率要低很多。消费者购买窗帘的时间长短在分布上基本比较平均。调查数据显示，有24.1%的消费者在新居装修时更换；32.2%在1～5年内更换一次；20%在5年以上，几乎不会更换窗帘。还有23.7%的消费者表示，随着偏好改变，会考虑购置新的窗帘。如图4所示。

4. 购买产品价位

调查问卷结果显示，哈尔滨消费者普遍选购中低价位的一般档次的床品，其中又以中档产品略多。其中，哈尔滨56.7%消费者对床上用品的消费支出在201～1000元之间，尤以501～1000元中低价位的大众产品消费居多，占被调查人数的32.5%；26%的消费者支出在1001～2000元之间；消费支出在2001～4000元的占比9.5%；4000元以上仅为3.3%。

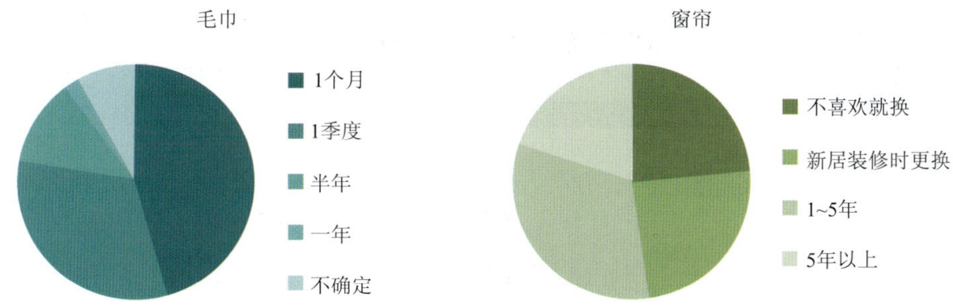

图4 消费者购买毛巾和窗帘的频次

95.6%的消费者选购价位在40元/条以内的中低档毛巾类产品，其中51.9%购买11～20元/条的毛巾，19.6%购买20～40元/条的毛巾，10元/条以下占24.1%。40元以上价位的消费仅占4.4%。如图5所示。

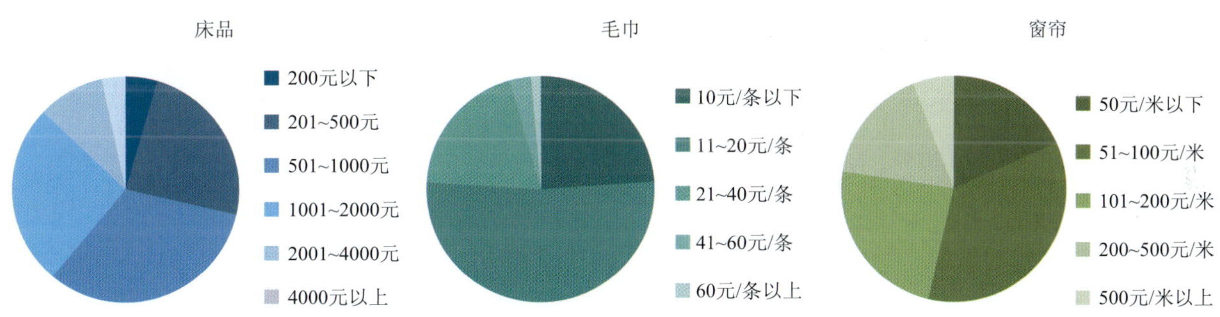

图5 哈尔滨被调查者对家用纺织品的年均支出

尽管窗帘的更换周期很长，但消费者调查问卷结果显示，消费者也以中低档产品消费为主。具体而言，有77.7%的消费者选购单价在200元/米以内的窗帘。其中，35.3%的消费者选购价位在50～100元/米，23.9%的消费者选购价在100～200元/米，选购50元/米以下的窗帘占被调查者的18.5%，500元/米以上价位的消费者仅占5.9%。

家用纺织品为需求价格富有弹性，哈尔滨消费者对家用纺织品涨价的承受能力较弱。问卷调查结果显示，在购买家用纺织品时，哈尔滨62.1%的消费者只能承受10%以内的价格涨幅，24.8%的消费者对涨价的承受度在30%以内。一旦超过30%，绝大多数消费者会放弃购买，如图6所示。这说明家用纺织品的需求弹性较大，在短时间内，家用纺织品很大程度上对于消费者来说并非是必需购买的产品。若家用纺织品的价格上涨过快，很可能会造成销量大幅下降。

5. 消费决定因素

据分类调查显示，在影响消费者购买床上用品的诸多因素中，超五成消费者认为面料材质是首要决定因素，其次是价格，再次是产品的耐用性，而产品所属品牌是消费者最不关注的，另外时尚性和功能性也不太受关注。由此可见，消费者更倾向于追求产品的材质和价格方面，而非品牌和功能性（概念的炒作大于功能的效果），见表1。

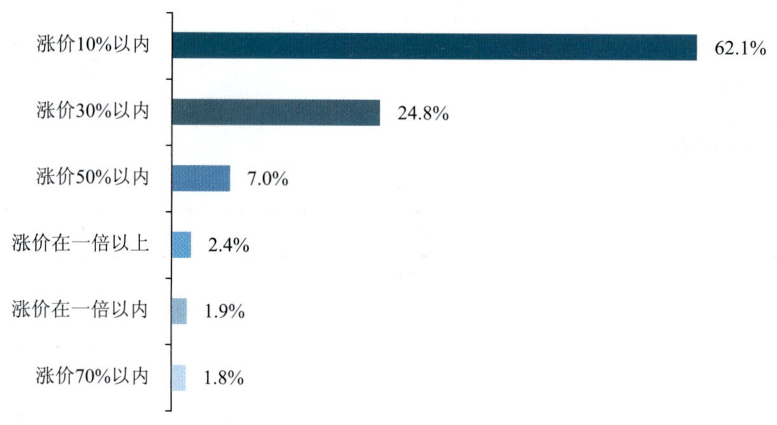

图6　哈尔滨消费者对家用纺织品涨价承受度

表 1　被调查者床上用品消费影响因素

因素	第 1 重要占比（%）	第 2 重要占比（%）	第 3 重要占比（%）	最不重要占比（%）
品牌	7.4	3.8	4.2	43.3
面料材质	76.2	13	5.8	0.6
价格	5.2	25.8	22.6	13.1
安全性	5.7	20	19	4.2
时尚性	2.4	11.5	13.3	17.7
耐用性	3	24.8	32.3	7.9
功能性	0.1	1.1	2.8	13.2

在购买被子时，近七成的消费者认为面料材质是最重要的影响因素，其次是填充物，认为最不重要的还是品牌，见表2。由于产品同质化严重，消费者更多地选择基于中低价位的较好面料与填充物，相反，品牌忠诚度很低。消费者目前正在使用的被子的填充物主要是蚕丝被和棉被。

表 2　被调查者被子消费影响因素

因素	第 1 重要占比（%）	第 2 重要占比（%）	第 3 重要占比（%）	最不重要占比（%）
品牌	6.7	2.9	7	53
面料材质	69.6	20.8	6	1.3
价格	3.1	18.9	39.0	15.2
功能性	2.3	8	16.6	14.0
填充物	17.9	47.5	20.4	2.9
制作工艺	0.4	1.9	11.0	13.6

消费者在购买窗帘时，考虑最多的是材质，其次是色彩/图案，再次是价格，最不重要的是商品品牌。见表3。

表 3　被调查者窗帘消费影响因素

因素	第 1 重要占比（%）	第 2 重要占比（%）	第 3 重要占比（%）	最不重要占比（%）
品牌或销售商价格	4.9	1.1	2.6	48.5
材质	30.8	16	21.5	6.2
价格	7.7	17	23.2	13.5
款式设计	26.2	29	18.6	3.9
色彩 / 图案	25.4	30.3	18.2	5.2
功能性（防紫外线、遮光、阻燃、防噪音、防尘）	4.9	6.6	14.8	11.9
售前售后服务	0.1	0	1.1	10.8

二、西安篇

（一）被调查者基本信息

本次消费者调查以西安市45岁以下的工薪阶层已婚人士为主要样本，共收回有效问卷1000份。

被调查者多为女性，占76.9%。86.9%以上的被调查者都在45岁以下，且多数处在25～35岁年龄段。65.9%的已婚者中九成都有子女；34.1%的未婚者23.4%独居。被调查者主要为普通职员、自由职业者和中级管理人员。49.2%的被调查者所在家庭月收入在3500～8000元之间，3500元以下家庭占42.9%，8000元以上占7.9%。

（二）被调查者消费行为

1. 家庭消费支出

消费者每年用于家用纺织品的消费支出以500～3000元之间居多，占比75.3%。支出在500元以下和3000～6000元之间的分别占15.6%和6.2%，年消费6000元以上的仅占2.9%，如图7所示。

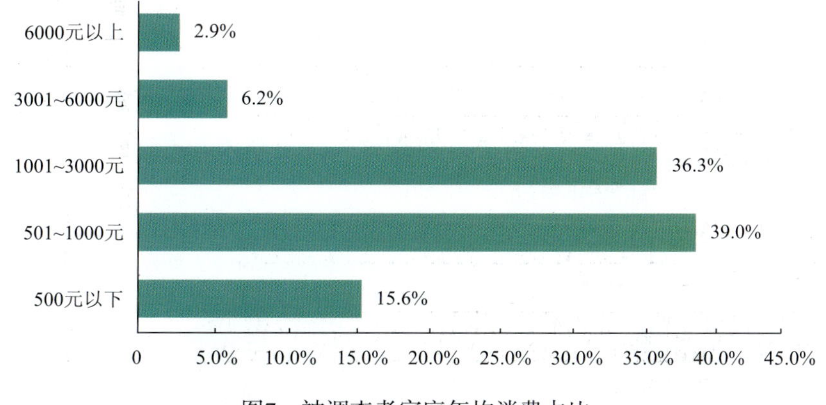

图7　被调查者家庭年均消费占比

2. 市场渠道

消费者主要通过传统销售渠道选购家用纺织品。61%的消费者选择去超市购买床上用品，百货商场和专卖店选择比例分别为56%和20.7%，而专业市场和网购的选择率分别为

18.4%和11.2%。绝大多数消费者选择去超市购买毛巾，占比达78.8%，远高于其他销售渠道的选择率，百货商场是第二大毛巾销售主渠道，选择率为44.4%。布艺专业市场仍然是消费者购买窗帘的首选去处，选择率达71.3%，家居店选择率达25.6%。消费者对家用纺织品与专卖店、建材城共享渠道的营销方式颇为接受，20.7%的被调查者表示在家具店购买窗帘等布艺产品，9.8%曾在建材城有过购买窗帘的经历。由于国内窗户规格尺寸不一，购买窗帘成品时多数需要定制服务，导致消费者在购买窗帘时的网购率很低，仅为4.0%。如图8所示。

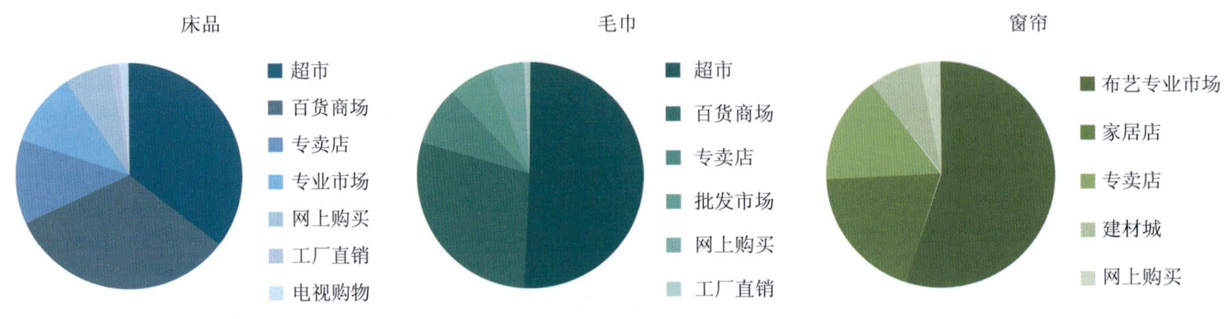

图8　消费者购买家用纺织品的渠道

随着国内电脑、网络的普及和电子商务的快速发展，网购正已迅猛的增长势头挑战传统渠道的主导地位，必将成为购买方式转变的大势所趋。调查发现，32.7%的消费者表示今后将通过网络购买家纺产品。此外，社区直销和工厂直销的方式也颇受欢迎，分别有30.4%和22.8%的消费者表示今后将通过此种方式购买家纺产品。

消费者主要通过自身感受来体验和了解家用纺织品。家纺的媒体渠道中网络和朋友推荐越来越重要，传统广告也较为重要。

3. 购买频率

最近一年内，超六成的消费者购买过毛巾；超一半的消费者购买过床上用品，且以四件套和三件套为主；三成多消费者购买过被子和枕头；购置窗帘、被类或毯子的均不足两成。

65.5%的消费者为自用更新，24.5%是换季添置新产品，16.2%是新居装修用，15.4%是乔迁新居购买新产品，14.0%是婚庆消费，送礼占到8.0%，20.9%的消费者受打折促销活动的影响而购买产品。

消费者更换床上用品的时间通常为两年以内。其中，一年以内更换床品的占23.4%，1～2年占32.5%，2～3年占13.9%。被子以换季更换比重最大，占32.3%；其次是3～5年更换一次被子，占比28.3%。如图9所示。

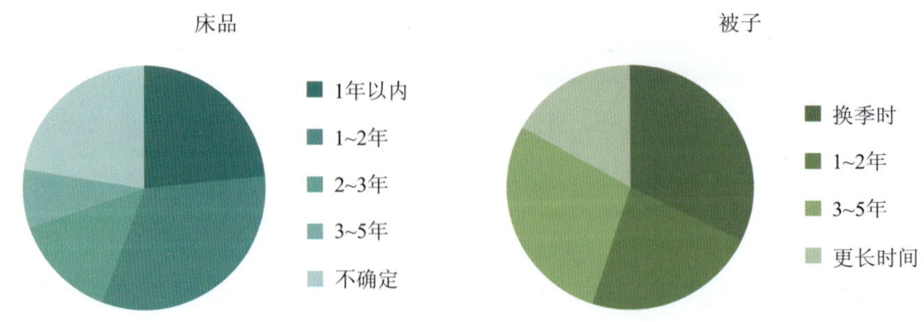

图9　被调查者床品及被子更换周期

41.9%的消费者通常在一个季度内更换一次毛巾，21.8%的消费者更换周期为一个月，20%的消费者每半年更换一次，4.4%一年更换一次。与床品相比，消费者对窗帘的更换频率低很多，基本上平均分布于不同频率之间。39.2%的消费者仅在新居装修时才购置新的窗帘。21.3%的消费者1～5年更换一次；24.3%在5年以上，几乎不会更换窗帘。还有15.2%的消费者表示，随着偏好改变，会考虑购置新的窗帘。如图10所示。

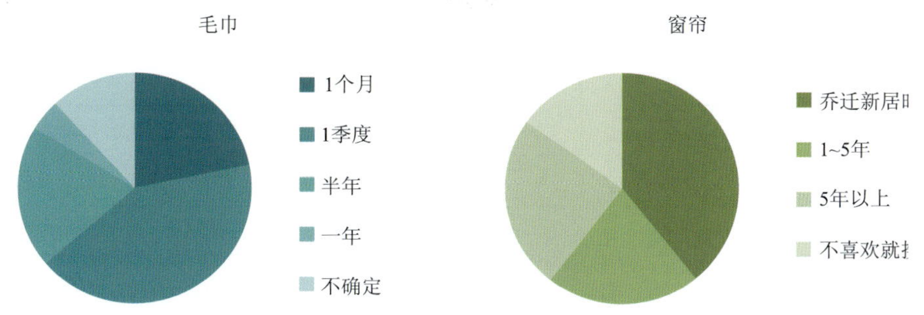

图10 被调查者毛巾及窗帘更换周期

4. 购买产品价位

消费者普遍选购中低价位的大众产品，其中又以中档产品略多。超六成消费者对床上用品的消费支出在200～1000元之间，尤以200～500元中低价位的大众产品消费居多，占34.3%；15.2%支出在1000～2000元之间；消费支出在2000～4000元的占比4.5%；4000元以上仅为1.4%。

97.8%的消费者选购价位在40元/条以内的中低档毛巾类产品，其中57.4%购买11～20元/条的毛巾，21.1%购买20～40元/条的毛巾，10元/条以下占19.3%。40元以上价位的消费仅占2.2%。

尽管窗帘的更换周期很长，但也以中低档产品消费为主。87.3%的消费者选购单价在200元/米以内的窗帘，其中41%选购价位在50～100元/米，25.5%在100～200元/米，50元/米以下占20.8%，200～500元/米消费占10.1%，500元/米以上价位消费仅占2.6%。如图11所示。

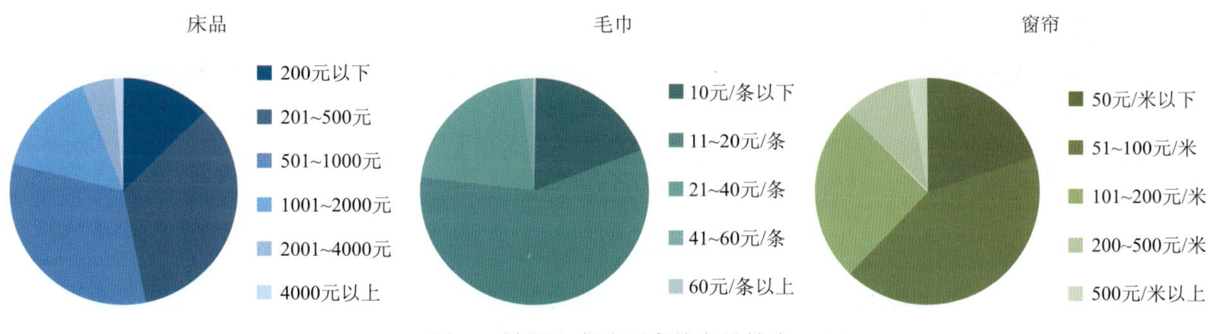

图11 被调查者购买家纺产品档次

5. 消费决定因素

据分类调查显示，在影响消费者购买床上用品的诸多因素中，超七成消费者认为面料材质是首要决定因素，其次是价格，再次是产品的耐用性，而产品所属品牌是消费者最不关注的，另外时尚性和功能性也不太受关注。由此可见，消费者更倾向于追求产品的材质和价格方面，而非品牌和功能性，见表4。

表 4 被调查者床上用品消费影响因素

因素	第 1 重要占比（%）	第 2 重要占比（%）	第 3 重要占比（%）	最不重要占比（%）
品牌	5.0	3.5	4.3	44.8
面料材质	73.5	15.0	6.3	0.6
价格	6.0	32.7	20.4	12.2
安全性	7.0	23.6	19.5	5.6
时尚性	3.6	10.2	15.8	15.9
耐用性	4.1	14.0	30.0	13.2
功能性	0.8	1.0	3.7	7.7

在购买被子时，六成的消费者认为面料材质是最重要的影响因素，其次是价格和填充物，再次是产品的舒适性，认为最不重要的还是品牌，见表5。由于产品同质化严重，消费者更多地选择基于中低价位的较好面料与填充物，相反，品牌忠诚度很低。消费者目前正在使用的被子的填充物主要是棉被和蚕丝被。

表 5 被调查者被子消费影响因素

因素	第 1 重要占比（%）	第 2 重要占比（%）	第 3 重要占比（%）	最不重要占比（%）
品牌	3.0	2.1	2.1	49.0
面料材质	59.9	15.2	8.9	1.6
价格	4.6	20.8	11.0	14.4
功能性	1.5	8.4	9.0	8.1
填充物	10.7	19.3	19.9	4.4
制作工艺	1.0	4.1	7.3	6.6
舒适性	15.2	22.1	26.5	6.1
安全性	3.1	5.3	10.2	7.0
保暖性	1.0	2.7	5.1	2.8

消费者在购买窗帘时，考虑最多的是材质，其次是款式设计，再次是色彩/图案，最不重要的是品牌或销售商价格，见表6。

表 6 被调查者窗帘消费影响因素

因素	第 1 重要占比（%）	第 2 重要占比（%）	第 3 重要占比（%）	最不重要占比（%）
品牌或销售商价格	3.9	1.5	3.3	48.9
材质	32.9	12.1	21.1	6.9
价格	7.1	16.9	19.4	11.7

续表

因素	第 1 重要占比（%）	第 2 重要占比（%）	第 3 重要占比（%）	最不重要占比（%）
款式设计	28.7	32.4	18.2	3.0
色彩 / 图案	21.9	30.4	22.0	6.9
功能性（防紫外线、遮光、阻燃、防噪音、防尘）	5.4	6.1	15.0	15.7
售前售后服务	0.1	0.6	1.0	6.9

三、洛阳篇

（一）被调查者基本信息

本次消费者调查以洛阳市45岁以下的工薪阶层已婚人士为主要样本，共收回有效问卷1051份。

被调查者绝大部分为女性，占86.5%。八成以上的被调查者都在45岁以下，且绝大多数处在26～45岁年龄段。已婚人士占85.2%，其中九成以上都有子女；未婚者占14.8%；85.8%的人与家人同住，14.2%的独居。

被调查者主要为自由职业者和普通职员。被调查者家庭月收入大都比较低，如图1所示，75.4%的被调查者月收入在5000元以下，其中3500元以下家庭占四成，月收入在5000～8000元之间的占17.3%，月收入在8000元以上仅占7.4%。

（二）被调查者消费行为

1. 家庭消费支出

消费者每年用于家用纺织品的消费支出以500～3000元之间居多，占比74.7%，支出在500元以下和3000～6000元之间的分别占19%和5.2%，年消费6000元以上占比最低，仅占1.1%，如图12所示。

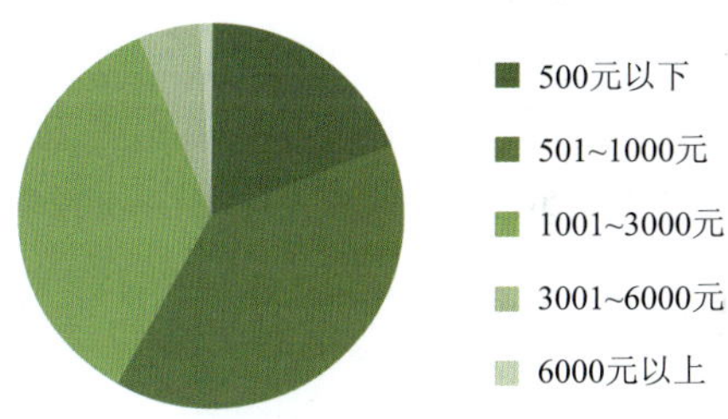

图12　被调查者家庭年均消费占比

2. 市场渠道

在消费者购买家用纺织品的各种渠道中，百货商店和超市等传统销售渠道仍然占据主导地位。在问卷调查中，有58.4%的消费者会选择去百货商场购买床上用品，超市和专卖店选择比例分别为56.3%和26.9%，而专业市场和网购的选择率分别为14.2%和12.2%，工厂直销和电视购物所占比例最低，分别占3.5%和0.6%。洛阳的消费者绝大多数选择去超市购买毛巾，占比达76.6%，远高于其他销售渠道的选择率，百货商场是第二大毛巾销售主渠道，选择率为43.6%。

布艺专业市场仍然是消费者购买窗帘的首选去处，选择率达76.5%，消费者也喜欢在专卖店和家居店中购买布艺产品，分别占到18.7%和16.5%，10.4%的被调查者表示在建材城购买窗帘等布艺产品，由于国内窗户规格尺寸不一，购买窗帘成品时多数需要定制服务，导致消费者在购买窗帘时的网购率很低，仅为3.6%。

随着国内电脑、网络的普及和电子商务的快速发展，网购正已迅猛的增长势头挑战传统渠道的主导地位，必将成为购买方式转变的大势所趋。调查发现，34.2%的消费者表示今后将通过网络购买家用纺织品。此外，工厂直销和社区直销的方式也颇受欢迎，分别有26.6%和23.3%的消费者表示今后将通过此种方式购买家用纺织品。电视购物、邮购和电话购物的购买方式占比较低。

消费者主要通过亲身体验、媒体渠道中的网络、电视和朋友推荐等方式；另外专业市场广告和销售人员介绍也较为重要；消费者通过报纸、杂志和户外广告了解家纺产品所占比例较低。

3. 购买频率

调查数据显示，最近一年内，七成的消费者购买过床上用品，且以四件套和三件套为主，共占消费者的81.4%；六成半的消费者购买过毛巾；近四成消费者购买过被子和枕头；23.1%的消费者购置过毯子；16.7%的消费者购买过窗帘。

就购买用途来讲，67.8%的消费者为自用更新，29.5%的消费者是换季添置新产品，14.7%是乔迁新居购买新产品，14.6%是新居装修用，13.1%是婚庆消费。送礼占到11.5%。27%的消费者受打折促销活动的影响而购买产品。

消费者更换床上用品的时间通常为两年以内。其中，一年以内更换床品的占25.9%，1～2年占35.7%，2～3年占12.7%。被子以换季更换比重最大，占43.2%；其次是3～5年更换一次被子，占比19.9%。如图13所示。

42.1%的消费者通常在一个季度内更换一次毛巾，23.9%的消费者更换周期为一个月，19.5%的消费者每半年更换一次，4.1%一年更换一次。与床品相比，消费者对窗帘的更换频率低很多。47.5%的消费者仅在新居装修时才购置新的窗帘。22.7%的消费者1～5年更换一次；18.8%在5年以上才会更换窗帘。还有11%的消费者表示，会随着自己偏好的改变，随时有考虑购置新窗帘的打算，如图14所示。

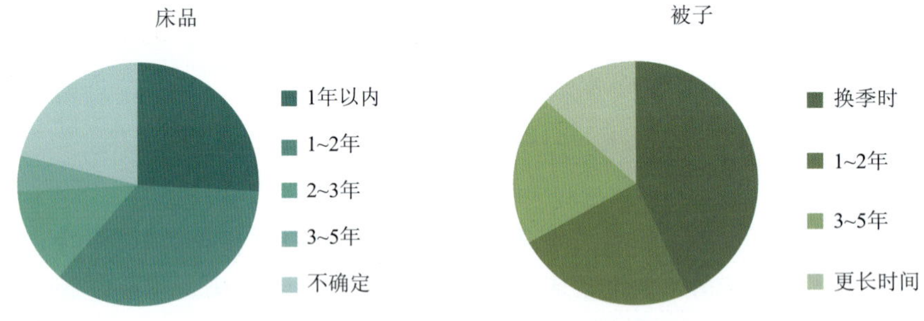

图13　被调查者床品及被子更换周期

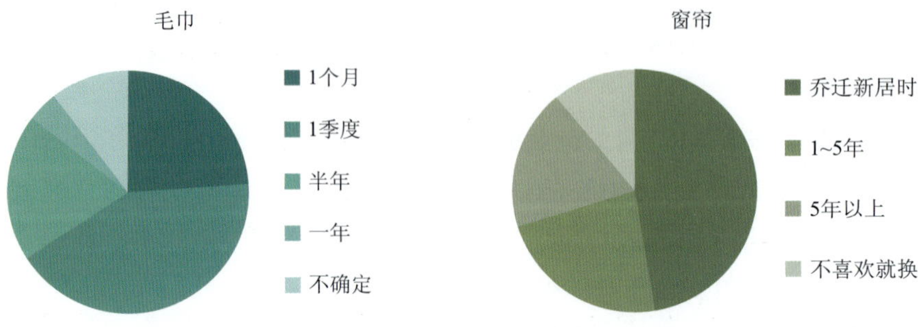

图14　被调查者毛巾及窗帘更换周期

4. 购买产品价位

消费者普遍选购中低价位的大众产品，其中又以中档产品略多。超六成消费者对床上用品的消费支出在200～1000元之间，其中，200～500元中低价位的大众产品消费占30.5%，501～1000元的产品消费占比更大一点，为33.9%；17.6%支出在1000～2000元之间；消费支出在2000～4000元的占比6.2%；4000元以上仅为1.4%。

96.8%的消费者选购价位在40元/条以内的中低档毛巾类产品，其中55.4%购买11～20元/条的毛巾，20.1%购买20～40元/条的毛巾，10元/条以下占21.4%，40元以上价位的消费仅占3.2%。

尽管窗帘的更换周期很长，但也以中低档产品消费为主。88.6%的消费者选购单价在200元/米以内的窗帘，其中23.9%的消费者选购价位在50元/米以下，40.4%选购价位在50～100元/米之间，24.3%在100～200元/米之间，200～500元/米消费占9%，500元/米以上价位消费仅占2.4%。如图15所示。

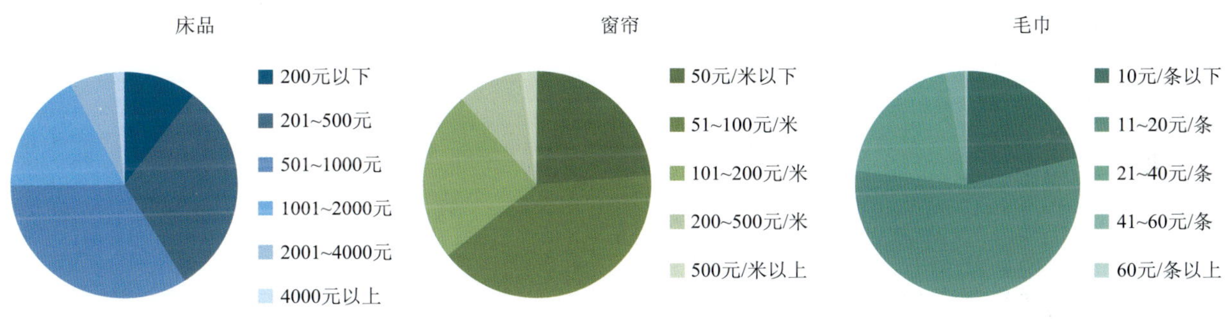

图15 被调查者购买家用纺织品档次

5. 消费决定因素

据分类调查显示，在影响消费者购买床上用品的诸多因素中，超七成半消费者认为面料材质是首要决定因素，其次是价格，再次是产品的耐用性，而产品功能性是消费者最不关注的，另外时尚性和耐用性也不太受关注。由此可见，消费者更倾向于追求产品的材质和价格方面，而非功能性、时尚性和耐用性，见表7。

表7 被调查者床上用品消费影响因素

因素	第1重要占比（%）	第2重要占比（%）	第3重要占比（%）	最不重要占比（%）
品牌	5.6	3.6	3.8	41.3
面料材质	75.8	10.8	5.3	1.2
价格	6.7	34.6	18.1	6.8
安全性	6.3	22.5	19.2	5.4
时尚性	2.2	12.0	19.7	18.9
耐用性	2.9	15.7	30.7	13.2
功能性	0.5	0.8	3.1	13.1

在购买被子时，一半以上比例的消费者认为面料材质是最重要的影响因素，其次是填充

物和舒适度，再次是产品的价格，认为最不重要的是制造工艺，见表8。由于产品同质化严重，消费者更多地选择基于中低价位的较好面料与填充物。消费者目前正在使用的被子主要是棉被、蚕丝被和羽绒被。

表8 被调查者被子消费影响因素

因素	第1重要占比（%）	第2重要占比（%）	第3重要占比（%）	最不重要占比（%）
品牌	3.7	1.6	1.8	42.5
面料材质	52.9	13.1	8.1	1.6
价格	5.9	18.4	11.9	7.8
功能性	4.3	5.9	6.0	13.8
填充物	14.1	26.0	15.2	4.3
制作工艺	1.1	6.2	11.4	10.0
舒适性	11.5	20.6	29.3	9.3
安全性	3.7	4.4	9.4	6.6
保暖性	2.8	3.8	6.9	4.1

消费者在购买窗帘时，考虑最多的是材质，其次是款式设计，再次是色彩/图案，最不重要的是售前售后服务，见表9。

表9 被调查者窗帘消费影响因素

因素	第1重要占比（%）	第2重要占比（%）	第3重要占比（%）	最不重要占比（%）
品牌或销售商价格	3.9	1.5	3.3	48.9
材质	32.9	12.1	21.1	6.9
价格	7.1	16.9	19.4	11.7
款式设计	28.7	32.4	18.2	3.0
色彩/图案	21.9	30.4	22.0	6.9
功能性（防紫外线、遮光、阻燃、防噪音、防尘）	5.4	6.1	15.0	15.7
售前售后服务	0.1	0.6	1.0	6.9

四、三城市消费差异对比分析

1. 人均收入

由于哈尔滨和西安、洛阳的人均收入有所差距，另外哈尔滨的自然气候条件与西安和洛阳这两个城市差异更为突出，因此哈尔滨的消费者与另外两个城市的消费习惯上有所差异。其中哈尔滨被调查消费者家庭收入相对较高，洛阳次之，西安被调查者消费者收入水平最低。如图16所示。

2. 在家用纺织品的消费支出

通过对比，哈尔滨的消费者用于家用纺织品方面的消费支出水平最高、西安次之，洛阳相对最低；另外此三个城市用于家用纺织品消费支出的分布规律都呈现出“中间大，两头小”的近似正态分布。由于绝大部分消费者仍然以普通的大众产品为主要消费，普通档次的

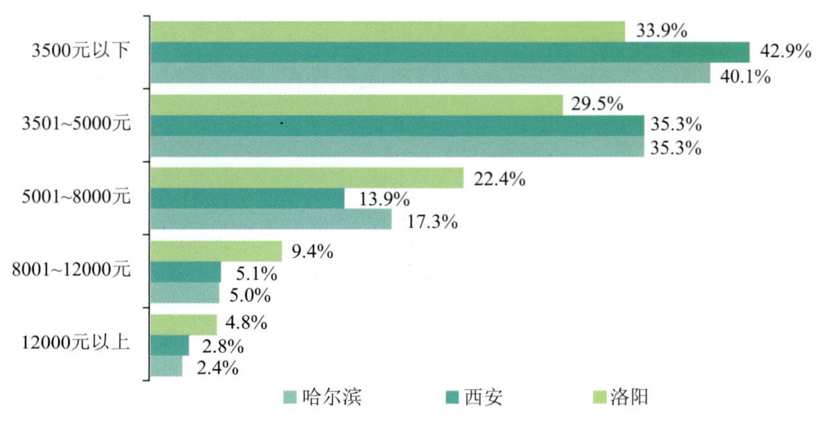

图16　三城市被调查者收入分布

家用纺织品仍是市场需求的基础，高端品牌战略并非适应于所有企业。

3. 购买产品档次

消费者调查问卷结果显示，哈尔滨、西安和洛阳三城市的消费者以中低档产品消费为主，三城市在购买床品和毛巾的价位方面大体相当，但哈尔滨的消费者购买窗帘的档次要比西安和洛阳略高。

4. 购买用途

从家用纺织品的购买用途来看，西安和洛阳的消费者购买用途较为相近，自用更新所占比例很大。而哈尔滨的消费者其购买用途较西安和洛阳有一定差异，自用更新、换季添置和打折促销所占比例差距不大。

5. 购买频次

家用纺织品作为日用消费品，消费者的购买频率对其销售有着较大的影响，因此通过调查消费者的购买频率可以预测家纺市场消费者需求的变化，从而为企业分析市场和制定策略所用。调查数据显示，哈尔滨、西安和洛阳这三个城市的消费者更换床上用品的时间绝大部分都在3年以下，五年以上才更换床品的比例所占极低。其中洛阳的消费者在两年以内更换床品的比例最大，西安次之，哈尔滨最低。洛阳消费者换季时更换被子的比例最大，哈尔滨次之，西安最小。哈尔滨的消费者在一个月内更换一次毛巾的比例最大，西安次之，洛阳最少。哈尔滨的消费者购买窗帘的时间长短在分布上基本比较平均，而西安和洛阳的消费者选择在乔迁新居时购买窗帘的所占比例较大。

6. 购买渠道

在消费者购买床品的各种渠道方面，百货商店和超市等传统销售渠道在哈尔滨、西安和洛阳这三个城市中仍然占据主导地位，网上购物所占比例明显大于工厂直销和电视购物，网购已经成为消费者越来越喜欢采用的购买渠道。与西安和洛阳有所不同，哈尔滨的消费者更喜欢去专业市场购买床品，而非超市。哈尔滨、西安和洛阳这三城市绝大多数消费者选择去超市和百货商场购买毛巾，网上销售和工厂直销所占比例很低。值得一提的是，西安和洛阳通过专卖店购买毛巾的消费者比例远高于哈尔滨。

7. 消费决定因素

调查数据显示，影响哈尔滨、西安和洛阳的消费者购买床上用品的诸多因素非常相似，说明这三个城市消费者的购买行为一致。具体而言，超七成消费者认为面料材质是首要决定因素，其次是价格，再次是产品的耐用性，而产品所属品牌是消费者最不关注的，另外时尚性和功能性也不太受关注。由此可见，消费者更倾向于追求产品的材质和价格方面，而非品牌和功能性（概念的炒作大于功能的效果）。因此，床品企业应注意消费受众的购买因素，以产品材质为导向，满足广大消费者的需求，见表10。

表 10　被调查者床上用品消费的首选因素

首选因素	哈尔滨	西安	洛阳
品牌（%）	7.4	5.0	5.6
面料材质（%）	76.2	73.5	75.8
价格（%）	5.2	6.0	6.7
安全性（%）	5.7	7.0	6.3
时尚性（%）	2.4	3.6	2.2
耐用性（%）	3.0	4.1	2.9
功能性（%）	0.1	0.8	0.5

在购买被子时，影响哈尔滨市、西安市和洛阳市的消费者购买床上用品的诸多因素有所不同。哈尔滨有七成消费者认为面料材质是最重要的影响因素，西安和洛阳则分别有六成和52.9%同样认为。哈尔滨有17.9%消费者认为填充物是最重要的影响因素，西安有10.7%，洛阳则有14.1%，见表11。

表 11　被调查者被子消费的首选因素

首选因素	哈尔滨	西安	洛阳
品牌（%）	6.7	3.0	3.7
面料材质（%）	69.6	59.9	52.9
价格（%）	3.1	4.6	5.9
功能性（%）	2.3	1.5	4.3
填充物（%）	17.9	10.7	14.1
制作工艺（%）	0.4	1.0	1.1
舒适性（%）	—	15.2	11.5
安全性（%）	—	3.1	3.7
保暖性（%）	—	1.0	2.8

由于产品同质化严重，消费者更多地选择基于中低价位的较好面料与填充物，相反，品牌忠诚度很低。三个城市的消费者目前正在使用的被子主要是棉被和蚕丝被。其中，洛阳消费者使用棉被和羽绒被的所占比例最高，西安次之，哈尔滨所占比例最低；哈尔滨使用蚕丝被的消费者比例最高，西安次之，洛阳消费者使用蚕丝被所占比例最低。

三个城市的消费者在购买窗帘时，首选因素有所不同。哈尔滨和西安的消费者考虑最多的是材质；其次是款式设计；再次是色彩/图案。洛阳的消费者认为款式设计为首选因素所占比例最高；其次是材质；再次是色彩/图案。三个城市的消费者都认为产品的品牌不是重要因素。见表12。

表 12　被调查者窗帘消费的首选因素

首选因素	哈尔滨	西安	洛阳
品牌（%）	4.9	3.9	4.3
材质（%）	30.8	32.9	29.2
价格（%）	7.7	7.1	7.8
款式设计（%）	26.2	28.7	34.5
色彩 / 图案（%）	25.4	21.9	19.5
功能性（%）	4.9	5.4	4.7
售前售后服务（%）	0.1	0.1	0.0

五、小结

经过此次调查，使我们对哈尔滨、西安和洛阳的消费者有了一个比较清晰和准确的认识。总体来说，本次调查对家纺企业有以下启示。

1.加强对消费者的了解，进行清晰的市场定位。这几年，随着家纺行业的不断发展和市场态势的变化，顾客的消费观念在发生变化，主要是消费更加理性和谨慎，对价格变动比较敏感，“低成本、低价位”策略和品牌发展战略仍然有效。企业要站在整个市场的高度进行明确的市场定位，根据消费者需求的“两头小、中间大”的特点为参考，选择自己的目标客户群体，走出一条有自己经营特色的道路。

2.选择合适的宣传营销方式。由于消费者主要通过亲身体验、媒体渠道中的网络、电视和朋友推荐等方式，另外专业市场广告和销售人员介绍、报刊、杂志也较为重要。因此企业应加强品牌宣传和产品推广，采取多元化的营销宣传，及时地了解顾客的反馈信息和市场需求，促进经营业务工作更好地开展。

3.对于企业来说，销售渠道建设与消费者购买方式联系密切，因此渠道建设对于企业显得重要。企业应根据市场环境和产品细分演变，精准地在市场和行业中找到自己的定位，改进和完善传统渠道，推进多层次商业渠道建设。线上和线下需共同发展，通过总结传统渠道与电商各自特点、客户的消费行为以及产品特性，采取多种策略组合，以满足各类消费群体的需求。

对于床品来说，仍然以传统渠道为主，电商销售发展也比较快，有相当一部分消费者会通过网络销售购买，企业在完善传统渠道的同时也应适度侧重线上渠道建设。对于毛巾以及窗帘布艺产品来说，由于产品本身的特点以及消费者偏好，销售传统渠道仍占据绝对的主导地位，消费者通过网络购买此类产品所占的比例很低，因此企业应更好地维护和完善传统渠道，同时也要弥补此类产品网络销售的缺陷，比如发展“私人定制”型网络销售，为消费者量身打造产品，很可能会走出一条网络销售的新路。三城市消费者对于未来购买方式采取网络购买所占的比例很大，因此企业应注重电商的发展。

4.购买床品时，消费者更倾向于追求产品的材质和价格方面，而非品牌和功能性。在购买被子时，消费者认为面料材质是最重要的影响因素，消费者在购买窗帘时考虑最多的是材质和款式设计，质量和样式等商品内在因素，对于品牌和服务等外在因素并不十分关心。虽然一些规模较大的家纺企业特别是某些床品企业本身最关注的是品牌含金量，其次才是产品的面料材质，但这与消费者所注重的首选因素有所差异。因此“产品为王”的企业经营理念在广大消费者这里来说并没有过时。因此，大部分家纺企业应注意消费受众的购买因素，以产品材质为导向，满足广大消费者的需求。

5.家用纺织品的购买频次，更换最快的是毛巾，其次是床品，更换最慢的是窗帘，这与各产品本身的特点有关系的同时，也与企业的宣传和消费者的消费习惯有关。值得一提的是，中国家用纺织品行业协会在央视做了“毛巾产品要定期更换，形成健康的消费习惯”的公益广告之后，行业毛巾销量有了明显增长。随着经济的逐渐发展和人民生活水平的不断提高，消费者对床品和窗帘布艺等产品的更换频率也会越来越高，相关企业也应扩大此方面的宣传，让广大消费者形成正确的消费观念。

（中国家用纺织品行业协会）

2013年纺织服装及家用纺织品专业市场运行分析

刘珊姗　刘　涛

2013年，我国纺织行业积极应对全球经济增长放缓、人民币升值、棉花等原料价格高位运行、劳动力和能源成本上涨等诸多不利因素影响，纺织服装专业市场也积极加快转变发展方式，不断尝试新的商业模式，提升市场经营管理水平。2013年纺织服装专业市场总体运行平稳，市场综合竞争力进一步提升。

一、2013年纺织服装专业市场总体运行情况

据中国纺织工业联合会流通分会（以下简称为流通分会）统计，2013年，万平方米以上纺织服装专业市场共计802家，市场经营总面积6716.82万平方米，同比增长4.54%；商铺总数115.44万个，同比增长2.93%；经营商户总数97.05万户，同比增长1.97%；市场成交总额1.95万亿元，同比增长8.65%。

（一）市场运行效率分析

数据显示，2013年每个市场平均面积8.38万平方米，平均拥有1439个商铺，1210个商户，平均年成交额24.29亿元。

进一步分析显示，每个商铺平均面积58.19平方米，较2012年上涨3.24平方米；平均商铺效率（每个商铺成交额）为168.79万元，较2012年上涨6.22万元；平均市场效率（每平方米成交额）为29008.29元，较2012年下降573.71元。

（二）市场区域结构分析

从区域结构看，东部地区专业市场的经营面积及成交额所占比重仍然较大。从经营面积看，东部市场占比69.28%，而东北、中部、西部市场占比分别为6.34%、10.35%和13.24%，如图1所示。从成交额看，东部市场占比74.25%，而东北、中部、西部市场占比分别为6.66%、10.61%和8.48%，如图2所示。

从各地区主要指标增速看，2013年，东北地区专业市场主要指标同比增速均低于全国水平，其经营总面积同比增长0.32%，低于全国指标4.22个百分点；商铺总数同比增长0.74%，低于全国水平2.19个百分点，商户总数同比增长1.18%，低于全国水平0.79个百分点；成交金额同比下降3.24%，低于全国水平11.89个百分点，如图3所示。

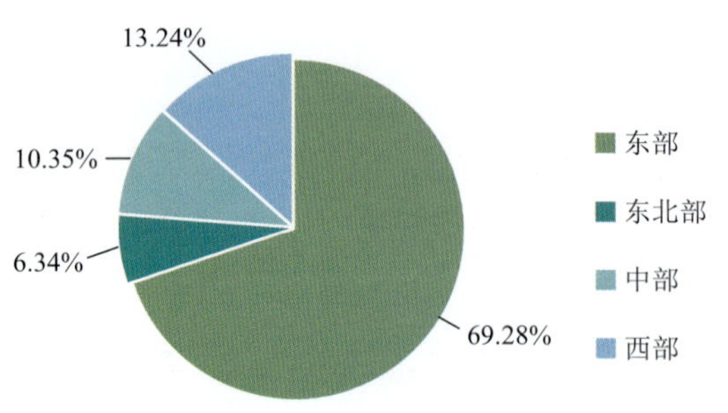

图1　2013年各地区专业市场经营面积占比情况
资料来源：流通分会数据库

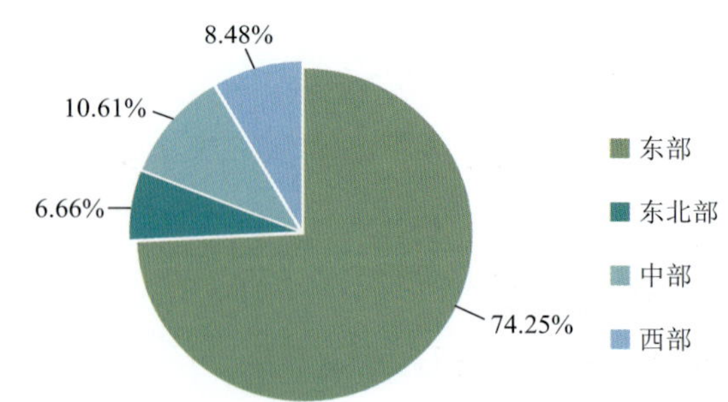

图2　2013年各地区专业市场成交额占比情况
资料来源：流通分会数据库

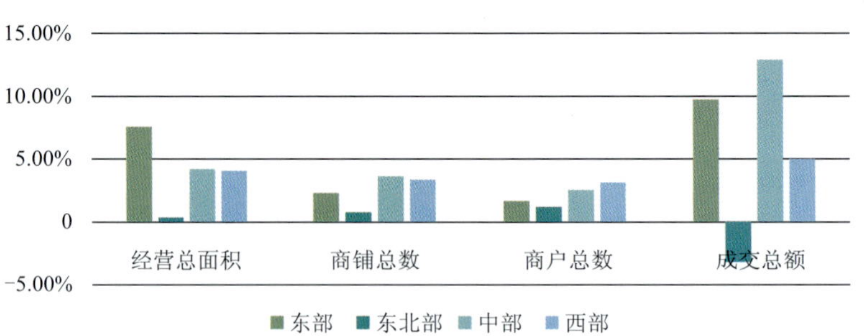

图3　2013年专业市场分地区主要指标同比变化情况
资料来源：流通分会数据库

（三）经营类别结构分析

从经营类别看，服装类市场的经营面积及成交额所占比重仍然较大。服装类市场经营面积占全国专业市场总面积的46.44%；其次为原面（辅）料、综合和小商品市场，分别占17.12%、12.82%和11.77%；家纺类市场仅占5.24%，如图4所示。服装类市场成交额占全国专业市场总成交额的50.97%，其次为原面（辅）类市场，占23.28%，家纺、小商品、综合及其他类别市场占据了余下的25.75%，如图5所示。

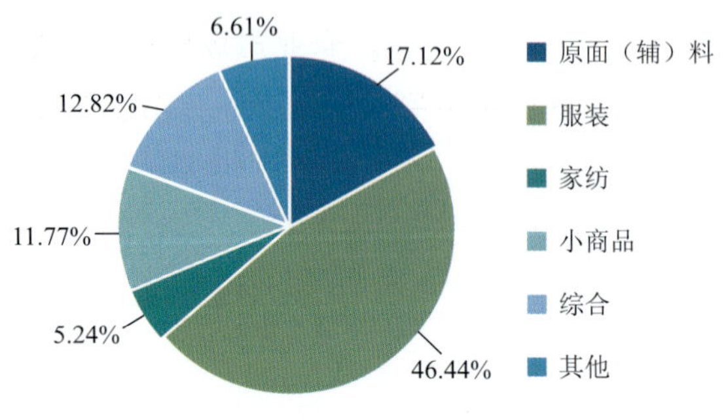

图4　2013年各类别专业市场经营面积占比情况
资料来源：流通分会数据库

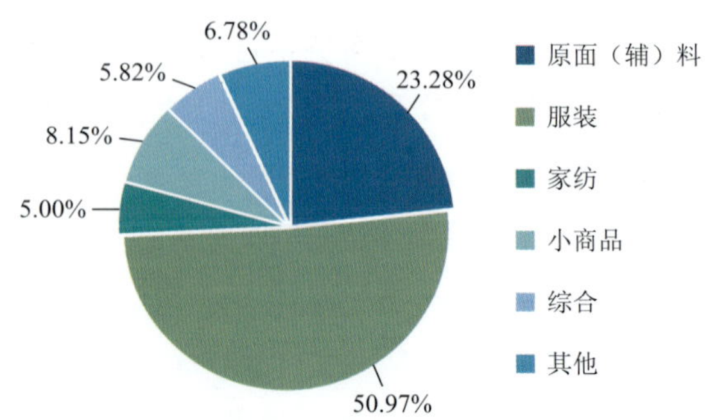

图5　2013年各类别专业市场成交额占比情况
资料来源：流通分会数据库

（四）市场规模结构分析

从经营规模看，我国纺织服装专业市场主要划分为年度成交额500亿元以上、100亿～500亿元、50亿～100亿元和50亿元以下四个层次。五家500亿元以上的超大规模市场集群虽然数量少，但经营面积和成交额所占全国比重均接近五分之一，分别为东方丝绸市场、常熟服装城、叠石桥国际家纺城、义乌中国小商品城、绍兴柯桥中国轻纺城；而年度成交额50亿元以下的市场数量众多（目前596家）、分布广，经营面积接近六成、成交额超过三分之一。

从经营面积看，年度成交额500亿元以上、100亿～500亿元、50亿～100亿元和50亿元以下的市场占比分别为18.17%、13.35%、9.41%和56.89%，还有2.18%是市场刚开业或者处于调整期，未形成交易额，如图6所示。从成交额看，这四类市场的占比分别为20.22%、29.44%、14.38%和35.96%，如图7所示。

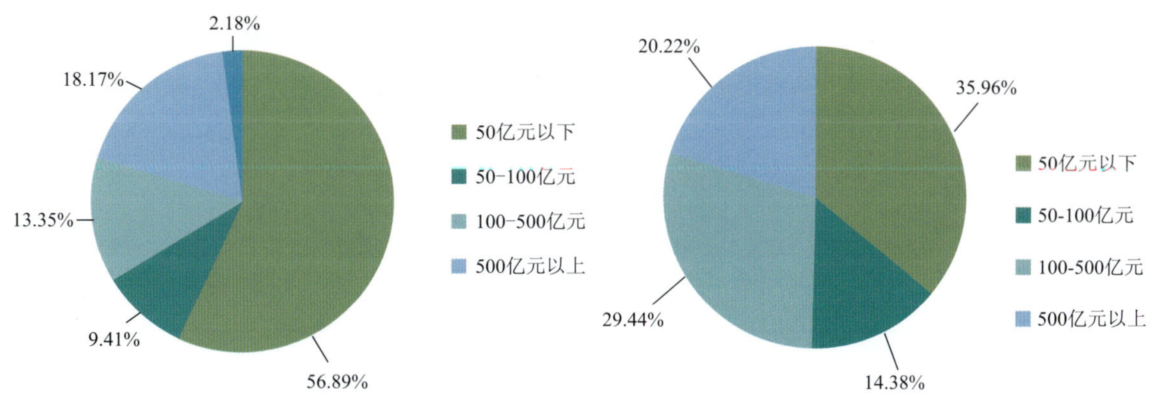

图6　2013年各规模市场经营面积占比情况
资料来源：流通分会数据库

图7　2013年各规模市场成交额占比情况
资料来源：流通分会数据库

（五）交易模式结构分析

目前服装鞋帽、纺织化纤类电子商务网站占据我国电子商务网站行业分布数量的冠亚军位置，约占19.6%的市场份额。据统计，近80%的专业市场已经通过多种形式开展电子商务，超过400家专业市场通过自建平台为商户提供电子商务服务。其中，流通分会105家理事单位中，拥有电子商务平台32家，电商服务园区8家、产业带11家。专业市场电子商务交易额占市场实体交易额比重逐年上升，2011~2013年上升比重分别为10.43%、16.20%、23.33%。

二、2013年家用纺织品专业市场运行情况

（一）市场运行平稳，各指标保持增长

据流通分会统计， 2013年万平方米以上家纺专业市场共计26家，市场经营总面积357.49万平方米，同比增长0.45%；商铺总数4.38万个，同比增长1.46%；经营商户总数3.91万户，同比增长1.39%；市场成交总额974.74亿元，同比增长8.28%。

（二）各项指标普遍高于全国平均水平

数据显示，2013年，家纺专业市场平均经营面积为13.75万平方米，高出全国纺织服装专业市场平均水平5.37万平方米；平均拥有1683个商铺，高出全国平均水平244个商铺；平均拥有1505户，高出全国平均水平295个商户；每个市场平均成交额为37.49亿元，高出全国平均水平13.2亿元，见表1。

表1　家纺类及全国纺织服装专业市场重要指标一览表

项目	平均经营面积（万平方米）	平均商铺数（个）	平均商户数（户）	平均年成交额（亿元）
家纺类专业市场	13.75	1683	1505	37.49
全国纺织服装专业市场	8.38	1439	1210	24.29

资料来源：流通分会数据库

进一步分析显示，2013年家纺类市场商铺效率（每个商铺年成交额）为222.72万元，高出全国纺织服装专业市场商铺效率53.93万元；市场效率（每平米年成交额）为2.73万元，低于全国纺织服装专业市场市场效率0.17万元，见表2。

表2　家纺类及全国纺织服装专业市场运行效率一览表

项目	商铺效率（万元/每铺）	市场效率（万元/平方米）
家纺类专业市场	222.72	2.73
全国纺织服装专业市场	168.79	2.90

资料来源：流通分会数据库

（三）家纺市场重心仍在东部地区

东部地区由于家纺产业链完善、功能配套完整，家纺专业市场的重心仍在东部。数据显示，2013年东部地区家纺市场经营面积290.03万平米，占全国家纺类专业市场总经营面积的81.13%，较2012年的占比下降0.36个百分点；商铺数达2.92万个，占比为66.62%，下降0.67个百分点；商户数达2.57万户，占比为65.77%，下降0.3个百分点；成交额达846.94亿元，占比为86.89%，上涨0.87个百分点。

东部地区家纺专业市场不仅各项指标占据重要比例，同时由于这部分市场的竞争度和成熟度普遍较高，市场成交额增速明显高于其他地区。2013年东部地区家纺专业市场成交额同比增长9.38%，西部、中部地区分别同比增长3.09%、3.66%，而东北部地区下降2.22%，如图8所示。

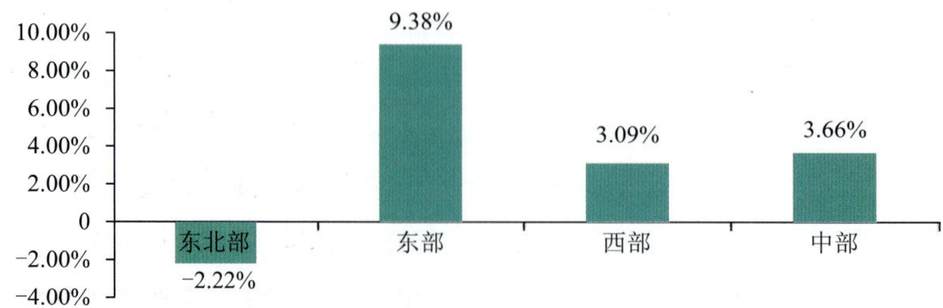

图8　2013年各地区家纺专业市场成交额同比情况
资料来源：流通分会数据库

（四）以床上用品为主要经营品类的专业市场所占比重较大

从家纺类专业市场经营类别看，以床上用品为主要经营品类的专业市场在各项指标上占据较大比重，各项指标占比较2012年有升有降。2013年以经营床上用品为主的家纺类专业市场经营面积达218.66万平米，占家纺类专业市场总经营面积的61.17%，较2012年的占比下降0.27个百分点；商铺数达2.75万个，占比为62.93%，下降0.9个百分点；商户数达2.66万户，占比为67.98%，下降0.78个百分点；成交额达577.62亿元，占比为59.26%，上涨1.39个百分点，如图9所示。

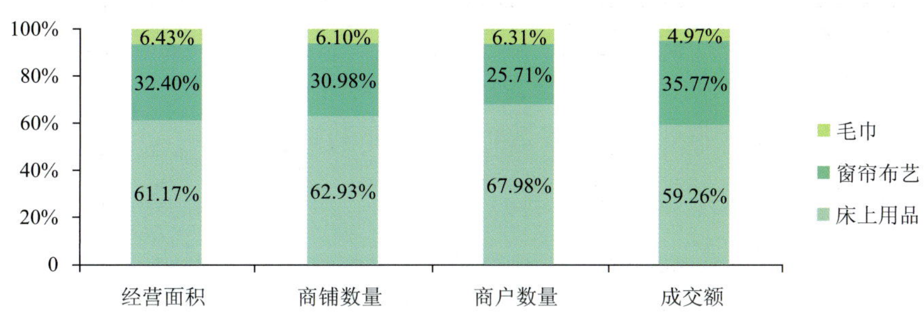

图9　2013年各类别家纺专业市场各指标占比情况
资料来源：流通分会数据库

以经营床上用品为主的家纺类专业市场不仅占有较大的市场份额，其市场表现也尤为突出，市场成交额增速明显高于经营其他类别的专业市场。数据显示，2013年以床上用品为主要经营品类的专业市场成交额同比增长10.87%，窗帘布艺类专业市场成交额同比增长4.93%，毛巾类专业市场成交额同比增长3.15%。

三、2013年家纺专业市场存在问题

在家纺专业市场平稳运行的同时，一些影响专业市场健康发展的突出问题也不容忽视。主要包括专业市场与电子商务融合发展、加强品牌建设、亟待转型升级等方面。

（一）面临渠道创新

以代理制为核心的大批发大流通的模式正受到流通效率更高、信息传递更快捷、产品展示功能更丰富的电子商务模式的冲击，这也为家纺类专业市场带来新的机遇与挑战。

目前，家纺类专业市场开展电子商务还存在以下问题：一是电子商务的专业化人才匮乏，包括熟悉网站搭建、运营维护、媒体推广等各类型专业人才；二是电子商务的营销和物流成本不断推高，争用户、打广告、抢流量，直接推高了电商的营销推广成本，同时不断上涨的配送物流成本，进一步压缩企业的利润空间；三是网络监管机制不健全，对于交易中出现的消费欺诈、质量低劣等问题没有及时的监管措施，电商诚信环境受到挑战；四是市场尚未拥有完善的现代化仓储物流体系，现行的仓储物流体系很大程度制约着电子商务的发展。

（二）品牌亟待快速成长

由于企业发展同质化和品牌竞争加剧，家纺专业市场内的经营商户正处于“淘汰潮”。有市场反映一些同质化、高模仿度的经营商户难以长期维持经营，关门率较高，有竞争实力的仍以大企业为主。

总体来看，家纺专业市场的品牌建设整体上还存在以下不足，一是产品同质化严重，企业间开展恶性价格战，促使企业的获利能力下滑；二是培育自主品牌意识不强，缺乏核心优势；三是品牌营销渠道滞后，微信、微博等新媒体的应用不够广泛；四是品牌设计研发水平不足，产品设计师队伍人才缺乏；五是市场反应速度落后，不能根据当前形式和商业模式的变化，做出快速反应和预先布局。

这些问题严重制约了家纺经营商户自身的发展，同时也不利于专业市场自身品牌形象的提升和辐射范围的扩大，对行业的健康发展也将产生不利影响。

（三）市场亟待转型升级

东部地区家纺专业市场具有较好的产业基础，以海宁中国家纺城、叠石桥国际家纺城、志浩家纺城为代表的产地型专业市场，与当地产业集群形成了良好的产销互动，2013年东部地区家纺专业市场成交额接近1000亿元。但由于东部地区资源和环境压力的日益突出，交通运输状况日趋紧张，发展潜力受到很大限制。

中西部地区劳动力和原料资源具备较大优势，但中西部地区大部分家纺专业市场软硬件水平较低，产品档次不高，市场的影响力和辐射力不强，市场低水平重复建设问题突出，2013年中西部地区家纺专业市场成交额不足100亿元。现有市场的硬件设施、配套服务无法满足承接东部产业转移的要求，中西部地区专业市场转型升级刻不容缓。

四、2014年家纺专业市场发展趋势和展望

加速电子商务融合，加大细分领域产品开发，提升市场软硬件水平，完善家纺指数体系，是2014年家纺专业市场及经营商户的重要发展方向。

（一）无形市场与有形市场对接加速

知名家纺企业积极培育网络营销渠道，明显的价格优势、便捷的购物方式和较为标准化的产品，对专业市场内以传统销售渠道为主的中小型家纺企业造成了不小的冲击，家纺专业市场中的经营商户“触电”面临必然之选。

在传统销售渠道中，企业是通过差价获利，强调产品的利润率；电子商务商业模式更强调消费者体验和需求，企业考虑更多的是市场规模的扩大、销售网络的建立及口碑的形成。对家纺企业来说，平衡与传统销售渠道的关系，分步骤推进电子商务渠道建设非常重要。

（二）产品细分速度加快

随着国民经济的持续增长所带来的人均消费支出的不断提升、消费习惯的不断调整、消

费方式的不断转变，家纺产品购买更新速度也随之加快。

一方面，家纺产品的保暖、装饰、实用等常规功能，正逐步向保健、环保、健康等方向过渡；另一方面，随着人们越来越重视居家氛围的营造，家纺产品正在从普通消费产品形态向家居生活文化元素方向悄然转变。加大对功能性家纺、艺术家纺等细分领域的开发，力拓错位化竞争空间，将会成为家纺专业市场新的增长驱动力。

（三）转型升级势在必行

家纺专业市场转型升级方向主要包括，进一步完善现有专业市场的规范化建设，培育公平竞争的市场环境；构建高效的物流运输系统，满足企业现代化物流方式需要；进一步拓展品牌展示、会议会展、电子商务、设计研发、品牌孵化、商贸物流、媒体推广等产业链的集成与综合服务内容；同时还需不断将体验式购物、整体家居等概念更新到市场运营理念之中。

（四）加强市场话语权，完善指数体系

随着市场经济的发展，“指数”迈进了经济运行的行列，成为行业的“风向标”、“晴雨表”。家纺专业市场于2009年、2011年相继发布了“中国·通州家纺指数”、“中国·叠石桥家纺价格指数”，对政府的决策特别是政府发挥它的信息公共服务职能，发挥了巨大作用，同时对企业和商户的生产经营起到了积极的引导作用。

目前的家纺指数发布还处于成长阶段，需进一步完善指数体系，提升内涵，扩大影响，增强指数发布的预见性、准确性和及时性，引领市场话语权。要鼓励专业市场设立数据统计科室，建立健全数据统计制度；要强化统计员培训，提高统计人员的业务素质、工作能力和稳定性；要不断优化及调整样本，与市场紧密结合；要切实加强指数宣传推广，不断提升指数影响力。

（中国纺织工业联合会流通分会）

附

26家家纺专业市场名录

省 / 直辖市	市	市 / 区 / 县	市场名称
辽宁	沈阳		五爱床品布艺箱包鞋帽城
北京	北京		方仕国际窗帘布艺城
北京	北京		木樨园连发窗帘布艺城
河北	保定	高阳县	高阳县纺织商贸城
江苏	南通	海门市	叠石桥国际家纺城
江苏	南通	海门市	叠石桥国际家纺城三期
江苏	南通	通州区	志浩家纺城
浙江	嘉兴	桐乡市	桐乡国际蚕丝城
浙江	嘉兴	海宁市	海宁中国家纺城
浙江	嘉兴	海宁市	中国布艺一条街

续表

省 / 直辖市	市	市 / 区 / 县	市场名称
浙江	嘉兴	桐乡市大麻镇	杭州湾轻纺城
浙江	绍兴	柯桥区	北联窗帘布艺市场
山东	淄博		周村轻纺科技城
山东	威海	文登市	文登中国工艺家纺城（一期）
四川省	成都		荷花金池国际窗帘布艺批发城
四川省	内江		黄角井商城
云南省	昆明		螺蛳湾国际商贸城
山西	太原		太原服装城床上用品市场
山西	太原		山西正大美家家纺购物中心
安徽	合肥		宝业家纺广场
安徽	合肥		华孚・城隍庙商业广场
江西	南昌		南昌华南城窗帘布艺批发中心
河南	郑州		郑州床上用品批发市场
河南	郑州		宝家隆窗帘家纺精品城
河南	郑州		郑州锦荣国际轻纺城床品市场
湖南	长沙		金盛布业大市场

专家论坛

蝶变：新时代、新家纺、新生活

杨兆华　顾庆良

一、背景和意义

全球处于一个变幻的新时代，互联网经济彻底改变了产业景框、市场需求、消费趋势。尤其在中国，家纺产业、市场和消费，不仅越益与国际家纺时尚同步，更反映在工业化和全面小康进程中的产业生存状况和消费者生活形态的剧变。这种变化大部分是渐变式的增长，然而影响更深远的是阶跃式的质变和形态的突变，这种变化不仅反映生产和消费，更反映两者的关系乃至社会关系及人和自然的关系，深刻理解这种蝶变对引导家纺产业发展，家纺消费和市场持续健康增长有现实意义。

新时代条件下提出“蝶变：新家纺、新生活”的理念旨在阐明：

1. **新家纺**

在新时代（第三次工业革命、互联网时代）下的家纺产业的发展规律，预判家纺市场趋势，揭示在新产业革命的技术创新对社会关系重构和对价值观、生活形态和家纺消费倾向的影响分析创新与变革下的产业和市场变化以及两者的交互作用，从而提出新家纺——家纺产业创新（新产品、新设计、新功能、新价值、新范畴、新概念），产业重构（价值链、市场网络、产业组织）以及产业发展新模式和企业增长新方式。

2. **新生活**

倡导新的价值观、生活方式、消费观念与行为、时尚态度与信念，以指导家纺健康消费，促进产业可持续的增长，为中国家纺产业实现跨时代的转型提供理论依据、指导意见和愿景思路。

二、蝶变：新时代和新家纺

如果说衣装是人类文明发展最重要的表征，那么家居往往反映出文明变迁的阶段特征，从穴居到狩猎、游牧，到农耕定居到工业化与城市化，家居带有时代印记。

人类正处于这样变革的新时代。世界正经历新产业革命，从工业文明进入后工业文明（生态文明），从链式经济重构为互联网经济和“云”经济，改变了生产关系，乃至社会关系，颠覆了工业时代中资本者、劳动者、消费者的角色与关系，无限扩大了市场时域和产业策略空间。

中国一方面位于追赶工业文明，目标直指全面工业化，另一方面又被推向新产业革命风口浪尖；一方面要解决相当一部分人的温饱问题，另一方面要实现全面小康；在光辉瞩目的成绩之后，也面临着“中等收入困境”、劳动力成本上升、人民币升值、国际市场受经济危机扰动恢复缓慢、国内市场消费增速减慢等一系列的两难困境。

世界也经历着前所未有的困局：全球化与民粹化的冲突，复杂的世界政局，跌宕起伏的经济形态，严重的环境问题。新产业革命既带来冲击又制造了契机。正如在自然环境的剧变期大量旧物种灭亡或重生，新物种爆发一样，时代更迭中的家纺产业正经历基因突变和形态蝶变的时期：中国家纺将浴火重生，凤凰涅槃。

250年之前，纺织业启动了第一次工业革命，蒸汽动力与珍妮纺纱机的组合引发了工业化进程，极大提高了劳动生产率，财富以前所未有的速度创造出来。另一方面资本主导和效率第一的社会发展模式，导致对大量生产出来的产品，大多数人有需要却无力支付。社会产品过剩终于使积累的矛盾爆发，新的技术创新导致第二次工业革命，标准化流水线提高了规模化生产效率，也使服装缝纫工业化，福利主义的经济模式使多数人提高了收入与购买力，开始了又一百年的繁荣。

20世纪下半叶日益激化的环境、能源、气候变暖等矛盾，象征着消费主义和资本主义一样不可取，经济的可持续发展不能依靠唯利是图的资本主义，也不可依赖“及时享乐”的消费主义，不能只顾生产或只顾消费，不能片面刺激生产或刺激消费。不仅考虑供给与需求量的平衡，更需调节两者间复杂的社会关系，更需关注生态关系。必须改变工业文明的人类生活方式（产业生存方式和消费者生活方式）。新生态文明除了强调供—需、生产—消费均衡，更需强调人类社会本身及人类与自然的关系。中国的家纺产业在短短二三十年里经历了世界工业文明200多年的历程，面对这种神速的进步，也应清醒地看到，中国家纺当前几乎面对工业化不同阶段的各种问题和挑战，横亘着多道坎。这种剧变更要求企业从资本威权主义和丛林法则，跨越双边均衡（供需，产销）阶段，实现全生态均衡增长与可持续发展。

这就需要中国家纺顺应时代更迭，改变产业生活形态，引导消费者生活方式，构建新家纺、新产业、新消费、新生活。

时代更迭和中国家纺产业与消费形态的演变如下表所示。

时代更迭和中国家纺产业与消费形态的演变

	工业文明Ⅰ	工业文明Ⅱ	后工业文明
技术范式	蒸汽机动力（1763年） 珍妮纺纱机（1764年） 纺织以纺纱织布主导 手工作坊式缝纫业	电动机、内燃机 电报、电话、通讯 福特流水线 缝纫流水线 （SLS → PBS）	信息化、集成系统 互联网移动 柔性化快速反应 （UPS柔性系统）

续表

	工业文明Ⅰ	工业文明Ⅱ	后工业文明
结构关系	点+链 资本威权主义 效率优先 生产第一 社会产品过剩	线+网（中心辐射） 福利主义消费主义 刺激消费→刺激投资 经济周期性衰退	网+云 生态文明 可持续发展 循环经济 全球化中的环境困境
生存方式	生产导向 弱肉强食 “恐龙”哲学 霸权主义	消费导向 丛林法则 追底杀低 恶性竞争	价值导向 生态法则 包容性均衡发展 简约、灵动、柔性
消费方式	拜金主义 物欲主义 土豪新贵炫耀性消费 奢侈、繁琐 阶级对立	消费主义 享乐主义 消耗资源、攫取财富 过度消费、过剩消费 地区间的对立 人与自然的对立	多元化、多样化 清洁时尚 健康舒适 返回原点、返璞归真品位（格调）+品质（内涵）+品味（体验） 天人合一

三、创新：新产业、新家纺

新产业革命为中国家纺构造了一个新的多元化、多样化的产业景框，既给家纺产业带来压力（劳动力成本压力提高和产业组织重组的阵痛），又展现了破解产业困局的契机和实现新一轮增长的途径。

新材料、新工艺、新装备为更高效、低成本的家纺生产提供了无限可能，高性能面料赋予产品更多的功能和用途，新型的材质，既扩大了原料来源，又可能成为时尚流行载体，丰富了设计的手段和艺术表现力，使家纺产品更便宜、更舒适、更健康、更美观、更绿色、更环保。

互联网将根本改变专制式或食物链生态结构，弱肉强食式的丛林法则将落伍，国内一批恐龙式企业的困境已经说明了问题。简约（simplicity），灵动（mobility）和柔性（flexibility）将是互联网下时尚产业的巧战略和组织方式，信任、信誉、信用，更透明对称的信息网络，创造新的生存空间，新的领域，新的市场。IT和互联网技术，扩展了流通渠道，创造新的商业模式，改变了市场关系。价值网络已不再是链式的买卖关系。买者与卖者，制造者与消费者的角色不再固定，不再唯一，消费者可以参与设计与生产，在流通平台上并不只有买家与卖家，如社交网络上共有的审美标准与生活方式将用户聚集，吸引各类设计生产供应商，共享共有产品创造的乐趣和价值。

新产业革命也改变了产业内和产业间的沟通方式，流通方式和技术升级，从而改变了物流方式，供应链管理模式，信息的透明化与对称性，大大降低交易成本，提高快速反应能力，加速家纺时尚的流行、传播与扩散。

最后，新能源、新流程、新工艺、新装备将使家纺产品更清洁，更环保。

总之，应重新认识家纺产业和家纺产品，乃至家纺产业的生存法则，重塑家纺产业的生态系统。包括：

1. 家纺产业的价值观

企业永续存在的价值，不是其占有的资产多少，也不是其撷取他人财富的能力，而是企业创造消费者和社会价值的能力。生产出对消费者有价值的产品与服务体验，并不断创造新的新需求。

2. 家纺产业的哲学理念

包括世界观、对家纺产业本位的认识和创新思辨。企业生存的目标不是对资源的霸占，对世界的征服，对他人利益的侵占和挤压，而是天人合一的境界，可持续的发展，大智若愚（keep foolish）、求索似渴（keep hungary）、不断创新。

3. 家纺产业的生存观和竞争观

颠覆丛林法则，放弃“追底杀低”。强大有生命力的中国家纺不能单依靠“恐龙”式企业，而是生态多样性，差异化竞争，多元化的家纺文化，百花齐放的家纺艺术和美学，功能化、个性化、特色化的创新产品。

4. 家纺产业的新境界

应用新产业革命带来的新材料，新工艺，新技术，不断拓展出家纺产业的新领域，从家居到户外，从室内到室外，从固定装饰到活动器物，从装饰艺术品到移动智能载体，从厅堂院室到公共生活空间，从物质到精神。

5. 家纺产业的新视角

历史传承、经典复兴、发展演化的历史视角；文化交融、文化表征、文化传统的文化视角，真、善、美和古、今、中、外的艺术视角，人际关系、社会关系、家庭关系的社会视角，感知、感受、感动的生理与心理视角。

6. 家纺产业的新范式

除了家纺产业本身的纺、织、印、染、整理缝制技术及流程的创新，吸收和采用高性能新材料、数字化色彩技术和其他交叉技术，替代和颠覆原有的工艺流程，更环保，清洁，高效，低耗，低成本生产出顾客需要的高附加值的产品，甚至创造出全新的产品，引致全新的需求。

7. 家纺产业的新通路

移动互联网彻底颠覆了传统的时空观，扩展了策略空间，促生了新的商业模式，开拓了产业与市场，供与需，生产与消费的新渠道。

8. 家纺产业的新思路

要质疑和颠覆常规的思维和概念。家纺产品一定是柔性的吗？家纺一定是纤维材料制成的吗？家纺的染色一定是化学的吗？家纺生产一定要可重复可复制的吗？高附加值一定是深加工的吗？

9. 家纺产业的新出发点

工业文明Ⅰ产业出发点是公司的利润和投资者股东的利益最大化；工业文明Ⅱ产业出发点是除了股东外还有利益相关者、劳动者和消费者；后工业文明需要相向而行的行动和目标以维护企业利益，个人利益，社会的利益和乃至地球村——人类共同家园的利益。

四、颠覆：新生活、新消费

19世纪末第二次工业革命方兴未艾时，缝纫流水线并未成型。繁琐复杂的款式设计使手工和精致面料成为上流阶级的标志。凡勃伦的《有闲阶级论》（Thorstein Veblen，1899）精确地分析了从狩猎游牧、封建贵族时代到资本主义的社会变化引致的社会主流价值观的演变及对时尚消费的影响，揭示了炫耀性消费的社会根源。凡勃伦认为不同时代的价值观决定了时尚消费观，给出了对不同时代的生活方式，消费态度，消费行为的分析框架。凡勃伦的理论同时也是对资产阶级奢靡之风和拜金主义价值观的批判，揭示了"以利为唯一价值准则"是自由资本主义痼疾，是导致的阶级对立社会失衡的根本原因。

有意思的是，中国在工业化进程中，价值观和时尚消费也经历了一个压缩版的文明进化，中国家纺处于一个文化交叉价值多元形态多样的消费时代。

城镇化，使家居生活更加趋同，城乡两元结构表现在家纺消费的两元结构，"让一部分人先富起来"的改革国策成效卓著，但贫富差距也愈加明显；暴发户的俗、有钱人的奢华与穷人的生活窘迫和淡泊的雅同时存在。所谓"穷人的孩子装富，富人的孩子装穷"说明这种价值的倒错，过度或腐败的消费一方面在拉动市场前行，另一方面，这种拉动可能是畸形的，或是不公平的不可持续的。在家纺产业发展现阶段，存在各种家纺消费观，然而有一点应达成共识：消费者的成熟是家纺市场成熟的条件和标志。正确的家纺消费态度和价值观是中国家纺产业的永续动力，中国家纺必须培养正确的家纺消费观，从而提升家纺产业内涵。

全球化促使家纺全球产业贸易网络重构，也影响时尚的流行。"环球同此凉热"，先进技术，先进产品和最时尚的产品在世界各地同时传播。

全球化使家纺时尚流行同步，但这并不意味着同质化，相反，文化价值的多元化，生活方式和行为的多样化，这是一个百花齐放百鸟争鸣的时代。

新产业革命为这种新消费创造了物质的条件——充分的购买力和新的消费冲动和欲望，激发出无限的家纺新需求和新市场。而互联网不仅加速家纺时尚的流行，流通，改变产业生存方式和消费者的生活方式，更将生产与消费，供给与需求在超时空维度联结，创造家纺消费的新领域新方式。

例如高性能新材料和新功能材料赋予家纺产品更多功能：防螨、抗菌、透气、防水、智能化等，使家纺不再只局限于家内装饰也适用家外装饰，不仅用于居家的生活，也更广泛用于户外的活动、娱乐与运动。

新技术可以超越纤维织造（针织和机织）和非织造，非纤维材料和复合结构材料扩大家纺产品的应用和市场空间。

电子商务与互联网技术，不仅作为销售与信息平台。消费者通过互联网，可以高效低成本快速获得家纺信息与产品，减少过剩与浪费，更使市场消费与设计生产融合，产生新的消费体验，"prosumer"的含义就是消费者参与产品创造的过程。建筑装潢和家纺的设计师的跨界组合，饮食——厨艺纺织，音乐——厅房装饰，运动旅游——户外用品，衣食住行交叉关联跨界组合，已经在家纺业界实践。

人们突然发现：当大多数产业在低价同质化竞争下拼得你死我活时，一些先行者已开始跳出原来的思维模式和生存圈子，发现“蓝海”，从消费者生活形态变化改换企业生存方式：

1. 家纺消费的价值观

从物欲主义奢靡，拜金主义的炫耀回归到家纺的本原——生活体验：健康舒适宜人的环境，返璞归真的生活，体现家居品味：美丽、可人、隽永、协调。

2. 家纺消费哲学理念

不是穷侈极奢的消耗，或以破坏环境和损害公众及下一代利益为代价的掠取和个人占有，强调人与自然和谐相处，适度消费，更青睐可循环再生的材料和产品，享受生活，珍惜自然的馈赠，感恩社会的赐予。

3. 家纺消费的新生活方式

理性、适度、清洁。克服无节制的物欲主义，既要享受生活的品质，又要理性约束，既要基于多样化的个性表达，又要遵循真善美，既要拉动需求，更要清洁、再生、循环、低耗，DIY和创意设计等本身成为家纺消费的组成部分。

4. 家纺消费的新领域

新需求不仅在家居生活扩展到户外活动。不仅局限于寝厨卫和装饰用品，更延伸到一切人类活动如视听艺术通信交流，不仅用于室内环境，也用于室外环境，不仅用于固定装饰也与活动场景。云技术，使家纺成为智能化生活的传感器，交换的网络平台，或使跨界家纺产品如柔性的显示器和室内装饰的结合，智能化光控窗帘和感应式安全系统，远程室内微环境控制和节能系统等。

5. 家纺消费的格调

尽管消费是多样的，多元的，萝卜青菜各有所爱，但却有品位高低、内涵文野和质性雅俗之分。家纺消费的格调与一个社会的格调与社会发展水平有关，与经济收入水平有关，中国人均GDP已达7000美元。但个人的格调与经济无关，个人家纺消费的格调与产品的价格无关。格调是可以培育的，高格调的成熟的消费是中国家纺的希望。中国家纺消费的格调是**品位**（taste）：家纺款式、纹样、色彩的理解和配伍；**品质**（quality）：材质舒适、健康、高性能；**品味**（experience）：情感和生理体验，心灵的交流。

6. 家纺消费的原点

原始文明的家居，纯粹为美、为爱、为生活。物欲主义扭曲家纺消费，为虚荣，为满足一己的私欲。家纺消费应回归生活，为感受自然，为享受人生，为表达情感，为健康，为生命的传承，为悦己也为悦己者。

7. 家纺的消费跨界/越界

从人类的文明史看，人类的最早的创造活动是与住有关，而现代的家纺产品则几乎涉及衣食住行和人类所有的活动。如巾类产品，其最终产品涉及衣饰、寝宿、厨炊、卫浴、交通、旅游、运动、娱乐等。跨界是家纺消费特点，也给了产业无限市场空间。原本毫无干系的生活交联，可能创造新家纺产品和需求。

8. 家纺消费的时尚创新

家纺中的寝厨浴卫原本是基本日用品，基材质款式与性能相对稳定，家纺中的建筑装潢和厅室地毯、窗帘帷幔产品的时效耐久比较长。相对衣饰更为固定，也更少流动。家纺消费似乎与时尚流行无关。事实上，现代家纺的范畴在扩大，同样具有展示性和流动性。现代家纺也有季节性，流行周期也越来越短。家纺还是公共空间（如剧院、酒店）变换主题、修饰形象的最灵活手段。家纺与服装、车饰的色彩流行也相关。即便相对固定的家装家具，也因为家纺产品变得多彩多姿。时装设计师与工业设计师涉足家纺设计，就是证明家纺是时尚新天地。

新时代的新家纺和新生活如下图所示。

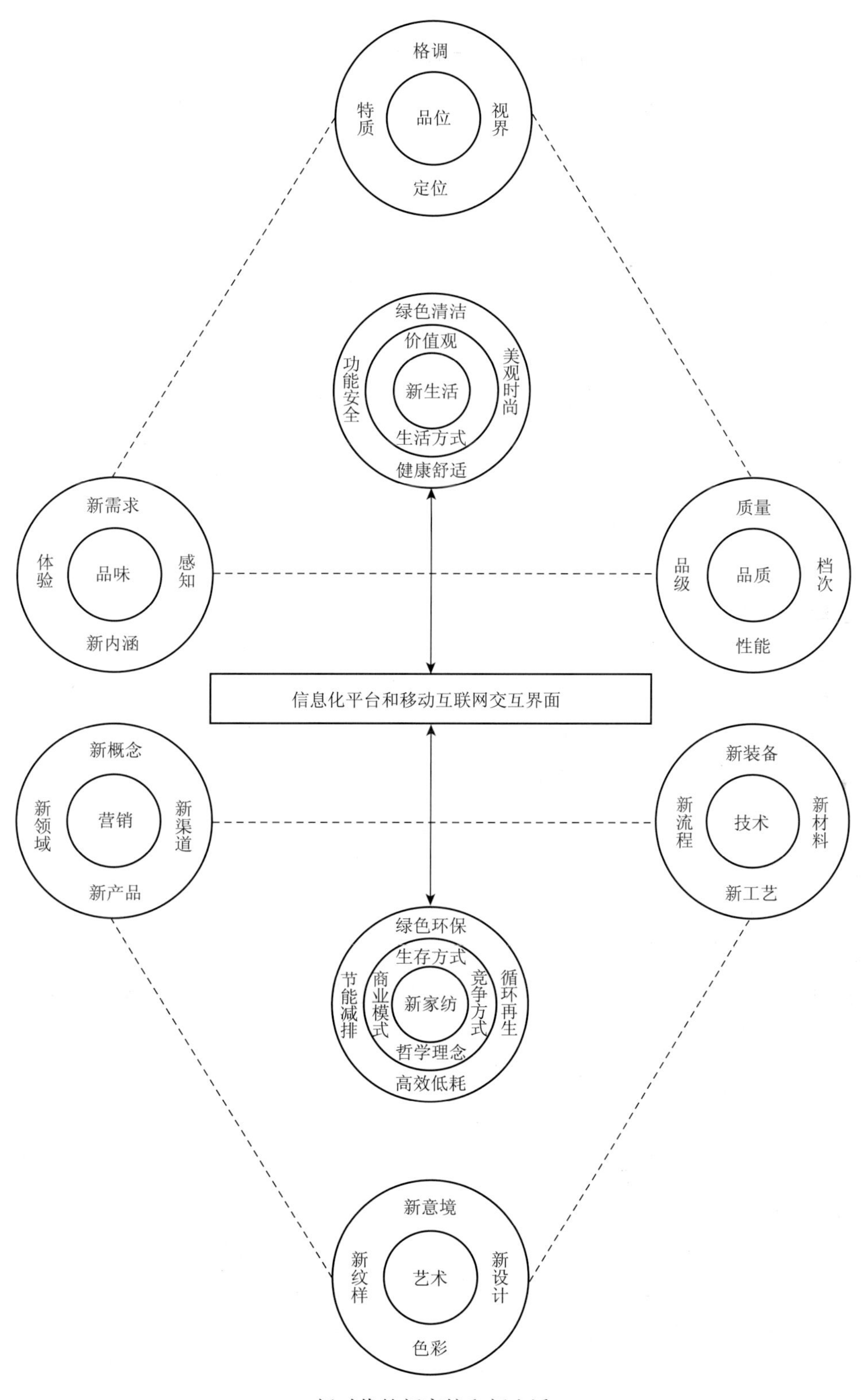

新时代的新家纺和新生活

五、涅槃：新文明、新境界

回顾以纺织业为线索的工业文明发展。前工业文明发展的模式经历了两个阶段：第一次工业革命是资本主导生产，造成劳动者收入与资本收入的严重失衡，导致社会产品过剩；而福利主义模式虽然提高了消费，但社会总福利增长不等于消费增长，仍难均衡供给与需求。任一方面过度的刺激会造成过度消费与过度生产，消费主义更助长了不良消费习惯，导致过剩消费，激化了冲突，造成社会矛盾与环境问题。

因此，生产与消费不应是独立而行，而应该是相向而行、相携而行。

1. 技术范式的创新

在互联网条件下广义的生产方式的创新，包括一切创造价值的技术。中国家纺产业的持续生命力，取决于持续地对传统的原料工艺、流程装备的渐进式革新，吸取最新科学革命成就，破解诸如生态环境劳动力等困境。如纳米技术和新型材料，数字化色彩技术，互联网条件下即时大规模个制模式，这些技术管理范式创新，解决高效、节能、降耗、低排，创造顾客参与的新的端对端的服务商业模式，满足个性化的需求，减少流通交易费用，更重要的是开拓了新的财富价值创造的源泉：不仅是附加价值（原有产品的增值），以更快的方式产生全新的价值，新技术范式将催生新的产业关系与结构。

2. 颠覆性的生产关系

从蒸汽机时代“点—链”到电力电子时代“线—网”，到移动互联网时代“网—云”，这种拓扑结构将根本改变生产关系。颠覆生产组织和价值创造的方式、边际收益递减法则、零和博弈法则、强欺弱，大吃小的竞争法则。例如，基于互联网的流程再造，使得小批量多品种快时尚低成本成为可能，数字化仓库，实现快速、高效直接配送，新型生产关系不是“原料——半制品——制成品——销售——顾客”这种垂直线性关系。从纵向看，设计师、材质供应商、生产者、营销者乃至消费者，都在变换着自己的角色。从横向看，家装、家具、家居、家纺的生产者，设计师，色彩师和风格师将由共同纽带连接在一起。在“网—云”结构下，服务商和通信网络平台和顾客不再是简单的上下游买卖关系。实现多重价值（内容价值、流量价值、社交价值、公共价值）的边际递增。新的价值创造方式与途径，消除了恶性竞争，市场摩擦与对抗，减少了由于信息不对称造成的浪费、消耗和破坏。

3. 新型的社会关系

工业文明困扰人类的社会产品过剩，在互联网条件下，供—需、生产—消费失衡，环境失衡、财富分配不公等缘于以资本绝对统领的生产关系以及社会关系。在资本力量下，劳—资关系，企业—公众关系，人类—自然关系，社会与环境矛盾激化。资本的过度攫取，致使消费主体没有消费能力，使资源枯竭，切断了社会进步主要的动力，最终埋葬了资本本身。因此，企业社会责任（CSR）不是权宜之计，更不是说教，而是家纺企业不二选择。经济和产业的永续增长的动力既来自企业的逐利行为，利润的增长预期最终还是来源于需求：消费者的欲求是购买动力，消费欲求成为市场需求的基本条件是收入，因此让最广大的劳动者收入增长是生产与消费均衡增长的基础。

广义的社会关系包括“天—人关系”。人和自然关系本质上是代间的关系（同代人之间关系）和代际关系（同代人与下一代人的关系）。

简言之，家纺的未来决定于产业和市场、生产者与消费者相互依赖而不是对立的生存方式。用十八大三中全会《决定》中的表述：新家纺、新产业、新生活、新消费就是要让“资本、劳动和知识等一切创造价值的活力迸发，让一切财富的源泉涌流”，实现中国家纺强国之梦！

（中国家用纺织品行业协会、东华大学）

电商成为家用纺织品上市公司增长新动力
——2013年家用纺织品行业上市公司情况概述

花小伟

2013年1月份，上证指数延续2012年末的大涨趋势继续上涨，并在2月份达到全年最高点（2444.8点），但6月份受资金面紧张的影响，跌至最低点（1849.65），随后有所反弹，最终报收2115.98点，年K线收阴，年跌幅为6.75%。整体来说，2013年是一个股市盘整年；其基本面因素主要在于中国经济更深层次调整升级，增速换挡，其中2013年GDP增长7.7%，与2012年持平；规模以上工业增加值增长9.7%,同比下降0.3个百分点；固定资产投资增长19.6%，下降1.0个百分点；社会消费品零售总额增长13.1%,同比下降1.2个百分点。

一、家纺业上市公司业绩表现不一

2013年，虽然中国经济结构调整阵痛，且外需乏力，人民币继续升值，成本因素刚性上涨，家纺行业的发展遭遇困难，但依然存在多重有利因素，使得家纺公司业绩稳定，整体表现良好。具体看，城镇化建设步伐加快，居民收入稳步提高，给家纺行业带来持续驱动；婚娶、酒店及旅游床品消费作为家纺消费的重要组成部分，刚需强劲；渠道模式方面，电商新渠道发展迅猛，成为新的消费引擎；另从家纺行业自身发展规律来看，中国家纺业目前仍处于行业生命周期的成长阶段，家用纺织品消费规模与潜力具有广阔空间，如中国家用纺织品在纺织产品消费总量中的占比较欧、美、日等发达国家还有很大差距，消费渗透率有望进一步提高。

从资本市场看，家纺业目前在A股上市的主要有富安娜、罗莱家纺、梦洁家纺（该三家内销品牌为主），孚日股份（出口为主）；在H股则为中国泰丰床品（内销为主，除了床品收入之外，还有部分棉纱收入来源）；因公司经营差异较大，业绩表现不一。

2013年，富安娜、梦洁家纺的收入、净利润双增长，见表1；孚日股份虽收入总额略有下降，但利润却大幅增长，同比增幅达705.36%；罗莱家纺、中国泰丰床品营收总额和净利润均有所下降，前者与其渠道去库存有关，后者则因产品成本上升。资产负债表方面，罗莱家纺、梦洁家纺的应收账款周转率提高，其他三家下降；而除中国泰丰床品外，其他四家的存货周转率均下滑。

表 1　家纺上市公司主要财务指标

	指标	罗莱家纺	富安娜	梦洁家纺	孚日股份	中国泰丰床品
营运能力	2013 年营业总收入额（亿元）	25.24	18.64	14.23	44.43	21.48
	同比（%）	-7.37	4.89	18.55	-0.61	-10.55
	2013 年归属母公司股东净利润额（亿元）	3.32	3.15	0.99	0.90	2.97
	同比（%）	-13.06	20.98	71.06	705.36	-42.58
盈利能力	2013 年毛利率（%）	43.98	51.38	44.19	22.36	29.22
	同比（± 百分点）	1.76	2.93	0.78	6.38	-10.32
	2013 年净利润率 (%)	13.16	16.89	6.94	2.03	13.85
	同比（± 百分点）	-0.86	2.25	2.13	1.78	-7.73
偿债能力	2013 年资产负债率（%）	19.66	24.37	32.94	59.80	34.45
	同比（± 百分点）	0.53	-2.73	2.23	0.42	0.53
	2013 年流动比率	3.90	2.98	1.98	0.95	3.26
	同比 (± 百分点)	-0.17	0.31	-0.14	0.08	-0.04
现金流	2013 年经营性现金净流量 / 营业总收入（%）	16.39	11.69	9.31	22.26	14.97
	同比（± 百分点）	7.35	-13.64	9.24	4.83	0.99
应收账款	2013 年应收账款周转率（次）	17.32	27.92	11.48	11.99	4.62
	同比（± 次）	-0.09	-0.97	0.60	-1.19	0.40
存货	2013 年存货周转率（次）	2.17	1.79	1.55	1.71	19.20
	同比（± 次）	-0.60	-0.13	-0.01	-0.24	4.98

数据来源：WIND资讯 中国银河证券研究部

二、主要上市公司经营业绩分析

（一）罗莱家纺：2013 年主品牌加盟商清库存较彻底，KIDS 发展较快，电商主推 LOVO

罗莱家纺2013年营业收入25.24亿元，同比降7.37%；归属母公司净利润3.32亿元，同比降13.06%。

罗莱主品牌方面，全年营业收入17.15亿元，同比下降19.49%，其中2013年H1罗莱主品牌销售收入6.9亿元，收入占比约65%，较2012年H1的8亿元下滑13.3%（收入占比78.9%）。主要原因是公司主动调整和优化库存结构，消化渠道库存，同时推行线上线下同款同价政策，放缓了主品牌电商线上销售渠道的发展进度。此外，公司礼品团购业务受市场需求的变化和调整，影响较大。

公司多品牌梯队中，KIDS也是重要组成部分。KIDS近几年发展较好，增长率保持在30%以上。此外，公司表示2014年将继续采取品牌区隔的措施，暂时不会将线下品牌放在电商业务中，继续“两条腿”模式发展。2014年开始，公司每年增加300家新店，扩张计划未变。

电商方面，公司独具罗莱特色，为保护加盟商利益，支持其持续盈利，罗莱主品牌坚持线上线下同款同价、同质同价；同时，电商渠道大力发展线上专营品牌LOVO。2013年“双十一”活动中，电商零售额突破1.8亿元，LOVO品牌虽然仅创立短短几年，但在家纺类目位居第一，在天猫全品牌排名第四，刷新了“双十一”有史以来家纺类目网购的销售记录。2013年电商全年贡献收入3.8亿元左右；其中上半年电商收入约1亿元，同比增近50%，大部分是罗莱主品牌；但下半年起基本全部是LOVO品牌，

利润率方面，2013主营业务毛利率43.98%，较2012年同期增1.76个百分点，全年毛利率恢复正常水平。2014年以利润为考核导向，随着减员增效实施，费用绝对额得以有效控制。

渠道方面，2013年受市场环境持续低迷影响，终端零售网点的扩张速度未达到预期，全年门店数净增加112家，截止2013年底，公司各类实体品牌门店总数为2849家。中国家纺类上市公司品牌、渠道、毛利率比较见表2。

2014年度，公司计划实现营业收入同比增长0~10%，净利润同比增长5%~15%。

（二）富安娜：线下虽疲软，但线上强劲，2014 年计划业绩稳增

富安娜2013年度收入18.64亿元，同比增4.89%；营业利润4.11亿元，同比增17.57%；净利润3.15亿元，同比增20.98%。

电商渠道是收入增长的来源，传统线下渠道净减少,对收入有所拖累。2013年电商渠道收入2.8亿元，同比增近1倍，收入占比提升至15.1%（2012年占比7.9%），净利润贡献0.48亿元，净利占比提升5PCT至15.2%，净利润率与线下基本相同。

相较于线上业务的迅猛发展，线下传统渠道收入受大环境不佳的影响有所下滑。2013年线下渠道收入约15亿元，同比降1.3%；与此同时，总渠道数量净减63家至2210家。分类型看，直营增32家至596家，受渠道增长驱动，我们估计直营收入约6.3亿元，同比约中个位数增长；加盟减95家至1614家，受此影响我们估计加盟收入不到9亿元，约下滑8%。

受益于成本下降、渠道结构变化，2013年毛利率提升2.93PCT至51.38%。销售费用同比增6.14%至4.14亿元，管理费用同比增24.53%至1.03亿元，主要来自于员工薪酬的刚性增加。理财收益带来的财务收入的增加也对营业利润率的提升有所贡献。

经营性现金流由4.50亿元下降至2.18亿元，主要来自于存货从4.37亿元增1.36亿元至5.73亿元（电商备货）。

公司在年报中计划2014年计划销售同比增长5%~10%，预计净利润同比增长10%~15%。

（三）梦洁家纺：费用有效控制，业绩大幅提升

2013年，公司实现营业总收入14.23亿元，同比增长18.55%。公司营收增加，主要是因为新品市场接受度高，促销以及网购业务快速增长。从各品牌销售情况来看，梦洁品牌销售收入11.05亿元，同比增长18.09%；寐品牌销售收入2.16亿元，同比增长9.00%；梦洁宝贝品牌销售收入5861.25万元，同比增48.34%；平实美学品牌销售收入3041.62万元，同比增长70.34%；觅品牌销售收入693.49万元，同比下降18.83%。

2013年，公司主营业务成本7.92亿元，同比增长16.69%；销售费用3.99亿元，同比增长4.32%；管理费用9015.62万元，同比增长61.67%，主要是研究开发费投入增加以及人工成本上升所致。归属上市公司股东净利润为9,868.43万元，同比增长71.06%，主要原因是营

业收入增加以及转让南通子公司股权获得投资收益。

渠道方面，公司进一步完善了品牌的分类规划，渠道整合以及资源共享，不断提升门店的零售服务能力和盈利能力。2013年，公司各品牌新增销售终端170家，现拥有直营销售终端500多个，加盟销售终端2300多个，公司会员和团购客户日渐扩大，网购和电视购物平台已初具规模。

（四）孚日股份：结构升级、成本低位、财费下降共驱净利大幅提高

2013年，公司实现营业收入44.43亿元，同比下降0.61%；实现净利润9018万元，同比增长705.36%。公司净利大幅增长，主要在于2013年度公司中高档产品销售比重增加，库存产品成本相对较低，原料上积极使用外棉，同时通过调整资金结构，提高资金使用效率，财务费用大幅下降等原因。

2013年，公司毛利率提高6.38个百分点，至22.36%。公司财务费用为1.49亿元，同比下降31.26%，是公司本年融资结构变化，利率降低，导致利息减少；管理费用2.92亿元，同比增12.81%，主要原因是公司光伏项目相关资产的折旧计入管理费用所致；销售费用1.57亿元，同比增4.73%。

2013年，公司外销收入占比68.57%，日、欧、美主销市场地位不断巩固。其中，对日本市场出口1.47亿美元；欧洲市场毛巾出口突破8000万美元；美国市场毛巾产品出口2亿美元，同比增长12%，创造了单一产品在单一市场出口超过2亿美元的历史纪录；另外，床品出口5200万美元，同比增长19%，整个美国市场出口额达到2.52亿美元，已经形成了毛巾、床品“双轮驱动”的增长格局。在国内市场上，公司通过优化营销渠道，完善品牌运作架构，内销市场的支撑作用明显增强。“洁玉”品牌深耕渠道，全年开发销售网点1700多个，使国内可控销售网点达到16000多个。

2014年，公司计划实现销售收入增幅10%左右，力争完成48亿元销售额。

（五）中国泰丰床品：收入下降、成本上升，致净利明显下滑

公司2013年收入21.48亿元（人民币，下同），同比下滑10.55%；毛利额6.28亿元，同比下滑33.90%；2013年公司综合毛利率29.22%，同比下滑10.32PCT；收入下降，毛利率下滑，导致净利明显下降，2013净利润2.97亿元，同比下滑42.58%。

分业务看，公司家纺床品销售所得收入为11.66亿元，同比减少17.6%，占总收入的54.3%，进一步拆分看，在11.66亿元收入中，有99.71%是品牌产品，仅0.29%是贴牌类产品，品牌家用纺织品2013年的毛利率为41.8%，同比下滑15.2PCT。

公司棉纱销售所得收入为9.81亿元，同比下降0.4%，占总收入的45.7%，棉纱业务的毛利率为14.5%，同比下滑0.9PCT。

综合看，家纺床品收入额及毛利率下滑幅度更大，其主要是受到综合成本上升的影响。此外，公司财务成本亦上升明显，2013年公司财务成本为人民币4130万元，同比上升125.7%，主要因银行利息开支及融资租约承担产生之利息增加所致，从而进一步侵蚀利润率。

渠道方面，2013年底，集团于全国共有1225间专卖店及专柜（其中，直营947间、加盟278间），较2012年增加103间。2013年，公司还进入了中石化易捷便利店、高校学生公寓等两个领域，得到新增长点，有助于品牌持续成长。

中国家纺类上市公司品牌、渠道、毛利率比较见表2。

表2　中国家纺类上市公司品牌、渠道、毛利率比较

公司	主要品牌	渠道	家纺业务收入在总收入中占比（%）	家纺业务毛利率（%）
罗莱家纺	罗莱主品牌、优家(Lacasa)、罗孚（Lovo）、罗莱儿童（Luolai Kids）尚玛可(Saint Marc)、Christy、Graccioza、Millefiori、朵昂思（Durance）	全年门店数净增加112家，拥有各类实体品牌门店总数为2849家	99.18	43.98
富安娜	“富安娜”、“馨而乐”、“维莎”、“圣之花”、“酷奇智”	公司终端网点共2210家，其中直营店增32家至596家，加盟网络减95家至1614家	98.89	51.62
梦洁家纺	“梦洁”、“寐”、“宝贝”、“觅”、“平实美学”	新增销售终端170家，现有直营销售终端500多个，加盟销售终端2300多个	99.60	44.13
孚日股份	“洁玉”（毛巾）、“孚日”（床品）	“洁玉”品牌全年开发销售网点1700多个，国内可控销售网点达到16000多个	97.52	22.57
中国泰丰床品	“泰丰”、“泰丰康秀”、“爱迪卡”；贴牌生产德国“IBENA”品牌	947间直营专卖店及专柜；278家加盟商专卖店及专柜	床品54.3 棉纱45.7	床品41.8 棉纱14.5 整体29.2

数据来源：WIND资讯 中国银河证券研究部

三、二级市场表现分化，一级市场无融资

二级市场方面，股价涨跌表现分化，见表3和图1。梦洁家纺因收入增长及销售费用控制的预期，股价弹性表现最佳；罗莱家纺虽然业绩下滑，但因加盟商去库存彻底，资本市场预期未来业绩将有较好弹性，股价震荡上涨；孚日股份，因业绩拐点，净利润大幅提升，股价亦上涨；富安娜业绩持稳，管理优秀，但年底因大股东减持，股价暂时受挫；中国泰丰床品因业绩下滑超预期，股价一路下行。

在一级市场融资方面，因IPO停闸等原因，2013年家纺板块无新公司IPO；因家纺公司现金流普遍较好，已上市公司也无定增等再融资操作。

表 3　国内家纺上市公司年涨跌幅（%）

指标	2011 年	2012 年	2013 年
上证综指	-21.68	3.17	-6.75
纺织服装（申万）	-25.52	-10.15	8.16
纺织制造（申万）	-27.97	-3.92	15.54
服装家纺（申万）	-23.97	-14.97	1.84
罗莱家纺	4.88	-41.47	11.75
富安娜	21.41	-16.11	-8.65
梦洁家纺	0.89	-54.57	27.93
孚日股份	-47.33	-20.52	6.22
恒生指数	-19.97	22.91	2.87
中国泰丰床品	-24.39	-9.76	-18.88

数据来源：WIND资讯 中国银河证券研究部

图1　2013年A股市场家纺板块个股与上证指数涨跌幅走势对比
数据来源：WIND资讯 中国银河证券研究部

四、纷纷出台股权激励，提高团队稳定性与积极性

2013年1月，罗莱家纺发布股票期权激励计划草案，见表4，拟向公司核心管理、技术（业务）人员等220人授予 350 万份股票期权，对应标的股票350 万股，约占公司股本总额的 2.494%。其中首次授予 320 万份，占公司股本总额的 2.280%；预留 30万份占公司股本总额的 0.214%。自授权日起满 12 个月后，激励对象在未来 36 个月内按30%、30%、40%的比例分三期行权。行权条件为：2013~2015年较2012年的净利润增长率分别不低于15%、32%和52%，且净资产收益率均不低于16%。行权条件不高，更看重保份额，而激励落到实处益于加强团队稳定性。

2013年8月，梦洁家纺发布了上市以来的首个股票期权激励计划，拟授予公司董事、核心管理、业务及技术人员等 890 万份股票期权，对应标的股票890 万股，占股本总额的 5.886%。其中首次授予股票期权 803 万份，预留股票期权 87 万份。首次获授股票期权可等比例四期行权，预留部分则需在授权日满一年且自首次授予日满两年后，按33%：33%：34%的比例分三期进行行权。首次授予的股票期权行权考核目标：2013~2016

表 4　主要家纺上市公司股权激励计划对比表

指标	罗莱家纺	梦洁家纺	富安娜
时间	2013 年 1 月	2013 年 8 月	2013 年 10 月
股票期权份数（万份）	350	890	990
占总股本比例（%）	2.494	5.886	3.08
激励对象身份	核心管理、技术（业务）人员	董事涂云华、核心管理、业务、技术人员	高级管理人员、中层管理人员、核心技术（业务）人员
激励对象人数	220 人	135 人	340 人
解锁日期	自授权日起满 12 个月后，在未来 36 个月内按 30%、30%、40% 的比例分三期行权	等比例四期行权（首次）；授权日满一年且自首次授予日满两年后分三期进行行权（预留部分）	自首次授予日起满 12 个月后，等比例分四期解锁
解锁条件	2013~2015 年较 2012 年的净利增长率分别不低于 15%、32% 和 52%；净资产收益率均不低于 16%	2013~2016 年较 2012 年的净利增长率分别不低于 55%、85%、115% 和 145%；净资产收益率率 2013 年不低于 7%，2014~2016 年均不低于 8%	2014~2017 年较 2013 年的净利润增长率分别不低于 15%、27%、35% 和 42%；净资产收益率 2014~2017 年不低于 12.5%，13%，13.5%，14%
行权价格（元）	43.49	11.36	8.78

数据来源：WIND资讯 中国银河证券研究部

年较2012年的净利润增长率分别不低于55%、85%、115%和145%，且等待期内每年净利润不得低于前三年均值，净资产收益率2013年不低于7%，2014~2016年均不低于8%。预留部分考核指标则与首次授予股票期权的第二至第四个行权期的行权条件一致。首次股权激励的授予力度大，考核严格，体现了公司管理层对业绩增长的信心，激励核心员工。

2013年10月，富安娜再推限制性股票激励计划，涉及标的股票为990万股富安娜股票（最终以实际认购数量为准），占2013年6月30日富安娜股本总额的3.08%；其中首次授予894万股，占本计划授予的限制性股票总量的90.30%；预留96万股。本激励计划的限制性股票自首次授予日起满12个月后，满足考核条件，激励对象应在可解锁日内等比例分四期解锁。解锁条件为：2014~2017年较2013年的净利润增长率分别不低于15%、27%、35%和42%，净资产收益率2014~2017年分别不低于12.5%，13%，13.5%，14%。此次限制性股权激励为公司推出的第三次股权激励计划，与前两次激励方案类似，考核条件务实，强化了对员工的普惠性。

五、愈加重视电商，部分试水O2O

2013年，淘宝、天猫“双十一”成交总额达350亿元，同比增84%，电商大势愈演愈烈，且2013年移动电商比例提升、线上线下积极合作、更加重视大数据的特征凸显。家纺上市公司积极顺应潮流，开展电商业务，弥补线下销售的冲击。

从2013年“双十一”当日交易的具体数据来看，家纺行业表现也较为突出，见表5。罗莱家纺在2012年高基数上，增幅近60%，产生了1.55亿元的交易额；富安娜产生了1.16亿元的交易额，增幅达45%；产品的品牌效应以及家用纺织品的偏标准化特征，驱动明显。

表5　2012~2013年淘宝、天猫“双十一”交易额排名变化

排序	2012年天猫排序	亿元		排序	2013年天猫排序	亿元
1	杰克琼斯	1.27		1	小米	5.41
2	骆驼	1.16		2	海尔	1.75
3	全友家居	1.01		3	骆驼	1.59
4	罗莱家纺	0.97	➡	4	罗莱家纺（罗莱旗舰店）	1.55
5	裂帛服饰	0.87		5	杰克琼斯	1.52
6	GXG	0.83		6	优衣库	1.2
7	海尔	0.80		7	富安娜	1.16
8	富安娜	0.80		8	茵曼	1.15
9	顾家家居	0.70		9	林氏木业	1.1
10	茵曼	0.70		10	阿卡 (Artka)	1.09

资料来源：天下网商、中国银河证券研究部

重点家纺企业的电商业务拓展方面，罗莱家纺在2013 年采用独立线上品牌运作，主打LOVO 品牌突破电商市场，弱化罗莱主品牌线上销售并实现线上线下同价。2013年公司实现电商收入3.8亿元左右，见表6。为避免线上线下冲突，公司采取品牌区隔的措施，暂时不会将线下品牌放在电商业务中，继续“两条腿”模式发展。此外，按照阿里巴巴新组建O2O事业部2014年的目标，公司计划将五千家品牌商纳入到O2O战略范围，罗莱家纺在列。

表6　2013年家纺公司电商业务在总收入中占比

细分行业	公司	电商收入（亿元）	公司收入（亿元）	电商占比（%）
家纺	罗莱家纺	3.8左右	25.24	15左右
	富安娜	2.8	18.64	15.02
	梦洁家纺	约1	14.16	7.06

资料来源：公司公告 中国银河证券研究部

富安娜2013年电商收入2.8亿元，同比增长近一倍。2014年公司系统基础架构的升级改造将助理电子商务平台的发展。同时公司将加强专业电商人才培养，重点强化创意和创新结合，丰富电商推广手段、力推整体家居概念，形成与竞争对手差异化。同时加大对网络代购、假冒产品行为的打击。

梦洁家纺则组建了专门的电商运营团队，公司2013年电商销售额1亿元，占比将近10%，2014年亦计划增加一倍。

孚日股份也筹建了自己的电商团队，专门负责线上销售，同时公司拥有强大的研发设计生产能力，专门针对线上研发产品，不会对线下产品形成冲击。公司暂时不会推行O2O模式，公司目前自营店不到100家，其它都是加盟商、经销商、商超渠道也多，并不利于发展O2O模式，线下利益不好协调，物流供应链也要再造。目前公司采用的做法就是单独研发线上产品，不与线下重合，扩大线上销量。

（中国银河证券研究部）

推行市场采购贸易方式　创新家用纺织品专业市场外贸经营模式

江苏叠石桥市场管委会

一、基本概况

江苏海门工业园区是海门市唯一的省级开发区，成立于2006年，总面积100平方公里，常住人口9.2万人，外来人口7万人，在外经商华侨1.5万人。家纺产业是园区的特色产业、富民产业，也是一张靓丽的城市名片，园区中的叠石桥国际家纺城是历经30多年时间培育与发展形成的全国领先的现代化、国际化家纺专业大市场，市场由省级开发区海门工业园区控股规划管理。温家宝、张德江等多位中央领导都曾亲临视察并寄予厚望。

二、发展特点

一直以来，叠石桥市场以转变家纺产业发展方式为主线，其发展呈现以下特点：

（一）规模大、效益好

形成了以叠石桥市场为核心的家纺产业板块，覆盖周边200多平方公里、配套6500多家生产企业、带动50多万从业人员，拥有占地2000亩、建筑面积200万平方米的市场规模和2万多间经营商铺，经营200多个系列、560多个品牌、1000多种家用纺织品，2013年，整个叠石桥周边区域市场成交额超过900亿元。

（二）品牌响、辐射广

先后荣获“全国文明市场”、“全国百强纺织品交易市场”、“全国首批重点培育内外贸结合商品市场”、“全国家纺产业知名品牌创建示范区”、“国家4A级旅游景区”、“华人华侨创新创业示范基地”、“国家外贸转型升级专业型示范基地”、“世界版权保护优秀案例示范点”等十多项国家级荣誉。

（三）链条长、成本低

市场已经形成了一条涵盖“织、染、印、成品、研发、物流”的完整产业链，无论是设计环节的花型、款式、配色、样品，还是生产环节的原料采购、批量印染、加工剪裁、质检包装、物流托运，生产者和采购商都能在市场区域内快速找到价格最低的商品、质量优良的服务。

（四）平台多、功能强

目前，叠石桥市场建有海关监管、检验检疫、产品检测、版权保护、国际物流、指数发布、流行趋势、品牌培育、游客服务中心、外来人口管理中心、电子商务平台、研发设计平台、专业培训平台等十多个国家级、省部级公共服务平台。

三、外贸探索

早在叠石桥市场成立之初的20世纪80年代，敢于探索的叠石桥家纺人就大胆地走出国门、闯荡世界，将叠石桥家纺远销全球。目前，叠石桥家纺集群区共有外商投资企业及外贸生产销售企业300多家，产品远销5大洲130多个国家和地区。

（一）外贸供货总额高

2013年，叠石桥家用纺织品供货额近30亿美元，其中一般贸易出口额14.77亿美元，外贸供货额约占全国的十分之一、江苏的二分之一，园区也被江苏省、南通市商务部门评为省级家纺出口基地和市级家纺特色产业出口基地。

（二）外贸供货散户多

市场周边约有2000多家外贸加工点和小微企业，提供外贸代加工服务，在为本地出口企业加工的同时，为上海、义乌等地的外贸公司提供家用纺织品。市场内有超过15%的经营户直接从事外贸业务，30%的经营店铺间接从事家纺外贸（供货）业务。

（三）外贸营销渠道广

数十年来，近千名叠石桥家纺人、民营企业家采用“前店后厂、跨国直营”外贸营销新模式，走出国门闯荡世界开辟国际家纺新市场，现在叠石桥拥有1.5万名在外经商华侨，林西村是全省首个“华侨村”，先后在非洲南部、东欧、南美、中东以及日本、中国台湾等70多个国家和地区创办境外公司，设立分拨中心、物流中心、配送中心，在智利、南非、德国、罗马尼亚、纳米比亚等国家建立了专业家纺市场，其中在德国石荷州的欧洲纺织中心已于2013年建成开业，成为叠石桥家纺走向欧美市场的海外展销新平台，全面快速打开了国际营销局面。

四、创新试点

随着经济全球化与世界融合发展趋势加快，叠石桥区域的传统家纺产业正在面向国际加快转型跨越。2012年年底，叠石桥市场迎来了千载难逢的历史机遇，与浙江义乌市场等共同被商务部列为全国首批三大“重点培育内外贸结合商品市场”，2013年又被获评“国家级外贸转型升级专业示范基地”。叠石桥市场敏锐地感觉到，这对于推动家纺产业转型升级和外贸方式变革都具有举足轻重的深远意义，并在此政策框架下，积极借鉴具有先行先试优势的浙江义乌“市场采购贸易方式”做法，“学义乌之长、创海门之新”，全力推进具体方式、实施路径、政策配套、平台构建等方面一系列的突破，有关工作紧锣密鼓推进。在前期探索实践的过程中，我们更加深刻地感到利用叠石桥市场现有的基础条件，构建具有海门特色的叠石桥版“市场采购贸易方式”有其强烈的现实紧迫性、实际重要性和实践可行性。

（一）试行市场采购贸易能显著降低出口成本

市场采购贸易方式创新了出口商品增值税的征、退管理方式。经营户以市场采购贸易方式出口的货物，实行增值税免税政策，由市场采购经营者持有关资料，到市场集聚区所在地国税部门办理免税备案手续，这样不仅能释放原本占用的供应商资金，促进资金流动，降低企业出口成本，还能创造更加公平的税赋环境，促进当地经济发展。

（二）试行市场采购贸易能促进贸易便利化

目前，叠石桥家纺一般贸易97%直接从上海清关，同时还有大量外贸家用纺织品通过叠石桥市场采购后从义乌拼箱组柜间接出口（每天10只左右）。转道义乌出口，不仅增加了7000元/货柜的运输成本，而且增加了2~3天的陆路运输、中转时间；通过南通港转上海港，增加了货柜通关的时间，上海港通关繁忙时，外港货物的通关时间很难保证，增加了企业的违约风险、结汇风险。市场采购贸易方式在出口商品通关便利上有突破。海关增设市场采购贸易监管方式，对市场采购出口商品，在“管得住”的同时力求“通得快”，实行验证监管和信用监管，对符合要求的市场采购出口商品给予通关便利。这样众多的出口商品就能在生产商“家门口”通关，实现贸易便利化。

（三）试行市场采购贸易能提高市场外向度

市场采购贸易方式降低了进入外贸领域的门槛，叠石桥地区大量不具备出口能力的个体经营户将有更多的机会参与到国际贸易中来，成为试点工作最大的受益者，从而大大增加市场周边工作岗位和就业机会。

五、试点实践

回顾叠石桥市场内外贸试点以及市场采购贸易方式工作，主要开展了以下十方面工作。

（一）组建专门工作机构

按照内外贸结合市场创建试点工作要求，在第一时间就组建成立了专门的工作班子——“叠石桥市场家纺重点培育内外贸结合市场试点工作领导小组”，由园区主要领导任组长、领导小组下设办公室，具体负责内外贸试点各项工作具体贯彻落实。同时，设规划建设小组具体负责内外贸市场包括涉外服务中心、市场区域商务配套功能等规划筹建工作；设对外联络小组具体负责内外贸市场官网建设维护、市场（包括相关企业）运行数据监测、统计、分析、上报以及涉外服务相关单位协调等具体事宜。叠石桥市场管委会、园区办公室、企发局、建设局、招商局、财政局等多个单位部门作为领导小组成员单位全面参与推进各项试点工作任务。

（二）配备专职工作人员

在内外贸试点专门工作机构快速组建的基础上，通过面向社会公开招聘、各方人才资源整合、内部调剂等多种办法为领导小组办公室、规划建设小组、外联络小组等工作部门配备了一定数量、具有相当英语听说读写专职翻译业务能力水平、国际贸易工作经验、熟悉家纺行业发展的工作人员，为全面推进各项试点工作实质启动、高效运转提供了坚强而有力的组织保障。

（三）搭建外贸公共平台

在市场辖区叠石桥客运中心与南通海关合作共建叠石桥家纺城海关办公点，从南通海关调配精兵强将专职服务于叠石桥家纺产业集群与叠石桥市场广大生产经营外贸家纺企业，为家纺外贸创造最为便捷的外贸通关环境，真正实现了“家门口报关”，最大限度简化通关手续、努力降低外贸成本，办公点建成投运以来受到了广大家纺企业的一致认可和好评，真正架设了一条“关企合作”友谊桥梁。同时，规划建设了检验检疫现场办公点，与海关部门联合为家纺企业提供优质外贸服务。此外，积极引进包括具有一定资质、经验的贸易公司、货代公司、国际物流货运（船代）公司等外贸中介服务企业，为全面推行“属地查验、口岸放行”通关便捷模式创造了各方面有利条件。

（四）拓展产业公共服务

在原有叠石桥家纺指数编制发布工作基础上，加强对外贸家纺商品国内外市场运行监测，拓展服务于外贸企业与境外家纺企业的价格指数、景气指数、外商经理人采购指数编制发布以及国际市场风险预警信息采集发布。在筹建完善叠石桥家纺电子商务发展过程中，注重面向全球国际家纺市场开发服务于外资企业、外商企业、境外企业以及国外采购商的电子商务展销软件、交易软件以及配套软件。

（五）建设涉外服务专区

在核心交易区规划建设涉外服务中心办公区域（目前与市场综合服务中心合署办公），在游客服务中心以及市场各个功能区相关位置设置涉外服务办公点，主要面向叠石桥市场经营户涉外业务、外籍客商、游客以及境外家纺企业等提供各方面涉外便捷服务。同时，在叠石桥国际家纺城辖区范围内规划建设一系列涉外服务功能区，为进入市场从事家纺外贸业务的经营户、在叠石桥从事外贸的外国客商以及购物旅游游客等涉外人员提供包括休闲娱乐、饮食、居住、文化、酒店等便捷化服在内国际化现代生活服务。

（六）优化商贸发展环境

以叠石桥国家4A级旅游景区创建为契机，不断加快叠石桥城市化进程，优化叠石桥区域发展环境，全面营造国际化商务氛围。越来越多的品牌实力型国内外现代服务业进驻叠石桥服务业集聚区，以市场为核心的叠石桥商圈商务环境得到不断完善与优化。截至目前，在叠石桥区域内引进、建成包括美国肯德基国际餐饮、维多利亚涉外酒店、开元五星级国际酒店、巨丰西餐、有意思USE，汉庭快捷连锁酒店等国内外品牌业态作为涉外现代服务功能区；同时，总建筑面积超15万平方米、总投资近10亿元的叠石桥中央商务区（国际贸易中心）正在加速建设之中。同时，在叠石桥家纺产业集聚区内上下游产业链不断拉伸完善，特别是围绕产品生产、销售的上下游企业、相关行业企业快速集聚，交通运输业、现代物流业、商贸流通业、餐饮住宿业、旅游休闲业、房地产业、会展经济、总部经济等竞相发展。

（七）优化专业涉外网站

在原有叠石桥家纺市场官方网站基础上，充分利用和整合各方优势人力资源，组建内外贸结合市场对外宣传展示用的国际性官方网站，目前含有中英文两个语言版本的叠石桥家纺市场官方网站已经成功上线运行，叠石桥家纺市场也真正实现了与国际接轨、与世界融合。

（八）国际交流扩大影响

组织广大企业以“中国叠石桥国际家纺城”名义，采取“政府搭台、财政补贴、企业主导、企业出资”模式，有目的、有秩序地外赴相关国家与地区参加广交会、国际博览会、国际旅交会等国际会展、高峰论坛，通过一系列国际交流活动，许多企业都结识了新客户、拿到了新订单。

（九）积极争取各级扶持

近年来，在推动与促进叠石桥家纺产业转型跨越、尤其在加速专业市场提档升级过程中，通过各条线积极争取各级政府、职能部门政策支持与财政扶持。不论在市场三期工程开发建设，还是在产业公共服务平台打造、国家4A级旅游景区创建、品牌促进培育体系建设、外贸出口加工基地建设等诸多方面，都得到了包括国家商务部、国家工信部等国家部委办局在内的全力支持与专项资金扶持，近三年叠石桥市场累计获得超过1500万元的财政扶持，为叠石桥家纺市场发展外贸、加快国际化进程奠定了坚实基础。

（十）充分发挥协会作用

叠石桥家纺企业在全面实施“走出去”战略过程中，我们充分发挥了行业协会的桥梁纽带与凝心聚力作用，从中国纺织工业联合会到中国纺织品进出口商会、从中国家用纺织品行业协会到省纺织工业协会，直至由叠石桥家纺企业组成的叠石桥家纺商会，都从各方面为走出国门、走向世界各地的家纺企业积极穿针引线、牵线搭桥，创造各种有利环境和优惠条件，实现企业境外抱团参与国际竞争，共同抵御全球行业风险。

六、阶段成效

近一年多来，我们始终把推进内外贸结合商品市场试点、积极申报与试行市场采购贸易新政作为核心和主线，开展了大量基础性工作，取得了阶段性成效。叠石桥市场采购贸易方式试点的前期工作，得到政府部门的高度重视和大力度支持。

（一）联动协调机制高效运作

从国家、省至南通、海门层层落实责任，环环密切配合，形成了强有力的工作推进体系。叠石桥市场采购贸易方式试点的前期工作，得到了省委、省政府的高度重视和大度支持，特别是在省商务厅的具体指导下，试点申报工作有序推进、进展顺利，目前，各项条件基本成熟，试点准备工作就绪。

（二）涉外功能平台全面构建

坚持把完善配套功能、提升外贸环境摆在重要位置，兼顾当前和长远，分别排出了游客服务中心涉外功能拓展、国际贸易服务中心、家纺外贸展销专区、外贸产品打包区、国际贸易中介服务机构办公区、涉外商贸生活配套服务区、海关监管场所、市场采购联网信息平台、叠石桥伊顿数据中心等十大近期工程，与此同时，叠石桥国际物流园、电子商务园、信心服务产业园、家纺科技创业园等中远期项目基本完成前期论证和规划设计，部分项目已经完成招商。

（三）政策体系框架基本成型

我们始终把政策作为试点工作的核心环节，多次组织市相关职能部门赴义乌进行“对口式、点对点”学习取经，把义乌的好做法、好政策借鉴到位、为我所用，富于海门特色的“市场采购”新政体系基本形成。在积极学习借鉴义乌先进做法的基础上，更加注重结合实际，因地制宜，创新突破。

七、未来发展

通过商务部重点培育内外贸结合市场试点与试行市场采购贸易方式，我们寄希望于能加快转变家纺产业外贸发展方式，创新家纺行业外贸经营模式，努力拓展叠石桥外贸营销渠道，加快搭建家纺产业新型国际商务平台。实现内外贸结合互惠互利、相得益彰，基本形成有利于家纺产业科学发展的新型贸易体制框架，家纺国际贸易管理和促进体制改革取得重大进展，实现市场整体与国际接轨，先进的家纺展示交易平台和便捷的国际贸易通道基本成型，贸易便利化、信息化水平显著提升，叠石桥家纺市场集聚、辐射、带动和服务功能明显增强，区域合作和产业联动加速发展，为此我们将以试点为契机，推动叠石桥市场转型升级，打造一个“集聚全中国、面向全世界”的世界级家纺制造贸易中心。

视里世外

——2014/2015中国家用纺织品流行趋势解析

王　易

由中国家用纺织品行业协会组织研发的“2014/2015中国家用纺织品流行趋势”在上海“2013年中国国际家用纺织品及辅料（秋冬）博览会”上正式发布，趋势主题为“视野”。视野，在物理意义上是指人的眼睛所能看到的空间范围，同时也代表人们思想或知识的领域。经济、文化、科技、社会环境、自然环境等诸多因素影响着人们的视野，继而左右人们的行为，并最终决定着我们的社会和我们的生活。如果能够通过人们的视野——视觉符号、行为惯例……接触到人们对生活核心的需求，我们就能够通过设计生产与使用者产生共鸣，从而满足人们的需求。因此“2014/2015中国家用纺织品流行趋势”直接关注人们的视野，放大每个人对于生活的直观感受和深层需求，并依此将本季趋势再细分为：茧迹、先祖、时光和缤纷。

第一主题　茧迹

“家”是专属于我们自己的个人空间，在“家”里，我们可以真正全面的掌控自己的生活，可以通过各种实验和研究来满足在“家”里想要达成的健康、娱乐、生活情趣、多功能等等各种愿望。

关键词：关注需求

每个人在生活中都会有需求，这些需求有共性也有个性。对于企业和设计师而言，想要让消费者对自己的产品认可，就要知道消费者的需求和喜好。举例来说，就当前我国民众而言，食品问题、环境恶化、物价的持续走高，都在不断击穿着大家的心理底线，因此“安全”就成为了消费者最为关注的共同需求。那么家纺行业作为民生产业，又该如何为消费者提供安全感呢？绿色的原材料，贴心的人性化设计，环保的生产工序……企业应该以此作为目标和方向，为消费者提供安全的产品并将“安全”的信息准确地传达给消费者，以建立其对产品的“安全”认知。

在满足消费者共性需求的同时，我们也不能忽略个性需求。消费者就如难伺候的“甲方”，因为其具备审美的天性，因此对同一产品会产生多种多样的个性需求。如果希望他们对产品产生肯定，就要在了解个性需求的同时培养他们的认同感。只有牢牢掌握住他们，才能使设计师和企业有创作和表达思想的自由。“甲方”也需要培育，如果他们的消费模式还停留在基础阶段，除非置新房、送礼品才进行家纺消费，那么企业就有引导的责任，不仅要推出产品，更重要的是为消费者展示新的生活方式，最终达到提升“甲方”生活品质的目的。

关键词：满足感

中国从一穷二白到成为世界第二大经济体，老百姓的生活方式发生了剧变。不管这种“快速致富”让国家承受了多少不可逆的损耗，我们终于在短时间内实现了经济总量的不断攀升，也切实地带动了每个人的收入水准，这也使得一段时期内，炫耀式消费（要让别人知道我的财富、地位、品位而展示型的消费）成为主流。但随着精神文化的不断提升，越来越多的消费者开始从炫耀式消费向自我式消费转变，他们懂得将自我需求放在首位，除了视觉美感，他们更需要舒适性和带有功能性的精细化产品来实现自身的满足感。

第二主题　先祖

“人定胜天”，在古语中“人定”指人心安定，“胜”字的准确解释应为“比……更为重要”，人定胜天的意思就是“人心安定，人人都能安守自己的本分，人类体现出的凝聚力和力量比什么都重要。”而现代当“人定胜天”被理解为“人类一定能够战胜自然”，就不可避免的造成了人类不断改变自然，致使环境日益恶化的后果。因此，当保护自然环境从官方倡导变为了生活关键词，怎样才能使人们再重回自然怀抱呢？

关键词：重新连结

中国传统文化中有一个“天人合一”的思想，就是要人类把自己看做是自然界的一个组成部分，强调人与自然的和谐统一，而不是排斥对立。因此设计师应该怀着对地球母亲的敬畏之心在自然中寻求灵感。可持续发展不再只停留在口头上，被快速消费主义遗落的再

生概念将强势回归。而在我们需要自然环境的同时，对于科技手段也越来越依赖。在这两种需求发生碰撞的情况下，自然和科技愈加密切地结合，“科技自然”孕育而生。这个看似矛盾的词汇，真正恰当的反映出了自然和科技之间强化的共生关系，从而实现虚拟和真实世界之间完美的平衡。

关键词：手工经济

需要终生学习和通过多年的经验令特定技能炉火纯青的手工技艺似乎与这个“快速”的时代并不合拍，因此愿意学习手工技艺的人员越来越少，掌握这种技艺的手工艺人也在逐渐消失。手工艺的稀缺引起了各方的关注：Chanel为了保存传统工艺而专门买下了6家法国精品手工坊（纽扣坊、珠宝坊、羽饰坊、刺绣坊、鞋履坊、制帽坊及花饰坊），给予他们全面的创作自由及独立自主，以确保可延续他们的工艺技术，并帮助这些工艺坊继续培育新的人才。这一行为既能滋育珍贵的传统遗产，又可以借由这些手工艺师们带来创意无限的前景。同时随着经济的慢慢复苏，这种融合了历史、文化、技能和艺术的手工技艺为越来越多的消费者所青睐和推崇，也为产品带来了强大的附加值。

除了保护，世界各地也为手工技艺的发展纷纷贡献着各自的力量：2011年艾伯特博物馆携手手工艺理事会，举办了为期近一年的名为“创造的力量”的展览；2012年荷兰Zuiderzee博物馆举办了工业文物设计展，目标在于将精湛的手工艺品与品牌融合；英国手工艺理事会也推出了新型巡回展览，对传统裁缝技巧展开探索；而近年来代表着面料设计水平

的PV展（Premi è re Vision），也专门辟出展区用于向手工艺和创造力致意。手工艺的概念正在悄然发生着变化，手工艺师们使用电子工具生产产品，并将数字技术与传统手工技巧相融合，这一切都共同推动着手工艺的创新演变。

第三主题　时光

随着社会节奏的加快，网络的发展，“快餐文化”进入了一个疯狂的时代，并慢慢演变成为一种时尚。但这种只追求速度不求内涵的文化，食之无味，多吃无益。因此，曾经的“慢生活”又成为炙手可热的生活概念，一次性的小玩意被鄙弃，人们开始追捧昔日那些费时费工，但能够体现出内在价值与工艺美感的物品。以复古的方式，找到过去和现在的契合点，并最终将流行与经典结合。

关键词：艺术属性

曾经看到过一篇讲述意大利顶级手工业消亡的文章，里面有一段话让人印象深刻：“我们用高超的技艺、先进的设备、繁复的工艺来掩饰艺术层面的潜在缺失。”

家纺设计虽然不属于纯艺术范畴，不是绘画、雕塑，但却绝对离不开艺术属性。大家都很清楚地知道，仅靠纺织原料和工艺，不可能撑起家用纺织品的高附加值，而价格的最好诠释者，就是和商业看似对立的艺术。

所有好的设计师都应该具备扎实的艺术修养，但又不能像纯粹的艺术家一样天马行空，随意发挥。因为设计师的根本目的是为了满足人们的生活需求，不能将产品作为艺术品一样只具备观赏性。Chanel、Dior等大品牌每年都会和全球顶级的艺术家合作巡展；LV请来村上隆设计樱花包；爱马仕与各种大师级画家合作，将绘画艺术运用到丝巾中……由此可以看到，艺术性和商业性可以很好的平衡在一起。但是需要注意的是，只有将艺术与品牌本身的受众体和产品特性重叠才能发挥出最好的效果。

关键词：文化属性

近代中国发展迅速，人们的思想和价值观在短期内产生了翻天覆地的变化。而历史上中国文化的几次受创，也使得在很长时间里“国学无用、西学万能”的观点被普遍认为是正确的。当我们开始认识到这一错误，想要用自己的文化去影响世界时，却发现自己的文化已经远远的被我们丢到了身后，影响还从何谈起？世界可以因为经济需要你，却需要文化来真正接受并喜欢你。一个陌生人，如何爱上一个自己祖国之外的国家？不是因为钱、房、车这些硬件，能够让人产生情感的，必然是它独特的文化。

这些年，中国强大的经济赋予了本土文化、艺术崛起和发展的空间和条件。2012年中国的文学界和建筑界有两件喜事，一是莫言拿到了诺贝尔文学奖，二是王澍获得了普利兹克建筑奖。莫言在获奖感言中有一句："法国的建筑大师保罗·安德鲁之所以对我的小说感兴趣，就是因为我的小说土，土是我走向世界的一个重要原因。"莫言认为，任何作家之所以走进西方读者，不是政治原因或其它原因，最终是靠文学作品的自身力量，要看作家是否写出人类普遍的境遇，是否写出了打动了所有国家、所有人的情感。而王澍当年在学业有成后并未急于获取利益，而是在杭州以一种"隐居"的方式生活。在"隐居"期间，他与工匠一同干活上工，以一种最原始也是最朴实的途径，来一步一步走近他理想中的中国建筑艺术。正是这六七年时间的沉淀，使得王澍能够在浮躁的社会和喧嚣的环境中静下心来，细细体验中国传统文化的精髓，发掘其与建筑内在的微妙关系，并最终以独具中国文化特色的建筑设计成为首位获得"建筑界的诺贝尔奖"普利兹克建筑奖的中国人。这充分说明了中国本土文化具有世界不可抗拒的魅力，我们可以用自己的文化感动世界并成为世界的主流。

真正想用好中国文化，不是符号似的生搬硬套，也不用刻意的高瞻远瞩，寓意深远。举个最简单的道理，中国人吃饭时用筷子，这就是典型的中国文化。我们需要传达的是一种生活，一种感动，一种文化诉求。就像《舌尖上的中国》，这部纪录片就是中国千年饮食文化的厚积薄发。冲破了浮躁的媒体节目，在华人世界产生了极大的反响，就像评论里说到的"这些田间地头、需要人力用心去酿造的各种美食，太容易感动一个经济高速发展、人们没有闲暇停下来思考、沉淀的社会。"

第四主题　缤纷

外部环境的动荡让我们渴求情感的稳定与寄托，我们需要一个能让我们感觉到情感连接的空间，一个像我们的人格延伸一样，可以表现出个性、感情和愿望的环境，让梦想照进现实，让幸福得以实现。

关键词：个体幸福

每个人都有乐观主义的一面，追求愉悦和期待奖励是人类与生俱来的天性。真正的乐观主义不是永远戴着彩色的镜片看世界，而是相信自己有能力克服各种困难与阻力，甚至为了长远的回

报忍受眼前的痛苦。在近年严重的经济困境中，设计大多严谨、节制和低调。但同时，人们努力追求幸福，乐观主义精神也带来了趣味设计风的崛起。在中国家纺协会举办的创意大赛上，我们就能看到这样一群年轻的设计师，他们热爱各种新鲜事物，关注生活、探索文化与设计的关系，虽然作品还略显稚嫩，却充满热情与个性，里面的小元素往往可以感动人心。其实个体幸福，恰恰是很多小元素的集合体。时常有设计师说以改变世界为终生志愿，但实际上不管外部如何变迁，老百姓真正注重的还是活在当下，人们的幸福感更多的是来自生活中方方面面的小细节。因此，商业定位就像远大的人生目标，要从全局出发，但设计上则要更加细则与个性，注重人文关怀。

关键词：创意重组

每个人都有过童年，少年时期的我们曾经对一切事物都充满了好奇，积极的打破一切规则，看到一棵大树就能联想出一篇童话……但随着年龄的增长，我们渐渐墨守成规，好像失去了想象的力量。我们习惯了整合输出，设计师们每年汲取最好卖的图形、肌理、表现手法，设计出大量千篇一律的相似作品。博洛尼的总裁蔡明曾经说过："家居设计是三大生活方式行业之一，不是几大绘图行业之一。你的确需要灵感，但不要只想着怎么复制灵感，不发散不跳跃，让技法越来越熟练，心理越来越闭塞。"家纺行业亦然，我们需要的设计师也不是只要画更多的图、更好的图，而是要更敏锐、更懂得如何关注生活。其实想象的能力我们从未失去过，只是需要发掘，并用到设计中去，真正有创意的设计，就会让人产生共鸣。

（中国家用纺织品行业协会流行趋势研究与推广工作室）

绽放设计魅力
——关于大家纺时代产品设计的思考

王　易

引言

在多年家用纺织品流行趋势的研发、推广应用中，特别是在对家纺企业产品设计人员的培训及交往中，一些问题一直萦绕在我的头脑里，为了解决这些问题，我也在行业设计人员中进行了一系列调研。随着近年来全球经济下滑，我国对外贸易额全面下降，家用纺织品的出口自然也受到重创。面临新形势，如何振兴家纺，提升其国际市场竞争力，并开拓国内市场，扩大内需，应是家用纺织品设计工作者思考的重点。其中家纺设计师应如何改变设计思维，提升自身素养和水平也是我思考的重点。一、如何认知流行趋势的推广和掌控；二、流行趋势该如何进入产品设计；三、产品设计应和纺织新材料、新工艺、新技术和新设备相结合；四、从家纺到家居，设计人员如何提升设计观念；五、传统优秀文化与时尚结合，提升设计队伍文化素养，是大家居的必由之路。总之，家用纺织品的设计早已不再是只会印花图案设计的染织美术设计，而是从平面设计到产品设计再到立体设计的大家居设计，也就是对整个家庭进行软装潢的设计。由此前推，流行趋势研发、推广靠的是视觉的传递：由图片、图册和模拟实景来推行的。图片、图册是通过图形、色彩向社会传递流行趋势，以唤起大众消费群体的呼应。而大型博览会或国家博览会上的模拟实景布展，则是直观地向社会传递未来家庭、酒店、宾馆等整体家居用品随时代变化的大家居设计。

大家纺时代的到来是必然趋势，扩大内需则是形势所迫。我国经济的持续发展，对外贸易额的持续上升，使得原本为一品一厂的家纺模式不得不逐步进行整合，成为数品一厂的生产模式。根据国际市场的需求，又由数品一厂逐步整合到近些年来的集纺、织、印染、成品、包装于一条龙的产业链的大家纺生产模式。但随着全球经济下滑，对外贸易大幅下降，家用纺织品出口受到重创。在国外家用纺织品纷纷进军中国市场的形势下，促使中国家纺企业必须积极寻找应对办法，化挑战为机遇，从多方面提升自身新的竞争能力，让内需市场成为行业再发展的主推力。

扩大内需势所必然。家纺企业首先应对的问题：一是用工成本的提高，用工荒是目前所有行业遇到的第一难题，家纺企业并不例外。二是原料价格的起伏多变，使产品的成本价控制难度增加。因此要求家纺企业首先要在产品研发、风格创新上下大工夫，其途径可以是自主研发，也可以是引进国外产品的设计方式等多种手段，使产品风格多样化，市场定位更明晰。其次产品的科技含量和附加值的提高，离不开新原料、新技术、新设备和新工艺的支撑。三是品牌差异的强化，有助于家用纺织品在深度与广度上得到更大的发展。冷静地思辨才能在庞大的内销市场上站住脚跟。企业文化的建设与提升，才能让企业更具活力，而设计才是市场与企业间不变的桥梁。

一、家纺设计的生命力是注重趋势，紧跟流行

国门的开放，时代的前进，改变着大众的生活方式和消费喜好，这种变化就是我们通常所说的流行趋势。我们要认识到“流行趋势”不是空穴来风，它是人类追求时尚的社会体现。这在我国史书上就有记载：战国时期，染色技术发达的齐国染出了紫色，“齐桓公好紫，一国尽紫”的举国追风现象出现了。尽管紫色丝绸价格很贵，“五素不得一紫”，仍然供不应求。这种追风，就是流行。这种流行，也就形成了趋势。因此趋势是主客观的双向结合，不是公权力可以制止的。所以在我国几千年的封建社会制度下，此种追求依然长存。认识到它，家纺企业也就摸到了新产品开发的脉络。如何进行家用纺织品设计，则要进而读懂趋势中对色彩的来源、对花型图案组成元素、对织物组织结构的变化及它们相互之间的关系。进行深层次的剖析，就是把视野放在人、社会风尚、生产技术开发、染色工艺等各方面进行综合研究。对家用纺织品设计而言，要把眼光由家庭装修摆放到家庭装潢的大视野上，才能有效地把控市场、引领消费，才能使“流行趋势”的发布落到实处。

二、家纺设计的根基是材料与工艺的多元化运用

在天然纺织原材料棉、麻、丝、毛被追捧的今天，随着科学技术的进步，各种人造纤维、新型纤维和混纺纤维也越来越受关注，尤其是在当前棉价大幅波动的情况下，若以科学的配比使用低成本纤维或使用棉混纺纤维代替纯棉纤维，可以有效地降低生产成本；或者将多种不同性能特点的纤维在织物中组合应用，如：桑蚕丝/铜氨丝交织、莫代尔/竹浆纤维/铜氨丝交织、桑蚕丝/莫代尔交织、莫代尔/竹浆纤维交织等，这种交织，既能改善面料的外观，同时也提升了织物的综合性能。总之，这些新型纤维：莫代尔、甲壳素、竹浆纤维、天丝等在家纺面料及产品中的使用，不仅丰富了产品的质感，也能充分满足消费者对家用纺织品舒适性、功能性等多方面的需求。但是，随着资源的过度开发，气候环境的持续恶化，快节奏的生活压力，人们意识到人与自然，能源开发与生态环境保护需要重新认识和建构。环保、安全、舒适、科学的家居方式，是需要全社会各阶层、各行业共同来建构的。而家纺行业的生产，自然也应该向“绿色为本”和“健康为本”的目标转变。目标的转变，直接要求家纺企业在“绿色环保”的前提下，加大功能性产品的比重。这些产品的生产，首先要求企业选用具有环保性能的生态原材料；继而选用节能减排、生物脱胶等一系列高效、节能、低污染的生产工艺；还要辅以天然染料和环保助剂等贯穿整体生产过程，最终具备特殊功能的家用纺织品应运而生并迅速占领市场。这些产品通过运用高科技手段，将天丝、莫代尔、竹浆纤

维、玉米纤维以及一些功能性纤维（如负离子纤维、发热纤维、甲壳素纤维等）使用到家用纺织品的开发中，针对消费者的不同需求开发出具有智能调温、防辐射、抗紫外线、抗菌抑菌、芳香保健等不同用途的各类产品，在保证功能性的前提下，还在触觉、嗅觉等感官上给消费者带来愉悦享受。

但功能性产品必须注重实用性和时尚型的结合，而流行色彩的运用，则最贴近时尚。流行图案、流行款式与流行色彩的结合，赋予了家用纺织品以最时尚的外观。在此基础上，家纺设计还应该有效地利用现代机械生产的多种工艺手段，对常见的纺织面料进行再造处理：如用工业手段在面料上实现手工效果；用印花工艺表现提花或棒针织物的肌理；在麻织物上进行机械精细绣花；用机械镂空技术为织物雕刻出立体外观等等，让具有时尚性的家用纺织品同时具有时代性。

跨越行业界限，造就了家纺的今天。回看家纺行业成长的轨迹：从布艺时代迈向软装饰时代，从软装饰到家用纺织品，再到“大家纺”概念的产生，走过了近二十年的时间。二十多年来，家用纺织品已经从低层次、低水平的实用消费品转型为多层次、多元化、高品位、时尚化的消费品。随着大众对家纺用品消费越来越明显的一体化需求，家纺企业为了具备更好的产品竞争力和赢得更好的市场发展前景，就必须积极扩大产品的研发和经营范围，就必须从“大家纺”的观念跃升到“大家居”的生活主题，这是当今消费模式的需要，也是家纺企业面对的市场形势。两相结合，家纺行业的“大家居”模式顺理成章的形成并向纵深发展。

三、大家居设计

“大家居”的内涵，是企业将设计、研发、生产、营销等各环节都纳入了一个整体概念之下。在产品研发时就要考虑到产品的使用环境因素，而产品设计更需要从总体搭配上来把握设计要点，以做到产品能与整体家居空间完美结合，让消费者可利用家用纺织品的布置将居住环境统一协调起来。“大家居”的另一模式是产品设计。发展方向及市场定位相对固定的企业，通过与合作者联盟，将布艺、床品、家居饰品、家具、灯饰等“跨界”整合，使“大家居”的产品链得以丰富和完善。然而面对国际、国内经济形势的变化，大众消费更趋理性，家用纺织品设计又该关注些什么呢?

（一）设计经典，可持久发展

目前，由于环境的日益恶化，使可持续发展成为全球关注的重要课题。各行各业都投入了大量人力、物力和财力进行技术创新，研发绿色环保产品。与这种高投入的研发相比，还有一种创造也符合可持续发展的要求，那就是“设计”。用“设计”创造出“具有长久生命力”的经典产品。

设计界可能都知道，ALESSI是意大利知名的家居用品品牌，打开ALESSI的历史，相当于从一个侧面打开了现代美学的发展史。ALESSI的设计师秉持着“创意+美学+工艺”的设计精神，在设计制作上精雕细琢，几乎每一件产品都能够成为经典之作。如1946年出品的Bombé 系列壶具极具时尚性和设计感，即使过去了半个世纪，以现代的审美眼光仍然会被这一精美的设计产品深深吸引。正因为此， ALESSI也当仁不让地成为了全球首屈一指的家居领导品牌。

所以，在现今的社会条件下，不管是从国家的方针政策还是从市场的消费导向来看，大量开发新产品的过度设计已不符合社会发展的要求。只有经过仔细打磨，能够拥有长久生命力的经典设计，才值得人们保留并珍惜。这也是能够准确实现可持续发展，并且可持久发展的有效的生态环保的方法。

（二）时尚文化，鲜活的设计灵感和元素

“有文化内涵的设计才有生命力”，这句话已经被设计界普遍接受并奉为经典。但提到哪些是可以挖掘运用的文化，世界各国的设计师们首先想到的肯定是最能代表各自国家特色和历史积淀的传统文化。在这里，我不想再赘述传统文化的重要性和如何运用，这个问题已经有太多人作为专业课题在讨论及研究。我想说的是另一种文化——时尚文化。

法国作家Anatole France曾经说过：“如果我死去100年，要从众多种类的书籍中选出一本来了解过去的100年，我会选一本时尚杂志，看看我离开后的一个世纪里女人们如何穿着，这些衣服能比所有的哲学家、作家、传道士和科学家告诉我更多未来人类的事情”。

是的，时尚文化同样是人类历史发展的另一种承载体，它记录着大众生活的流行行为和心理特征。随着时代的发展，现代时尚文化已不仅仅是时装这一种内容，饰品、发型、电子产品、明星……甚至消费习惯和语言都在其包含的范围之内。虽然我们每天都会看到或接触到时尚文化，但因为它无处不在，已经与我们的日常生活融为一体，因而就更容易被忽略或被忽视。实际上时尚文化包含了如此丰富的内容，且与现实生活密不可分，设计师们在不舍弃传统文化的同时，更应该关注时尚文化，并让其成为设计的灵感和元素。

（三）融合，一种有效的创新设计思维

融合一直是设计创新思维的重要组成部分。以日本吉冈德仁为代表的设计大师带来了一种全新的融合理念——以“自然法则”进行设计。就是让自己身心平和地投入到环境中，顺应社会的发展，充分利用材料的多重特性，并以多种角度、多种思维方式思考、创新、设计。如随着汽车工业的发展，成熟汽车数量的增加，堵车成为困扰每个城市和个人的严重问题。在多数人为此烦心抱怨的时候，德国汽车品牌BMW却看到了新的商机——“把车当成居室的一部分”，这一思考成为了BMW的创新设计点，促使BMW与Kvadrat.dk（一家充满家居温情的北欧纺织面料生产商）进行合作，联手打造出融合了室内感觉的车厢空间，以满足驾驶者长时间停留在车中的需要。

（四）灵感无处不在，灵感源于生活

设计来源于生活。这几乎是每一个设计者都知道的真理，然而却不是每一个设计者都能做的。而印度设计新秀Ayush Kasliwal则深有感触地说：灵感的来源有许多许多，从材质、到历史、到股市、到发现的物品，我们活着，我们观察，我们得到启发。法国年度设计新秀Constance Guisset也说：灵感没有不变的来源，它是突发和变化的，可以是地铁里的人，一次博物馆的参观，阴影或者光线。因此，培养一个爱观察的习惯，拥有一双善于发现的眼睛和一个善于思考的头脑，就能够在我们的日常生活中发现无处不在的美与艺术。再加上热情

和行动力，那些转瞬即逝的直觉和感动就可以通过“设计”而成为实实在在的艺术品。

若能集以上4点，则可深度发掘家纺设计的多样精彩，以满足社会大众消费的不同需求。总之，从大家纺走向大家居，从家庭硬装修到家庭软装潢，体现的是社会的进步，百姓生活的改善，欣赏水平的提高。从顺应社会的发展，到引领大众消费无疑又前进了一大步。

结论

这个世界以惊人的速度在改变，而让我们跟上这种变化将是未来最具吸引力的挑战。在新的一年里，希望我们的设计师以积极的态度，去创造美丽、趣味以及独特的家用纺织品。

Robert Filliou曾说：艺术应该超越本身，成为让生活变得更有趣的东西，而我想说，设计同样是。

（中国家用纺织品行业协会流行趋势研究与推广工作室）

推本溯源　重新出发

——“海宁家纺杯”2013年中国国际家用纺织品创意设计大赛综述

张　毅

历时近一年的“海宁家纺杯”2013年中国国际家用纺织品创意设计大赛，随着大赛金奖作品《绿锁山岚》被最终评选出来，于2013年7月11日在大赛承办地浙江海宁许村镇中国家纺城落下帷幕。大赛由中国家用纺织品行业协会、中国国际贸易促进委员会纺织行业分会、法兰克福展览（香港）有限公司、海宁市人民政府共同主办，中国家用纺织品行业协会设计师分会和中国布艺名镇许村共同承办。

2013年大赛是中国国际家用纺织品创意设计大赛自举办以来的第十一届，大赛组委会在中国家纺协会的指导下锐意改革，经过精心策划筹备，得到国内外各院校及企业的踊跃参与，大赛参与度大幅扩展，参赛作品的质与量都得到空前提升，使本届大赛取得了圆满成功。

一、产业集群地首次冠名、地方政府倾力支持

浙江省海宁市的家用纺织品行业以装饰面料生产、配套、集散市场为主要方向，是中国四大家用纺织品产业集群地之一。中国家用纺织品行业协会自2003年首届中国国际家用纺织品设计大赛就牵手浙江海宁许村镇中国家纺城作为大赛的承办地，本届大赛首次以“海宁家纺杯”冠名，正如杨兆华会长所说“本次大赛冠名为‘海宁家纺杯’就是希望将大赛与产业集群地充分结合，利用当地的家纺优势，更有效地帮助参赛学生与企业对接，为学生日后就业提供机会，并为企业吸纳合适的人才。”海宁许村镇地方政府党委对大赛的后勤组织等工作高度重视，设立专门组织机构由专人负责评比工作各个环节，并辟设施良好的专用作品评比场地，使大赛作品的最终评比工作得以顺利进行。

二、设计大赛规模扩大、组织严密有序

在2013年设计大赛主题发布伊始，中国家纺协会组织院校与行业专家到国内多所院校进行了2012年设计大赛作品巡展和专题学术讲座，大赛组委会还到国内各院校调研家纺设计教育发展状况并组织招赛。本届大赛无论在参赛单位数量和参赛作品数量上都有了新的突破，共有国内外41所大专院校、15家企业，计56个单位参赛；参赛作品达到1907幅，与上届大赛

相比激增72%。大赛规模的扩大增加了大赛组织的难度，在浙江海宁许村镇政府的大力支持与配合下，2013年设计大赛评选的组织工作由于赛制改革工作到位，工作人员克服困难连续作战，从作品收集到作品分类—编号—场地安排—入围作品评选—优秀作品评选一直到等级奖项评选，再到参赛作品整理等，大量细致有效的评选后勤组织工作，使大赛评选工作始终有条不紊地在严密有序的状态下进行，极大地配合了评委对参赛作品的评选工作。

三、评委成员构成合理、评选严谨负责

大赛评委的合理构成也是本届大赛的重要改革举措，今年大赛组委会特别邀请了来自知名高等院校的两位教授、两位著名家纺企业负责人、两位行业德高望重的设计专家与一位产业集群行业管理专家共同组成了专家评审组，并召集50名来自第一线的国内数十家企业的设计师评委与专家评审组一起开展评审工作，凸显了评委组成的行业代表性与权威性。评审团严格按照既定评审标准与评审程序，在海宁市公证处的监察管理之下，对所有的参赛作品以入围作品评选—优秀作品评选—等级奖作品评选的程序，进行了严谨公正负责的评选，最终选出金奖1名、银奖3名、铜奖5名、优秀奖30名和最佳创意设计应用奖5名。并在8月27日开幕的中国国际家用纺织品及辅料博览会上首次以创意设计大赛作品独立展示形式发布评选结果。

四、参赛作品水平提升、更加贴近消费市场

2013年中国国际家用纺织品设计大赛“华·蕴”主题，是中国家纺协会在大赛的第二个十年伊始针对当前家纺行业发展转型期而推出的一个意蕴深刻的主题方向。通过中国家用纺织品行业协会深入到各院校的发动宣传，从各院校的参赛作品中我们可以明显看到更加切合主题，中华文化与当代国际时尚有机融合的设计思路更为明确。

金奖作品《绿锁山岚》以中国传统青绿山水绘画艺术为设计灵感来源，借鉴漆画艺术的贴金箔技艺，辅以窗花、亭台、云纹等中国文化符号，并大胆采用现代设计的图形构成与拼贴技巧，整体效果展现浓郁的中华文化氛围同时又不失时尚艺术气息。

银奖作品《诗性》色调雅致精妙，以打撒构成手法处理的折扇窗格卷帘为背景铺垫，源于自然的花与蝶为前景图案，具有时尚气息的江南文化情怀扑面而来；银奖作品《梦露》成功嫁接当代平面设计技巧与传统花卉表达，以超级写真的露珠水滴光影效果与手绘写实花卉相结合，产生奇妙的视觉效果；银奖作品《融·荣》以本季流行的巴洛克风格花卉纹样与中国传统退晕技法组合出气韵厚重的纹样布局与统一而又丰富的色彩效果。

铜奖作品《丝诗》、《香颂》、《逸·江南》、《园游姿幽赏》及最佳创意作品《蓝梦·花语》、《唐境春华》等获奖作品也都很好地表现了本次大赛“华·蕴”设计主题。

自2003年中国国际家用纺织品设计大赛设立以来，参赛单位从十数个增加到现在的56个，参赛作品数量从数百幅激增到近两千幅，参赛作品水平从开始的良莠不齐到现在的普遍提升与日臻成熟，表明院校在人才培养方面更加注重市场调研贴近行业发展的需要，这是大赛举办十年以来所取得的最为重要的成果。当然我们还是应该冷静地看到，尽管本届创意设计大赛作品在贴近家纺消费市场方面，受到行业领导、专家和企业家等一致好评，我们仍然

需要坚持创意设计大赛宗旨，即倡导原创设计，培育中国家纺行业产品设计创新能力，并通过大赛培养新一代家纺设计人才，为中国家纺企业输送具有独立原创能力和有机融合中华文化与当代国际时尚设计理念的新生代设计师。

2013年中国国际家用纺织品设计大赛的参赛作品很好地贯彻了中国家用纺织品行业协会近年以来所倡导的中国家用纺织品设计战略，即坚持以中国文化为家用纺织品设计的文化内核，在具体的产品设计中加强与国际化的时尚设计语言形式相结合，推进中国家纺设计形成独立而又国际化的设计风格，破解当代世界家纺设计欧洲独大的格局，力争尽快使原创中国家纺设计风格在世界占据有利位置，争夺家纺时尚话语权，并以此影响国际家纺设计潮流。

“海宁家纺杯”2013年中国国际家用纺织品创意设计大赛是大赛连续举办第二个十年的开始之年，而中国家纺行业的发展也已经到了亟待从量的积累到质的飞跃，提升品质树立产品设计风格成为当代家纺行业的主要课题，如何完成中国家纺的产业升级，作为生活和时尚产品的家用纺织品，其品牌建设及产品设计能力的提升是绕不过去的必经之路，而家纺创意设计则是品牌建设不可或缺的核心内容和外在形式支撑。

正如本届大赛设计主题“华·蕴”所昭示的那样“彰显中国家纺设计博大文化之底蕴，创新中国家纺设计精深艺术之意蕴；创造中国家纺设计独特风格之美蕴”。本届大赛通过“华·蕴”主题性设计创新展开了对中国纺织品设计文化的推本溯源，指明了中国家纺建立行业品牌文化建设和设计文化建设的方向。“华·蕴”是中国家用纺织品设计文化的核心内涵，是实现中国家纺走向世界引领国际潮流——家纺中国梦的方向。中国国际家用纺织品创意设计大赛正是为实现这个伟大目标而建构的跑道，今天我们已经在这条跑道上前进了第十一个年头，尽管参赛院校和企业已经开始展现中国家纺强大的原创设计能力，我们还是应该清醒地看到在原创设计与时尚意匠等方面与世界仍有差距，还需要在设计理念创新以及手绘表现、图像传达等技术环节苦下功夫，以同步国际家纺设计潮流。

相信只要我们继续在中国国际家用纺织品创意设计大赛这条跑道上疾行，世界将会更快地听到我们来了的铿锵脚步声，更多地触摸到中国家纺设计文化的脉动韵律，更加清晰地看到我们正在接近家纺的中国梦想。

（江南大学）

2013年家用纺织品质量报告

杨兆华　朱晓红　叶兆蓓

引言

纺织行业要实现转型升级，打造行业升级版，质量提升是绕不开的话题。质量是传统产业转型升级的基础，是提高企业核心竞争力的关键，是品牌的生命线。在建设纺织强国的进程中，加强质量管理、提高产品质量水平对于促进纺织行业发展方式的转变，从量的扩张转变为质的提升，从规模竞争转变到品质竞争具有极为重要的意义。

随着人民生活水平的不断提高，广大消费者在关注家用纺织品的舒适性、美观性和实用性的同时，更加关注家用纺织品的安全性，尤其是对影响身体健康的各项安全指标更为关注。从2004~2013年工商和质检部门对家用纺织品的抽查数量对比来看，呈现连年增长的趋势，这也从一个侧面说明全社会对家用纺织品质量安全关注度越来越高。

据中国质量新闻网网站公告不完全统计，自2004年以来，国家质检总局累计对家纺床品、毛巾、絮用纤维制品等三大类家用纺织品进行了7次抽查，共涉及产品1084批次，合格批次892批，平均抽检合格率为82%。其中，2004年床品抽查合格率为46%，2009年毛巾抽查合格率为74%，2011年床品抽查合格率为91%，2011年絮用纤维制品抽查合格率为91%，2012年床品抽查合格率为96%，2012年絮用纤维制品抽查合格率为93%，2013年毛巾抽查合格率为87%。如图1所示。

图1　2004年以来国家质检总局家用纺织品抽查合格率
数据来源：中国质量新闻网

国家监督抽查结果表明，自2009年以来床品、毛巾、絮用纤维制品的总体质量水平逐年提高，特别是床品和絮用纤维制品合格率均保持在90%以上的较高水平。

近年来，中国家纺协会在行业质量方面做了大量工作，从最初的规范行业秩序、维护消费者权益，到加快制（修）订家纺行业标准、标准培训与宣贯。同时企业对于质量管理体系建设的重视度也逐年提高，据中国家纺自主品牌发展报告统计的数据，至2011年年底，样本家纺企业中通过ISO 9001认证和拥有内部实验室的比重分别达到87.6%和75.5%。这也为家纺行业产品质量的提升发挥了重要作用。

一、2013年家纺行业质量状况

据2013年全国省市及地方质量监督部门、工商管理部门以及消费者协会官方网站公布的统计报告显示，2013年上海、北京、广州等一线城市以及沈阳、天津、安徽、四川、山西、山东、温州等地对家纺床品、毛巾、蚕丝被等三大类产品进行了22次监督抽查，涉及产品855批次，合格批次665批，平均合格率为77.8%，其中床品平均合格率为77.3%，毛巾平均合格率为83.0%，蚕丝被平均合格率为52.0%。如图2所示。

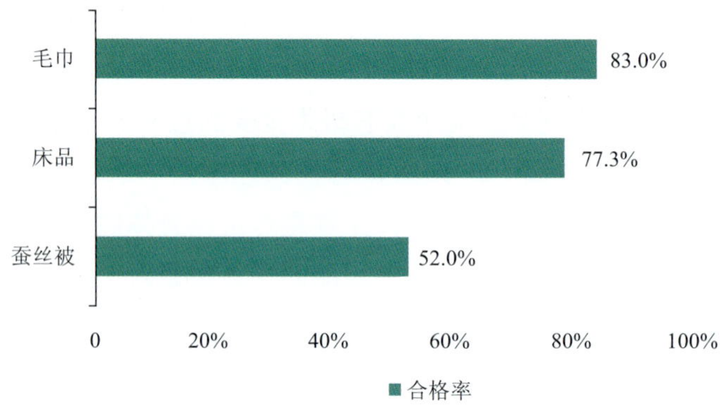

图2　2013年家用纺织品抽查合格率

数据来源：部分省市质监局、工商局、消费者协会官网

国家质检总局与地方质检部门、工商管理部门以及消费者协会抽查合格率的差距会受到样本品牌的影响。国内家纺行业的基本格局是行业集中度低，目前我国家纺企业大约为2万家，但产值在1亿元以上的仅有50家。规模最大的品牌其市场占有率为1%左右。据中国家纺协会调查，在全国16个重点地区，72.10%的在销家纺品牌其出现频率只有一次；出现频率在2~10次的品牌占总数的25.2%；出现频率在11~39次的品牌占总数的2.4%。所以抽查合格率的差距受取样城市、取样地点、取样品牌等影响较大。

1. 2013年床品抽查质量状况

2013年北京、天津、上海、广东、四川、山东、浙江和沈阳等省市质监局、工商局以及消费者协会共抽查床品15次，涉及产品546批次，合格批次424次，合格率为77.7%。主要问题是色牢度占不合格项目的29.2%，其次是使用说明占不合格项目的27%、纤维含量占不合格项目的21%、水洗尺寸变化率占不合格项目的10%、pH值占不合格项目的4.3%等，以上5项指标合计占不合格项目的91.5%。指标不合格情况见表1、图3。

表 1　2013 年床品抽查不合格指标频次分布　　单位：次

地区＼指标	甲醛含量	pH值	色牢度	可分解芳香胺染料	使用说明	水洗尺寸变化率	断裂强力	纤维含量	质量偏差率	尺寸偏差率
沈阳	0	0	9	0	5	0	0	0	0	0
上海	0	1	0	0	0	0	0	0	0	0
上海（被类）	0	1	0	0	0	0	0	0	3	0
天津	0	1	8	0	0	3	0	3	0	0
安徽 1	0	3	3	0	0	0	0	1	0	0
安徽 2	0	0	5	0	0	0	0	2	0	0
广州	0	0	0	2	0	0	0	2	0	0
广州中山	0	0	6	0	0	0	0	3	0	0
广东	0	0	7	0	7	2	1	7	0	0
山西（被类）	0	2	0	0	0	0	0	2	0	0
四川	0	0	1	0	0	0	0		0	0
北京	0	2	25	0	16	17	0	11	0	0
山东	0	1	3	0	0	4	0	1	0	0
青岛（絮棉制品）	0	0	0	0	0	0	0	0	0	0
温州（床品）	0	1	6	0	15	0	2	6	0	0
合计	0	12	73	2	43	26	3	38	3	0

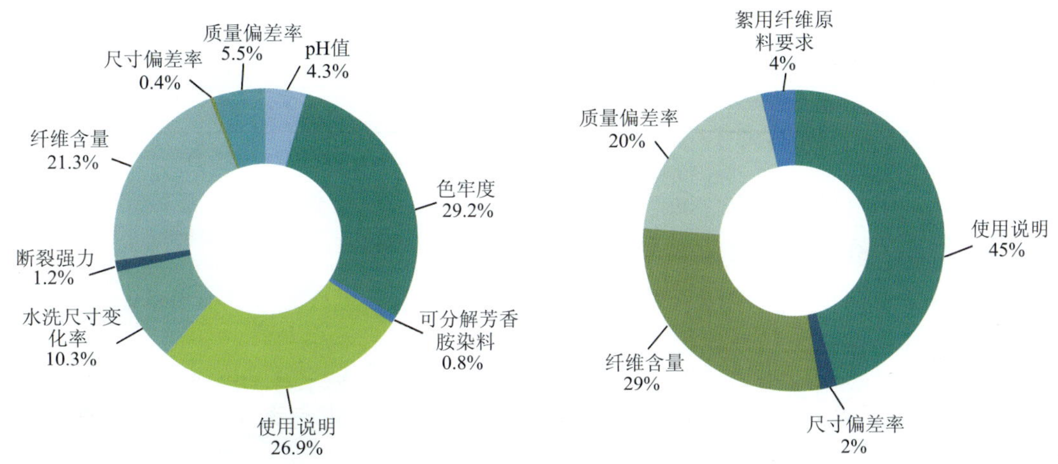

图3　2013年床品抽查不合格指标占比汇总　　　图4　2013年蚕丝被抽查不合格指标占比汇总

2. 2013年蚕丝被抽查质量状况

2013年，武汉市工商管理局及北京市消费者协会共抽查蚕丝被2次，涉及产品50批次，合格批次26次，合格率为52.0%。主要问题是使用说明占不合格项目的45%、纤维含量占不合格项目的29%以及质量偏差率占不合格项目的20%，如图4所示。以上3项指标合计占不合格项目的94%。指标不合格情况见表2。

表 2　2013 年蚕丝被抽查不合格指标频次分布　　单位：次

地区＼指标	使用说明	纤维含量	质量偏差率	尺寸偏差率	絮用纤维原料要求
武汉（蚕丝被）	0	4	0	0	2
北京（蚕丝被）	25	12	11	1	0
合计	25	16	11	1	2

3. 2013年毛巾抽查质量状况

2013年国家质检总局以及上海、广东、广州、青岛等地质量监督部门、工商局抽查毛巾产品5次，涉及产品259批次，合格批次215次，合格率为83.0%。结果显示，甲醛含量、可分解芳香胺染料、断裂强力、重量偏差率等指标全部符合标准要求。抽查平均合格率为83.0%，高于床品合格率5个百分点。主要问题是纤维含量占不合格项目的39.7%，pH值占不合格项目的26.5%、吸水性占不合格项目的16.2%，使用说明占不合格项目的13.2%，以上4项指标合计占不合格项目的95.6%。指标不合格情况，见表3、图5。

表 3　2013 年毛巾抽查不合格指标频次分布　　单位：次

地区＼指标	pH 值	纤维含量	吸水性	色牢度	脱毛率	使用说明
质监总局	6	7	0	0	0	0
上海	10	1	1	0	0	0
广东省	2	19	9	1	2	9
广州市	0	0	1	0	0	0
青岛市	0	0	0	0	0	0
合计	18	27	11	1	2	9

综合床品、蚕丝被、毛巾产品的质量问题，床品色牢度问题最为突出，不合格率占比为29.2%；床品、蚕丝被及毛巾产品的使用说明及纤维含量问题都很突出，其中床品、蚕丝被及毛巾使用说明不合格率分别占比为26.9%，45%和13.2%，纤维含量不合格率分别占比为21.3%，29%和39.7%；水洗尺寸变化率、pH值等问题也时有发生。另外，鉴于各自产品的不同特点，蚕丝被的质量偏差率不合格率占比为20%、毛巾的吸水性不合格率占比为16.2%。

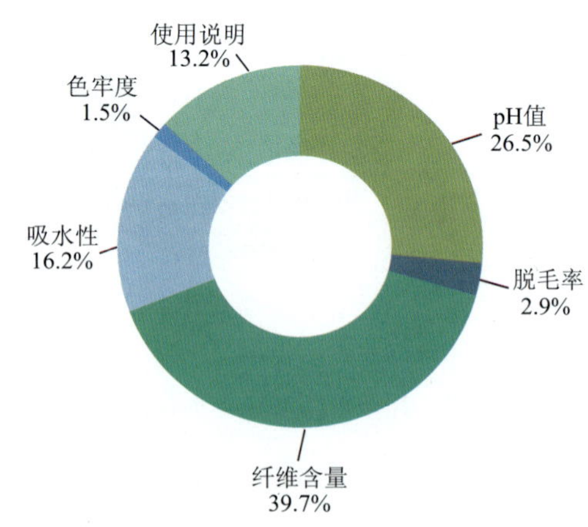

图5　2013年毛巾抽查不合格指标占比汇总

二、家纺行业存在的主要质量问题及产生原因

1. 色牢度

染色牢度是纺织品中的染料与纤维结合的牢固程度及经受各种物理、化学处理过程后而

保持原有性能的耐受程度。国际上,尤其是发达国家和地区都对色牢度指标提出了强制检测的要求。如在欧洲最有代表性的“Oeko-Tex 100”把色牢度列为安全项目，明确规定了具体的技术要求。我国的GB 18401—2010《国家纺织产品基本安全技术规范》强制性标准也已将纺织品服装耐水（变色、沾色）、耐酸汗渍（变色、沾色）、耐碱汗渍（变色、沾色）、耐干摩擦、耐唾液（变色、沾色）色牢度列为强制性检测项目。

色牢度不合格不仅会影响产品的美观，而且脱落的染料还可能通过汗液等被人体吸收，造成过敏、中毒，影响使用者健康。

（1）主要问题：色牢度又分耐水、耐酸汗渍、耐碱汗渍、耐干摩擦、耐唾液以及耐光、耐皂洗、耐湿摩擦等，其中的前五项指标是GB 18401《国家纺织产品基本安全技术规范》标准考核的项目，是对纺织品服装色牢度项目的基本要求，也是抽样检测中经常考核的指标。床品的色牢度问题较为突出，不合格率占比为29.2%。在色牢度不合格项目中耐水、耐皂洗、耐干摩擦、耐酸摩擦以及耐碱摩擦出现的次数比例较高。

（2）产生原因：由于染色是一个非常复杂的由物理—化学变化的过程,受影响的因素特别多,练漂、染色、印花和整理每道工序都有可能影响成品的染色牢度。

2. 使用说明

使用说明内容应包括：制造者的名称和地址、产品名称、产品型号和规格、采用原料的成分和含量、洗涤方法、产品标准编号、产品质量等级、产品质量检验合格证明等几项主要内容，使用说明是消费者选购床上用品的重要参考指标。

（1）主要问题：使用说明不合格主要表现在：一是标注信息错标漏标（如未标注产品标准、质量等级；耐久标签、吊牌与外包装标注不一致等）；二是不规范（商品名、通俗名都不能作为标识的依据）；三是不准确，如产品质量等级标注与实测不符等。

（2）产生原因：标识不合格的原因主要是部分生产者、经销者对标注要求认识模糊不清、领会不深、理解不透，以致造成有意或无意漏标、错标等。

3. pH值

pH值是国家强制性标准严格管控的纺织品基本安全指标之一，GB 18401—2010《国家纺织产品基本安全技术规范》要求B类产品（直接与皮肤接触）pH值必须达到4.0~8.5。GB 18401—2010《国家纺织产品基本安全技术规范》于2010年1月14日发布，2011年8月1日正式实施。与GB 18401—2003相比，较大地调整了直接接触皮肤的纺织产品的pH值，从之前的4.0~7.5调整到4.0~8.5。

GB 18401—2003《国家纺织产品基本安全技术规范》标准自2005年实施以来，很多企业反映pH值4.0~7.5的标准值缺乏科学性及人性化，同时也不符合国家节能减排的大政方针。中国家纺协会根据企业诉求，多次向标准起草单位——全国纺织品标准化技术委员会反映，要求修改该标准的pH值指标，在2008年对GB 18401—2003标准pH值进行了修订，修订为4.0~8.5。修订后的标准在满足纺织品服用安全基本要求的基础上，大大提升了标准的实用性。

（1）主要问题：pH值表示溶液酸性或碱性程度的数值，其作为重要的纺织品安全性能指标一直是各监管机构重点监测的质量指标，同时也是引起纺织产品检验不合格频繁出现的指标之一。从国家和地方质监部门抽查的报告汇总来看，pH值不合格问题始终居高不下。大部分不合格产品的指标都超过了9.0。

（2）产生原因：一是企业为降低成本，减少生产工序，对经过染色、整理或特殊工艺处理后的产品没有进行充分水洗或酸碱中和，致使pH值偏高；二是生产企业使用一些价格低廉，质量不稳定的直接染料、涂料进行染色和印花。为保持产品的鲜艳光泽，有些企业明知道产品pH值偏高，也不进行中和，造成产品质量不合格；三是有些小企业缺乏技术人才以及必要的实验室检测设备，仅仅靠人员经验和pH试纸进行检测来决定水洗次数，造成生产的纺织品pH值不稳定。

4. 纤维含量

纤维含量是反映产品面料质地好坏的重要参数，它是生产企业向消费者明示产品成分的最直接的方式，是消费者选购家用纺织品的重要参考指标，同时也是决定产品价值的重要因素之一。

（1）主要问题：汇总各地的检测报告发现问题最多的是样品纤维含量标注与实测值不符，集中表现在纯棉产品和蚕丝被上，大部分为标注全棉或100%蚕丝，而实测为含部分棉，部分聚酯纤维，有些甚至用100%聚酯、粘胶等化学纤维替代棉、蚕丝纤维等。根据FZ/T 01053—2007《纺织品纤维含量的标识》规定标识纯棉的产品纤维含量允差应为零。

（2）产生原因：造成纤维含量不合格的原因，多为生产厂家为了降低成本，用价格较低的化纤原料替代价格较高的纯棉和蚕丝纤维。其次，部分企业对所采购面辅料的纤维成分含量不够重视，未进行“入检”。企业如果能够加强对供应链的质量监管，是解决纤维含量问题的主要办法之一。

5. 填充物质量偏差率

这是考核蚕丝被重要的指标之一。同纤维含量一样它也是生产企业向消费者明示产品规格的最直接的方式，是消费者选购产品的重要参考指标，同时也是决定产品价值的重要因素之一。GB/T 24252—2009《蚕丝被》标准规定，填充物质量偏差率优等品、一等品标准规定值为（–2.0～+10.0）%、合格品为（–2.5～+10.0）%。

（1）主要问题：由于蚕丝的价格高，一些企业为了降低成本，一是用化纤原料替代蚕丝，二是在蚕丝被质量上缺斤短两。北京消协的抽查报告显示，个别企业的填充物质量偏差率为–36.4%，比标准规定值–2.0%超出17倍之多。

（2）产生原因：一是企业对标准的理解不够准确，二是不排除一些企业的诚信度缺失以次充好以假乱真。如果企业都能够加强社会责任意识和诚信建设，相信这一问题会得到解决。

6. 水洗尺寸变化率

水洗尺寸变化率主要考核家用纺织品经水洗后尺寸变化的情况，是考核产品服用性能的重要指标。被套、床单等国家标准规定，优等品水洗尺寸变化率允许±3.0%；一等品水洗尺寸变化率允许±4.0%；合格品水洗尺寸变化率允许±5.0%。

（1）主要问题：缩水率超出标准规定值，将会导致床上用品在洗涤后尺寸的改变，影响床上用品的外观及使用。2013年抽查结果显示水洗尺寸变化率问题不是很多，偶尔会有发生。

（2）产生原因：纺织品的纤维种类、织物密度、纱支粗细、后处理生产工艺（如预缩处理工序不到位）等都是影响产品“缩水率”的主要因素。通常情况下，“缩水率”最小的是合成纤维及混纺制品，其次是毛织物、麻织物，棉织物居中，丝织物缩水较大，而最大的是粘胶纤维织物。如果企业都能加强进货检测，这一问题将迎刃而解。

以上六个指标是家用纺织品常见质量问题。除此以外，还有两个安全指标非常重要，即可分解芳香胺染料和甲醛含量，希望家纺企业要时刻引起高度重视。

7. 可分解芳香胺染料

是国家强制性标准严格管控的纺织品基本安全指标之一，GB 18401—2010《国家纺织产品基本安全技术规范》要求可分解芳香胺染料中每千克含量不能超过20mg，而可分解芳香胺染料中不能含有GB/T 18401—2010《国家纺织产品基本安全技术规范》附录C中规定的24种可分解芳香胺。

可分解芳香胺染料是指部分在一定还原条件下能分解出芳香胺的染料。使用不合格染料染色的产品与人体皮肤长期接触后，会与人体代谢过程中释放的物质混合并产生还原反应形成致癌的芳香胺化合物，从而致使人体细胞的DNA发生结构与功能的变化，导致身体发生病变。

“可分解芳香胺染料”是一种让纺织类产品更易于上色，且色彩更鲜亮的有毒化学物质，但由于使用这种染料成本低、上色快，所以部分小型纺织品工厂会以此为原料进行加工。

8. 甲醛含量

纺织品中甲醛含量问题，国内外的法规和标准均做了严格的限定。纯净的甲醛是无色具有刺激性气味的气体，潜伏在纺织品上的游离甲醛，主要经呼吸道进入人体，也可经皮肤进入人体。对皮肤和黏膜有强烈的刺激作用。

由于甲醛防腐能力强，为了使织物的色泽鲜艳亮丽，保持印花、染色的耐久性，又能使棉织物达到防皱、防缩、免烫、易去污、阻燃等效果，通常在纺织品生产助剂中添加甲醛，如后处理不充分会引起织物上残留游离甲醛浓度较高导致产品不合格。

三、措施与建议

中国家纺协会一直非常重视质量问题，并把质量和渠道列为协会2013年重要抓手，2013年7月协会床品专业委员会联合全国家纺标准化技术委员会床品分技术委员会和南通纤检所，在南通召开了家纺床上用品标准宣贯会；8月在大连瓦房店召开的中国家纺产业集群年会上，也以质量为主题，把提升质量作为家纺产业集群转型升级的新动力；11月家纺大会期间还召开了“加强供应链管理，以质量规范市场”为主题的平行会，从推动家纺行业健康发展的战略高度，助推行业良性运行。为进一步提升行业质量水平，本着对消费者负责的态度，协会将继续在全行业开展以下工作。

1. 加强标准化体系建设，积极开展标准培训及宣贯

（1）标准作为行业的服务产品，伴随着我国家纺行业的快速发展，差异化、功能化产品的不断推出，需要不断地完善标准。标准化工作必须加快进程，才能满足市场的需求。

（2）进一步协调好上下游产品标准的技术指标和要求，提高标准实施的科学性和实用性。协调好目前存在的面料执行标准与家纺成品标准不对接问题。其次，某些标准的尺度也应随着消费习惯的改变以及消费者健康生活方式的改变做相应调整。

（3）协会要加强标准的解读与宣贯工作，纤维含量与使用说明的问题反映了企业对相关标准的内容不理解、理解不准确或者是对标准的重要性认识不足造成的。因此协会要加强

标准培训和宣贯，企业也要加强对国家强制性标准、国家标准以及行业标准的理解和学习。做到关注标准、了解标准、重视标准、践行标准。

2. 建立和加强供应链管理体系

建立、健全供应链各个环节质量管理体系，已经成为目前家纺企业最重要的质量管理手段。从设计研发、原材料供应、生产流水线上各个工序、仓库管理到售后服务等，严格控制产品过程的每一个环节。企业应建立“质量可追溯体系”，对每批进货的原材料、辅料进行“入检”，做到每一件成品都有编号，以保证产品质量水平及“质量可追溯”。

目前国内只有个别家纺企业拥有较完整的产业链，而大部分的家纺企业面料都是外购，其中色牢度、纤维含量、水洗尺寸变化率、pH值、可分解芳香胺染料等指标都属于供应链面料环节上应考核的指标，原材料及辅料的质量如果能够得到保证，家用纺织品的质量会有很大的提升空间。因此企业应把供应商的选择与管理作为质量控制的源头，严格供应商准入制度，把外围不可控的质量问题降到最低，以实现优质化生产，避免因供应链质量问题影响最终产品质量。

3. 加强人才队伍建设，培养高素质的职工队伍

科技、品牌、可持续发展和人才是建设纺织强国的核心内容，人才作为建设纺织强国的第一资源也是建设纺织强国的决定性力量。

职工作为企业组织生产的主体，是企业价值和核心竞争力的重要体现，家纺企业职工劳动强度大，人员稳定性较差，一些技术人才的流失直接影响了产品质量的稳定性。随着新知识新技术新设备的不断出现，加强职工的职业道德教育和职业技术培训，提高职工素质，稳定职工队伍是提高产品质量的重要举措。只有拥有一支稳定的高素质的职工队伍，企业的产品质量才有了保障。

4. 加强企业社会责任意识及行业自律意识

以质量求生存，以品质求发展早已成为广大企业的发展目标。注重产品质量，不仅是企业的基本责任，更是其不可推卸的重要的社会责任。为社会和消费者提供安全、可靠、质量合格的产品，是企业最基本的社会责任。

加强企业社会责任建设是行业自律的主动措施，也是推动产业质量升级的另一项重点工作。引导家纺产业集群、企业逐步将社会责任管理纳入日常管理工作中，帮助企业建立起社会责任管理的长效机制，重视进料、印染、加工、销售等各个生产环节，全方位对消费者负责，向全社会负责。

今年3.15国际消费者权益日之际，中国家纺协会联合中纺联社会责任办公室推出了以“负责任品牌，可持续消费”为主题的中国家纺行业社会责任集体行动项目。目前，已有12家重点家纺品牌企业积极响应并共同发布了《中国家纺行业社会责任集体行动宣言》。相信随着此活动的深入开展，必将不断提升行业的整体质量水平。

结束语

改革开放以来，随着企业技术改造的加快及质量管理意识的提升，家纺企业的产品质量

有了很大的提高。

2013年家纺床品和毛巾的质量总体还是不错的，但也存在一些问题，如果企业能进一步加强质量管理意识，重视供应链管理，质量还有很大的上升空间。

创新和技术是企业生存的灵魂，质量管理是技术工作的关键，产品质量直接集中反映了一个企业的生产水平，管理水平和技术水平。质量是一个综合问题，它直接关系着企业的生命。

无论是从提高人民生活水平、文化道德水平、构建和谐社会还是从关注可持续发展、创建资源节约型、环境友好型社会的角度来看，质量问题都是一个重大的战略问题。

（中国家用纺织品行业协会）

附表 1　国家强制性标准

序号	标准编号	标准名称
1	GB 18401—2010	《国家纺织产品基本安全技术规范》
2	GB 5296.4—2012	《消费品使用说明　第 4 部分：纺织品和服装》
3	GB 18383—2007	《絮用纤维制品通用技术要求》

注　GB 5296.4—2012标准已于2012年12月31日发布，并将于2014年5月1日实施。作为国家强制性标准，从实施之日起，必须执行。新标准启用后原GB 5296.4—1998标准将自动作废。

附表 2　家纺类常用国家标准及行业标准

序号	标准编号	标准名称
床品类		
1	GB/T 22796—2009	《被、被套》
2	GB/T 22797—2009	《床单》
3	GB/T 22843—2009	《枕、垫类产品》
4	GB/T 22844—2009	《配套床上用品》
5	GB/T 22855—2009	《拉舍尔床上用品》
6	GB/T 24252—2009	《蚕丝被》
7	FZ/T 62012—2009	《防螨床上用品》
8	FZ/T 62018—2009	《家用羊毛制品》
9	FZ/T 60032—2012	《被、被套规格》
10	FZ/T 62019—2012	《工艺绗缝被》
11	FZ/T 62020—2012	《经编间隔床垫》
12	FZ/T 62023—2012	《枕、垫类产品荞麦皮填充物质量要求》

续表

序号	标准编号	标准名称
毛巾类		
1	GB/T 22864—2009	《毛巾》
2	FZ/T 62015—2009	《抗菌毛巾》
3	FZ/T 62016—2009	《无捻毛巾》
4	FZ/T 62017—2009	《毛巾浴衣》
装饰布艺类		
1	GB/T 19817—2005	《纺织品装饰用织物》
2	FZ/T 62011.1—2008	《布艺类产品　第 1 部分：帷幔》
3	FZ/T 62011.2—2008	《布艺类产品　第 2 部分：餐用纺织品》
4	FZ/T 62011.3—2008	《布艺类产品　第 3 部分：家具用纺织品》
5	FZ/T 62011.4—2008	《布艺类产品　第 4 部分：室内装饰物》
6	FZ/T 62022—2012	《家用纺织品：窗纱》
其他		
1	GB/T 22800—2009	《星级旅游饭店用纺织品》
2	GB/T 28459—2012	《公共用纺织品》
3	FZ/T 61005—2006	《线毯》
4	FZ/T 62003—2006	《手帕》
5	FZ/T 64013—2008	《静电植绒毛绒》
6	FZ/T 62014—2009	《蚊帐》
7	FZ/T 62013—2009	《再生纤维素纤维凉席》
8	FZ/T 64011—2011	《静电植绒织物》
9	FZ/T 61007—2012	《家用纺织品　超细纤维毯》
10	FZ/T 62021—2012	《厨浴清洁巾》

2013年中国纺织工业联合会科学技术奖成果选编介绍

王　冉 摘编

2013年，中国纺织工业联合会共评选出 “科学技术奖”130项，其中一等奖14项，二等奖42项，三等奖74项。本文摘编了其中与家纺行业相关的20项科技成果，内容涉及床上用品、毛巾、布艺、地毯等领域的纤维、面料及节能减排染整方面的新技术、新工艺、新装备。这些科技成果具有前沿性，技术成熟，产业化特征突出，有助于推进家纺行业的技术进步和产品开发。❶

一、高性能真丝新材料及其制品的产业化（一等奖）

丝绸业是我国的传统特色产业，中国丝绸产量占世界总产量的75%左右，是我国重要的传统出口产品。真丝织物柔软华丽，有珍珠般的美丽光泽，吸湿、透气性能良好。但长期以来真丝面料存在的传统缺陷也一直没有有效解决，真丝制品易皱、易变形已成为困扰国际丝绸界的难题。另外，真丝纤维作为一种高档的蛋白质纤维材料，在产品抗菌功能方面存在明显不足。

主要技术内容如下。

（1）实现了真丝纤维的高弹性，解决了真丝面料的易皱难题。采用了超分子技术这一材料改性新技术，结合“异能态和异收缩”原理，开发并产业化生产了具有高弹性、高回复性的高性能真丝新材料，开发并生产了具有高度抗皱性能的系列化全真丝面料。其纤维特点是丝身具有弹性与良好的复原性，纤维呈现空间三维状，具有很强的毛型感，并具有优异的形状记忆功能。与普通桑蚕丝的明显区别在于弹性和蓬松性显著增加，丝身更加柔软。验收结论为“产品主要性能达到国际领先水平，加工工艺具有原创性”。

（2）首次将纳米组装技术应用于天然纤维，在真丝纤维及制品内部原位生成并组装纳米银，实现了真丝制品的高抗菌性能和长效抗菌性能。相关成果经项目验收，结论为“项目成果具有原创性，主要技术指标达到了国际领先水平”。

该项目拥有6项授权发明专利，5项实用新型专利，项目成果极大地提高了丝绸企业产品的技术含量，实现了丝绸面料的高档化和功能化，提升了产品市场竞争力。

---

❶ 本文摘自《中国纺织工业联合会科学技术奖主要成果及完成单位简介（2013年）》

二、纺织品低温前处理关键技术（一等奖）

该项目成功研发了系列纺织品低温高效退浆、精练和漂白前处理工艺，真正实现坯布按质、按需低温前处理的产业化应用。主要创新点如下。

（1）针对H_2O_2低温漂白效率低，成本高的瓶颈问题，项目创新设计了高效的进出配合物类仿酶催化剂，开发出其短流程合成工艺，实现其规模化生产。研究了有机活化剂——金属仿酶催化剂的复配增效技术，提高催化效率的同时，显著降低催化成本，其成本不到有机活化剂四乙酰乙二胺（TAED）的1/5。

（2）利用定向基因改造技术改良野生碱性果胶酶产生菌，构建碱性果胶酶工程菌，提高果胶酶的耐碱性和H_2O_2耐受性。优化发酵工艺、开发液体酶活保护技术，在国内率先实现液体碱性果胶酶商品化。

（3）厚茧H_2O_2催化稳定控制体系。精准控制漂白过程中H_2O_2的分解速率。开发高效低温去腊助剂，提高低温前处理织物的毛效。应用碱性果胶酶和仿酶催化剂，开发系类低温前处理工艺，将退浆精练温度最低降至35~40℃、漂白温度最低降至50℃，真正实现坯布按质按需前处理加工。单位产品平均节水10%、节能35%、减少CODcr排放10%以上，节能减排效果显著。

该项目申请国际发明专利1项、国家发明专利21项（授权7项）。棉型织物低温漂白关键技术达到国际领先水平。项目成果已实现产业化，成果推广对印染行业节能减排具有重大意义，经济、社会效益显著。

三、宽幅遮光产品生产关键技术的开发及产业化应用（二等奖）

该项目自主研发了多织轴特宽幅喷气织机技术和涤纶织物后整理工艺，采用多组份、差别化、功能性纤维为原料，确保成品面料性能优良；采用自主研发的三织轴特宽幅喷气织机织造（最宽门幅3400mm）,实现物理方法达到高遮光效果；采用自动电子提花技术实现花型，花纹立体感强，提升面料档次；后整理时加入一种涤纶织物亲水抗静电剂，配制涤纶织物处理液，并加入六水氯化镁，采用现有的二浸二轧方式，对涤纶织物进行处理，烘干。该工艺环保低碳，以确保成品安全环保。

四、多功能高档羽绒纺织品的关键技术及产业化（二等奖）

该项目研究形成了从多功能纤维制备、面料功能性实现、高密防钻绒织物多臂/大提花耦合设计与织造、羽绒制品设计及产业化一整套技术。主要技术内容如下。

（1）结合纳米技术、复合纺丝技术、闪爆纺丝技术，研制可长久释放负氧离子、发射远红外线的改性聚酯长丝和具有抗菌防螨、快速导湿的蜂窝状微孔聚酯短纤维。

（2）研究优化新型功能纤维与其他纤维的复合技术，探明功能纤维含量、经纬密度配置及组织结构等参数与面料各功能及服用性之间的关系，获得多功能复合高档羽绒面料的设计技术，实现高档羽绒纺织品所需的抗菌、防螨等健康特性和优良的服用性。

（3）创新性耦合多臂与大提花双开口机构、改进送经机构实现双织轴异送经量控制，形成高密度防钻绒高透气双层提花织物多臂/大提花耦合设计法、耦合制造技术及设备。

（4）进行多功能床上用品款式造型和图案色彩的配套设计与开发，按人体工程学原理精心设计健康型高附加值羽绒床上用品。

该项目或授权国家发明专利6项、实用新型14项、外观设计40项，软件著作权1项，已在多个领域广泛应用，为国产多功能复合高档羽绒制品走向国际市场奠定了良好的基础。

五、生态蚕丝被的研发及其产业化（二等奖）

该项目针对机制丝绵的生产状况及缺少功能性蚕丝被品种的问题，发明了高弹性膨化丝绵被的生产方法，研制了丝绵自动精练装备，实现了丝绵的生态加工；研发了制绵热水循环系统、智能负压风机通风系统及水帘降温系统，从机制丝绵脱胶废水中回收提纯丝胶，化废为宝，实现了丝绵加工过程的节能减排；开发了多功能生态蚕丝被，丰富了蚕丝被的品种。项目申请发明专利5项，已获授权4项，发表论文6篇。该项目对机制丝绵进行了生态技术研究，开发生态蚕丝被新品种，生产优质蚕丝被供应市场，实现蚕茧资源深加工，对发展蚕桑业具有现实的促进作用。

六、单梭口双面丝绒加工技术研究及产业化（二等奖）

该项目针对双面丝绒织物，创新地设计了N型、W型固结的绒结构组织，采用双层割绒形成内层绒毛技术和拉纬形成外层绒毛技术，通过对普通剑杆织机的绒经安装位置、上下层地经和绒经的分布走向、绒经张力控制装置和刺毛辊的安装位置等合理设计与改造，以及割绒、双面梳绒、卷染、摇粒烘干等后整理设备的改造和工艺优化，研发出真丝双面丝绒产品。项目产品品质高贵优雅，毛绒簇立、亲肤性好。产品脱毛率、水洗尺寸稳定性性能优异，色牢度、安全性等指标达到相关标准要求。

该项目针对丝绒织物的单梭口双面丝绒的生产方式和组织机构、各种材料的应用、单梭口双面丝绒新产品开发等方面进行研究，形成具有自主知识产权的创新成果。将会给中国服装家纺市场开辟新的丝绸品种，提高中国丝绸产品的国际竞争力。通过制定纺织行业标准，规范国家丝绒织物相关技术指标，拓宽真丝产品的用途。在促进丝绸企业转型升级，提高企业技术水平等方面都有较好的推动作用。

七、两浴冷轧堆染色技术的研究与应用推广（二等奖）

该项目充分利用了活性染料连续染色与冷轧堆染色技术优势，其生产流程为浸轧染液，预烘烘干，浸轧由烧碱或纯碱、元明粉、渗透剂、防染盐组成的固色液，常温打卷堆置和水洗烘干。该技术能够克服连续染色头尾、左右、正反面色差大，颜色不易控制；轧蒸化学药品与染料损失大，污水处理困难的缺陷。同时，两浴CPB染色后，在长时间内进行发色，染色透染性好，同时避免某些染料在轧蒸高温碱性条件下的不稳定性，染料选择限制性小，特别是对一些敏感的咖啡色、灰色、棕色、灰绿色。大大提高了颜色的重现性，染色一次合格率得到很大提高。

八、棉及涤棉织物高效冷轧堆前处理关键技术研究（二等奖）

该项目通过耐高碱高氧的氧漂稳定剂和专用高效精练渗透剂的研制和应用，开发出高效冷轧堆前处理短流程工艺，即采用高浓度双氧水和烧碱同浴，对棉型织物进行室温6~8小时堆置，再经过高效水洗，即可达到退、煮、漂的目的。通过对原料渗透性、耐碱性、环保性、乳化力、螯合性、分散性、耐高氧性的分析及协同作用研究，研发了高效冷扎堆前处理用环保型氧漂稳定剂和专用高效精练渗透剂。系统研究了不同棉及涤纶织物的冷轧堆工艺，确定短流程工艺参数，研发出棉及涤棉织物的高效冷轧堆前处理技术。

九、纯莱赛尔高支高密家纺面料生产关键技术开发（三等奖）

该项目研发了莱赛尔（Tencel）高支高密家纺面料生产关键技术。由于该面料织造难度较大，在研制过程中，通过对关键技术的攻关，取得重大突破，实现洁净生产。项目创新点：

（1）经纬纱均为纯Tencel纤维，纱支均为9.7tex（60英支），经纬密加合达1189根/10cm（302根/英寸）。

（2）采用无PVA环保上浆生产工艺，主浆料选用含有多量亲水性基团和浆膜强伸性好的变性淀粉完全取代PVA浆料，实现洁净生产。该产品技术含量高，已达到国内领先水平，相关各项指标均领先于国内同行先进水平。

十、差别化高密阻燃遮光面料生产关键技术（三等奖）

该项目产品采用新型功能性纤维制造，不仅表现出优良的阻燃性能和遮光性能，而且还具有粗犷仿麻外观效果。产品经纬原料全部选用阻燃涤纶丝，经后纺加工成多组分的阻燃长丝。由于原料细度差异较大，通过采用合理的整浆并织造工艺，保证了产品的布面质量。同时，对其后整理工艺进行了优化筛选，有效避免了织物在染整过程中阻燃成分的流失，保证产品具有优异阻燃性能。重点研究面料在后整理过程中阻燃性能的稳定性，确定了织物后整理的工艺参数和工艺流程，使整理后的织物具有优异的阻燃性能和遮光性能，实现产业化生产。

该项目已取得授权发明专利1项、实用新型专利3项。该项目产品织物风格粗犷，结构致密，具有永久阻燃、遮光、隔音、隔热等特性，经推广应用反应良好。产品的规模化生产进一步提高了国产遮光面料的品质和附加值。

十一、雕勒双面异彩绣工艺技术及高档工艺品的研究与开发（三等奖）

项目研制的雕勒双面异彩绣高档工艺品是在原有单、双面绣的基础上，照顾双面针脚、丝缕，使两面色彩互不影响，针迹点滴不漏。同时吸收传统鲁绣工艺技术精华，借鉴国外优秀工艺技术，用行针、掺针等刺绣法绣制，针迹排列整齐，创造出双面异彩的效果。该项目采用新技术、新设备、新工艺、在生丝面料上进行经、纬丝的抽勒丝，在很大程度上提升了画面的透视性。工业化生产高档工艺技术产品，目前运用该工艺技术生产的高档工艺品已授权2件外观专利。产品极具观赏、收藏价值，推动了我国工艺家纺行业的技术进步。

该项目由文登市芸祥绣品有限公司等合作完成，该公司是一家专注抽纱刺绣工艺家纺领域，集科、工、贸于一体的专业化企业。秉承“致力弘扬传统鲁绣文化，鼎力打造国际知名品牌”的企业文化，组建山东省家纺特种工艺研究中心、山东省工业设计中心及企业技术中心。

十二、内嵌毛圈式毛巾工艺技术的研发应用（三等奖）

该项目从研发思路上突破了传统毛巾组织的束缚，解决了上机过程中两层底布之间毛圈向内起毛时纱线张力变化，毛圈大小不均，易出反提毛粒的问题。该项目通过对织物组织的创新设计，织机打纬、引纬工艺的技术创新，织制出一种在两层织物之间产生毛圈的毛巾新产品，突破了传统毛巾的概念，工艺技术先进合理，具有创新性，已获发明专利1项。

该技术应用于毛巾和床品系列产品，扩大了家用纺织品的设计思路和织造范围。内嵌毛圈式产品是设计思想的突破和创新，是新技术应用和关键技术突破的结果，填补了国内空白，技术达到了国际先进水平。该项目开发的产品，技术含量高，手感柔软、丰满而富有弹性，现已批量生产。产品已上市就引起了国内外客商及消费者的广泛关注，受到用户好评，市场前景广阔，具有较高的经济效益。该项目成为企业新的重要经济效益增长点，推动力我国毛巾类产品的发展。

该项目由孚日集团股份有限公司研究完成。孚日集团创建于1987年，经过20多年持续创新发展，现已成为一家以家用纺织为主导产业，集国内外贸易、房地产、能源科技等多元产业于一体的大型企业集团，拥有员工18000名，资产85亿元，拥有国家级企业技术中心、国家级实验室，是国家级高新技术企业。

十三、抗菌涤纶纤维在毛毯上的开发与应用（三等奖）

该项目通过研究分析国内外各种抗菌毛毯产品的制作工业技术，结合企业毛毯生产特点，探索出一套适合白竹炭抗菌涤纶生产的工艺方法，并且研发出高质量的白竹炭抗菌涤纶系列产品。

竹炭改性涤纶是将竹炭超细粉体与涤纶切片结合，通过混练、挤压等工艺，制备成含竹炭的合成纤维母粒，进行混合纺丝。竹炭纤维运用纳米技术，先将竹炭微粉化，再将纳米级的竹炭微粉经过高科技工艺加工，然后采用传统的化纤制备工艺流程纺丝。由于白竹炭抗菌涤纶毛毯具有抗菌和远红外功能性深受消费者喜爱，具有高技术含量和高附加值等特点，市场前景广阔。

十四、立体浮雕效果机织地毯生产关键技术及应用（三等奖）

该项目自主研发了提花“3D”生产关键技术，研制仿手工浮雕产品，同时缩短了工艺流程，提高了生产效率，并形成自主知识产权。主要创新点：

（1）原料的选择：为达到仿手工“浮雕”纯羊毛工艺地毯，选用羊毛、高收缩腈纶及固体腈纶。

（2）根据原料的热缩率不同选择原料配比，70%新西兰羊毛/30%高收缩腈纶；使混纺纱线的热收缩率达到10%，70%新西兰羊毛/30%固体腈纶，根据团花型设计使用不同性能的上机原料。

（3）对热处理设备进行改造和对后处理工艺进行优化，使地毯中混纺纱线经过后处理后纱线长度发生变化，地毯表面的花型就会凸显出来，从而是威尔顿提花地毯表面呈现出凹凸起伏的“3D”立体感艺术效果。

（4）提高生产效率，缩短交货期。采用此工艺生产的地毯不经过水洗、片剪、修补等工艺，一次下机成功。该项目的实施满足了市场需求，对增加我国地毯行业花色品种具有推动作用。

滨州东方地毯有限公司为该项目主要完成单位之一。该公司是一家专业生产高档机织地毯的现代化大型股份制企业，拥有先进的地毯织机设备，并注重新产品开发和新技术投资力度，产品研发、设计、生产居于行业前列。

十五、非环吹单板纺雪尼尔纱专用丝的研制与开发技术（三等奖）

该项目是在传统的一步法FDY纺丝牵伸联合机上进行制开发，采用板径为85mm的多孔喷丝板，为提高其冷却效果，采用了特殊的喷丝孔排列方式（即三槽式，传统喷丝板为单槽式），提高了冷却风的穿透力和丝束的冷却效果，使产品运用传统的侧吹风方式就能生产细旦多孔的纤维（一般细旦特别是超细旦多孔纤维必须用环吹方式生产），并采用了纺丝喷油、卷绕油轮二道上油装置，最终使生产的雪尼纱专用丝与环吹方式生产的内在质量完全一样，同时提高了FDY设备的生产能力，提高产量，降低成本，新产品附加值得到提升。

该项目产品手感飘逸，主要用于生产雪尼尔纱上面的“雪花”成分，产品条干均匀，得到客户肯定。突破了传统设备生产雪尼尔专用丝的技术瓶颈，已投入批量生产，以进一步推动企业的效益增长和技术进步。

十六、新型印花糊料组合物色浆及印花面料的技术研发（三等奖）

该项目为解决活性染料印花糊料质量差，渗透性差，配方落后，印花得色量低，牢度差手感硬，色泽不够鲜艳等问题，研发一种可用于活性印花的糊料组合物及印花新工艺。组合物包括基础糊料海藻酸钠，功能高分子材料亲水性聚醚聚合物，主要使用甘油聚醚多元醇（DP-31，分子量3000~8000）和丙二醇嵌段聚醚（DP-32，分子量3000~10000），分散剂萘磺酸钠衍生物MF，助印剂双氰胺、尿素、烟酸及烟酸衍生物等，需要其中的四种或三种组合。新型活性糊料色泽艳丽、手感柔软、色牢度稳定，具有自主知识产权。满足了市场对环保产品的需求，和消费者对舒适的需求。

该项目由罗莱家纺股份有限公司自主研发完成。该公司是国内家用纺织品研发、生产、销售的重点骨干企业，先后被授予“国家级高新技术企业”、“江苏省睡眠产品新型材料工程技术研究中心”等称号；并与东华大学成立“东华大学罗莱研发中心”，开启产学研结合的校企合作之路。

十七、纺织品数码机印印花及产业化技术（三等奖）

该项目自主研发了数码机印印花及产业化技术，主要包括：

（1）创新性地将世界先进数码喷墨技术与平网印花技术科学地结合，突破了套数和设备的限制，创新采用8分色技术，以接近传统印花的成本和效率印制，媲美数码印花的效果，极大满足了消费者对纺织品色彩逼真艺术感的需求。

（2）使用数码印花机打样确认，缩短了产品周期，适应了“快时尚”需求。

（3）研发了包含自动化分色制版、自动化仿色调浆、智能化机印于一体的多个核心技术，并通过信息化手段建立加工参数数据库，形成了先进尖端的生产体系，极大地缩短了分色制版周期，大幅降低成本和能耗，自动化仿色调浆结合智能化机印技术，极大地提高了工艺稳定性，适应了市场“小批量多品种”的需求。

该项目与传统印花相比，具有工艺流程短、自动化程度高、印花精度优良、产品质量稳定的特点，并从源头杜绝了污染，节能减排效果显著。与数码喷墨印花相比，具有生产效率高、印制成本低的特点，更具推广价值。

十八、真丝织物环保阻燃整理技术研究及应用（三等奖）

该项目针对真丝织物阻燃整理后手感偏硬、强力大幅下降、偏黄严重、游离甲醛含量高等缺点，研制开发环保型高效阻燃整理体系，开发阻燃整理工艺，优化阻燃整理工艺参数，减少对真丝色泽及风格的影响。同时针对真丝和棉纤维、真丝和麻纤维的交织物进行研究，分析两种不同纤维在化学结构和性能上的差异、丝绵和丝麻纤维燃烧性能的差异，对氮磷阻燃协调效应及其阻燃工艺参数优化等方面进行深入研究并反复试验，应用于中试及大生产，取得理想的效果。

该项目所研制的阻燃效果耐久性好、安全环保。低甲醛阻燃真丝、丝绵、丝麻织物大大提高了产品的附加值。作为天然蛋白质纤维的真丝和天然纤维素纤维的绵麻交织复合材料越来越受到消费者的青睐，丝绵、丝麻织物既可保持真丝产品的质量和风格，又降低原料成本。项目研究成功，为更多种功能纺织面料的整理开发创造了很好的条件，对带动整个印染行业的技术创新，具有非常积极的现实意义。

十九、纺织品负压增吸功能整理技术的开发应用（三等奖）

该项目针对纺织品功能型整理中存在的功能介质分布不均匀、结合牢度低、功能持久性差等共性技术问题，运用负压闪爆技术对纺织品进行功能型整理。自主研发负压闪爆设备和智能化生产线，探讨负压闪爆整理工艺，并对纺织品功能加氧前处理及产品后期多项灭菌与无菌包装工艺和设备进行研究，完成了纺织品功能性整理的全流程工艺与设备创新。项目整体技术达到国内领先水平，关键技术达到国际先进水平。并获授权实用新型专利9项。所研制的具有抗菌防螨等功能的系列家用纺织品质量稳定，市场反映良好。项目成果具有广泛使用性，不仅适用于家纺，也适用于一般的原料、坯布织物等制品的功能性整理，为开发功能性纺织品提供了一种新颖的加工方法。

紫罗兰家纺科技股份有限公司是该项目的主要完成单位之一，该公司集家用纺织品研发、销售、服务于一体，注重推进传统型家纺企业向科技型家纺企业转变，通过核心技术开发的抗菌、防螨、除臭、芳香系列功能性产品，开创了家用纺织品的新领域。

二十、多功能冷轧堆、短流程低温煮漂助剂开发及应用（三等奖）

该项目针对棉织物冷轧堆练漂和低温一浴煮漂体系，进行精练助剂的持续开发和应用技术的联合攻关，获得具有自主知识产权的两种核心助剂——低温漂白活化剂和耐碱渗透剂。进一步通过上述核心助剂与其他配套助剂的优化复配，开发适用于冷轧堆精练的高效精练剂ZL—100。

技术特征如下。

（1）在冷轧堆精练中具有优良耐碱渗透效果。应用中的毛效和白度等各项性能均能达到或优于目前市场上同类助剂水平，且对双氧水有很好的稳定作用。

（2）低温煮漂剂ZL—100能在60℃左右条件下用于棉织物的一浴煮漂加工。其白度和毛效等主要煮漂指标能达到传统98~100℃高温碱氧一浴法工艺和80℃条件下TAED工艺的煮漂效果。

该项目成果已规模化应用推广，并根据用户要求进一步优化和系列化生产。与同类产品比较，具有性能优越、节能减排效果明显等特点，提高了企业的市场竞争力。

（中国家用纺织品行业协会）

2013年棉纺织行业运行分析

欧阳夏子

2013年，我国棉纺织企业受国内外需求不足、生产成本快速上涨以及国内棉花政策等因素的影响，导致行业主要产品产量、行业经济效益指标增速放缓，部分数据甚至表现为负增长，这无疑给“十二五”目标任务的实现形成一定压力。尽管全行业发展增速放缓，但企业在成本控制、设备改造升级、产品结构调整以及管理优化等方面做出了巨大努力，行业转型升级步伐加快，总体上实现了平稳运行。

一、棉纺织行业市场运行

1. 棉花价格紧随储备棉起拍价波动

2013年我国棉花市场价格主要受储备棉投放价格的影响。第一季度，国内棉花价格在储备棉投放的刺激下小幅爬升，到4月初形成一个小高峰，国内棉花价格达到19700元/吨，之后由于需求和资金等多方面原因，棉花价格未能持续上涨转而小幅回落，自7月底后降幅加快，价格跌至19400元/吨；进入11月，随着新一轮储备棉放储开始，价格再次回暖但持续时间十分短暂，最终弱势下降至19300元/吨附近。从全年来看，国内棉花价格整体下行，价格稳定在19000~20000元/吨之间。

2. 国内外棉价差继续保持较大

与国内棉花价格走势相比，国际棉价则波动更加频繁。受每年年初中国发放89.4万吨配额以及储备棉搭配进口棉配额政策的影响，国际棉价自年初出现预期内的上涨，并维持了约五个月左右的时间，此时国内外棉花价格差从6000元/吨逐渐缩小至4000元/吨；下半年，随着市场需求的减弱，国际棉花价格也随之下降，尤其进入11月份，国际棉价下行速度超过国内棉价，国内棉价受收储价格的支撑缓慢下行，此时国内外棉花价格差又再次扩大至年初水平。如图1所示。

3. 储备棉成交率较低

从我国储备棉投放进度以及起拍价格也能反映出2013年国内棉花市场价格的走势变化。2013年1月14日起，国家以19000元/吨的起拍价组织投放储备棉，而此次国储棉投放首次搭

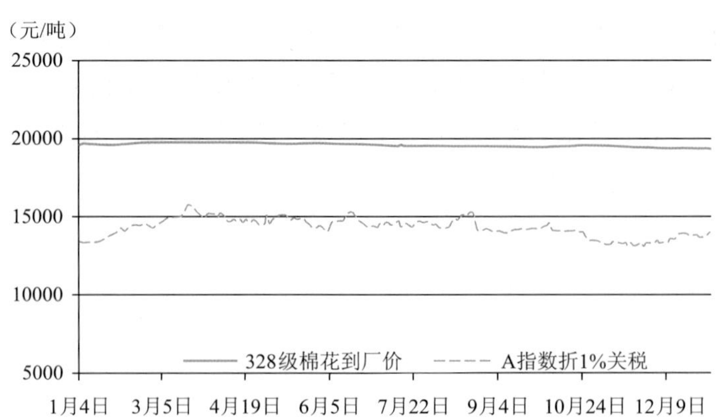

图1　2013年国内外棉花价格走势图

配进口棉配额，纺织企业购买积极性较高，第一阶段储备棉投放持续到7月31日，截止7月31日，国储棉投放累计成交372万吨，成交率24.7%。11月28日，2013年第二阶段放储启动，储备棉起拍价定位18000元/吨，尽管起拍价再次下调，但由于投放不再与进口棉配额挂钩，纺织企业基本以补库性购买为主，再加上年末资金周转等问题，购买积极性不高，国内棉花价格难以逆转上行。截止2014年4月1日，储备棉成交约76万吨，成交率为34%。

4. 化纤短纤价格弱势下行

2013年我国化纤短纤价格较往年波动减小，全年走势基本与棉花一致。从全年价格变化来看，涤纶短纤、粘胶短纤价格全年降幅分别为13.6%和11.1%。第一季度，化纤短纤价格均处于全年高位，并处于一个“小爬坡”式的上涨阶段，其中涤纶短纤价格在12000元/吨左右，粘胶短纤价格在15000元/吨附近，进入第二季度之后价格弱势下行，尤其粘胶短纤价格下降速度较快。截止2013年底，粘胶短纤价格降至12000元/吨附近，涤纶短纤价格为1000元/吨。如图2所示。

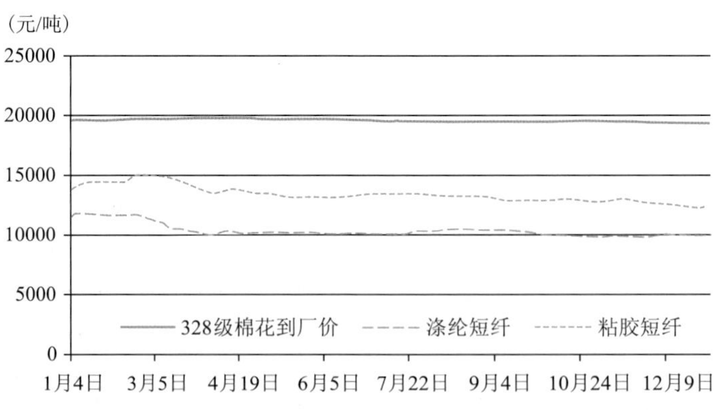

图2　2013年国内原料价格走势对比图

5. 棉纱布市场平淡，价格回暖难度大

2013年，棉纱布市场总体表现平淡，价格起伏不大。全年来看，32英支纯棉普梳纱价格微幅下降0.7%，纯棉坯布（32英支，130×70，47英寸）价格下降0.4%。尽管价格波动不大，但纱布价格在全年出现了两个小高峰，第一个小高峰在第一季度末，32英支普梳纱价格为26000元/吨，坯布价格为6.7元/米，这与棉花价格走势吻合；第二个小高峰出现在第四季度初，主要原因是该阶段纺织企业出现了一个短暂的调价期，但价格并没有像纺织企业预期的出现价格反弹，价格反而快速下滑。截止12月底，32英支纯棉普梳纱价格为25560元/吨，坯布价格为6.39元/米。如图3所示。

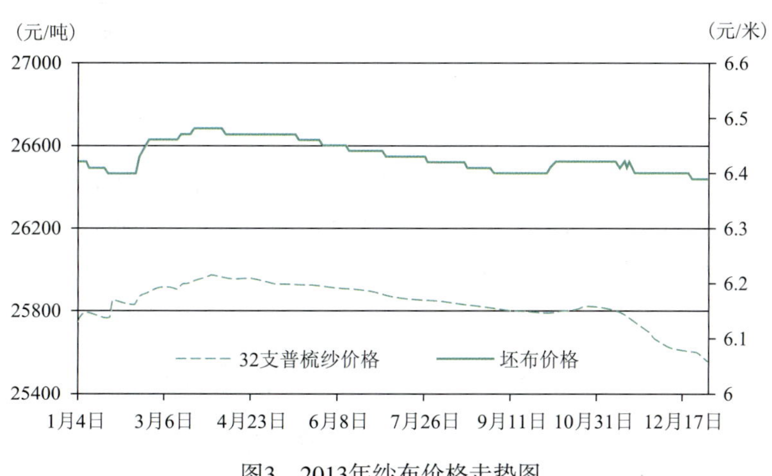

图3　2013年纱布价格走势图

6. 棉制家纺布价格全年震荡下行

从下游家用纺织品价格走势看，2013年棉制家纺布价格全年震荡下行。其中在上半年的3月和下半年的10月棉制家纺布价格两次达到峰值，分别为8.98元/米和8.99元/米；在6~7月份价格进入谷底，维持在8.9元/米附近；从第三季度开始，价格出现快速回升，但进入第四季度，依然没有逃脱下行趋势，并且该趋势延续至2014年初。这与上游棉纺市场在第四季度“旺季不旺”的表现一致。如图4所示。

图4　2013年至今棉制家纺布价格走势图

二、行业运行质量效益

1.棉纺织企业订单不足，库存从紧

自10月起，中国棉纺织行业陆续对全国重点棉纺织省份进行调研，从调研情况了解到，

棉纺织企业开工率约为85%，全年订单不足，尤其出口订单减少。其次，国内的高棉价向下游传导较为困难，纱的销售不如去年同期，第四季度传统旺季也未出现销售转好，纱布库存逐月有不同程度上升。从棉纺织企业原料库存情况了解到，由于大型纺纱企业有进口棉补库，其原料库存相对充足，约为在3个月左右，而小型纺企则不足一个月，或随买随用，随即在10月底，协会向国家有关部门呼吁尽快放储，缓解纺织企业用棉紧缺问题。自11月国储棉投放以来，企业主要购棉途径就是储备棉。

2. 企业产销疲软，产品库存压力大

从协会跟踪的棉纺织企业产销存月报分析，2013年跟踪企业纱产量同比增长1.3%，其中纯棉纱和纯化纤纱同比增幅分别为1.7%和5.5%，而棉混纺纱产量同比减少2.8%。跟踪企业累计布产量同比减少0.2%，其中纯棉布、棉混纺布累计产量分别减少0.3%和0.8%，而纯化纤布增长3.3%。见表1。

表 1　2013 年纱、布产量累计同比变化情况

纱（%）	纯棉纱（%）	棉混纺纱（%）	纯化纤纱（%）
1.34	1.68	−2.76	5.5
布（%）	纯棉布（%）	棉混纺布（%）	纯化纤布（%）
−0.21	−0.31	−0.76	3.28

从销售数据看，2013年纱累计销售量同比增长1.1%，布累计销售量同比增长0.03%。2013年纱布价格处于下行趋势中，下游市场需求持续疲软，纱布销售情况同比变化不大，部分下游企业考虑节前备货，支撑了12月纱布销售的环比增长。

从库存数据看，跟踪企业12月纱库存环比增长2.5%，其中纯棉纱、棉混纺纱库存分别环比增长2.9%和5.1%，纯化纤纱库存环比减少6.3%。由于部分企业纱线自产自用，一定程度上缓解了库存压力。相比纱线，布的库存压力明显大于纱，12月跟踪企业的布库存环比增长11.4%，其中纯棉布库存增长5.2%，棉混纺布库存增长31.5%，纯化纤布增长6.5%。

3. 棉纺织规上企业经济效益增速较去年好转

国家统计局数据显示，2013年我国棉纺纱规上企业实现主营业务收入13965亿元，同比增长14.8%，增速较2012年提高1.3个百分点，棉织造规上企业实现主营业务收入556亿元，同比增长9.0%，增速较2012年下降5个百分点。棉纺纱规上企业利润总额为782亿元，同比增长18.3%，增速较2012年提高7.5个百分点，棉织造规上企业利润总额为295亿元，同比增长18%，增速提高6.8个百分点。

从协会跟踪数据分析，2013年跟踪骨干型企业主营业务收入同比增长6.6%，增速较2012年提高9.4个百分点；跟踪企业利润总额同比增长5.1%，增速提高27.8个百分点。

三、棉制纺织品进出口贸易

1. 棉花进口数量受配额发放进度影响

2013年我国全年累计进口棉花数量为415万吨，同比下降19%。从单月棉花进口量看，我国棉花进口主要集中在上半年，主要是受配额发放进度的影响。

2013年我国进口棉前三大市场的依次是印度、美国、澳大利亚，我国从美国进口棉花的数量较去年全年降幅较大达25%。另外，我国进口巴西棉数量也有大幅下降，同比减少56.5%，约为16万吨。作为2013年我国最大的棉花进口市场，印度棉进口数量也有17%的同比下降。值得一提的是，澳大利亚棉花近三年在中国市场颇受欢迎，2013年，我国自澳大利亚进口的棉花数量达80万吨。如图5所示。

2. 棉纱线进口数量再次创新高

2013年我国累计进口棉纱线210万吨，同比增长37.4%，我国对棉纱线的进口延续了2012年的热度，并打破了历史纪录。从单月进口棉纱数量看，平均每月我国约进口棉纱20万吨，逐月数量累计同比增长保持在45%左右。2013年我国全年出口棉纱线52.3万吨，同比增长17%。从单月出口数量看，平均单月出口量在4.5万吨左右。棉纱线出口与我国棉花进口进度基本一致，略有1~2个月的延迟。

印度、巴基斯坦、越南为我国棉纱线进口三大市场，约1/3的棉纱线自印度进口，数量超过了巴基斯坦棉纱线，越南棉纱线也占进口总量的12%。印度棉纱进口数量增长最为迅速，2013年我国自印度进口棉纱数量同比增长104.6%，我国自巴基斯坦进口的棉纱线同比增长8.2%。2013年我国棉纱线最大的出口市场为香港，棉纱线出口数量占比较2012年提高7个百分点，达到51%，香港再次展现了其转口贸易的重要意义。如图6所示。

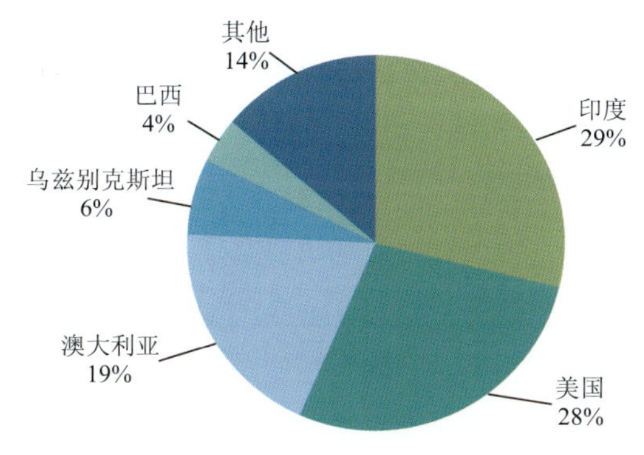

图5　2013年棉花进口市场分布情况

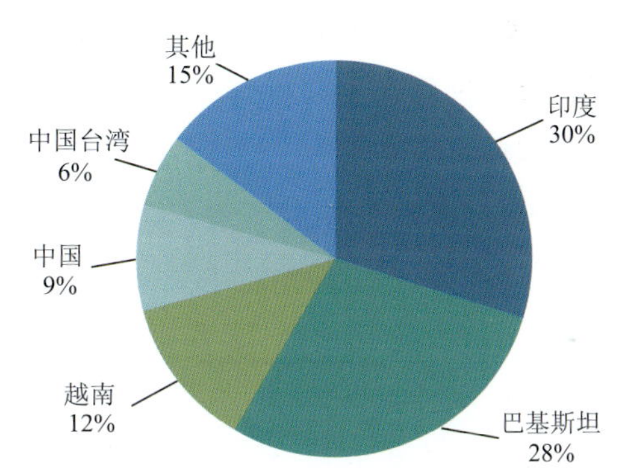

图6　2013年棉纱线进口市场分布情况

3. 化纤短纤纱线出口数量同比上涨

2013年我国化纤短纤纱线出口数量为58.4万吨，同比增长12.1%，进口数量为8.05万吨，同比下降7.5%。对比化纤短纤纱线进出口单价发现，出口单价要大幅高于进口，国内生产的化纤短纤纱线除了满足国内需求外，从成本考虑，国内进口部分低价化纤短纤纱。

与棉纱线贸易不同，我国化纤短纤纱线以出口为主，出口数量远远超过进口。由于棉花价格的持续高位，2013年国内许多纺纱企业通过调整产品结构，加大了化纤短纤纱线的生产，因而其出口表现活跃，化纤短纤纱线的进口需求由于受到棉纱线的挤占，出现一定幅度的负增长。见表2。

表 2　2013 年我国化纤短纤纱线进出口数量、同比及单价情况

进口			出口		
数量（万吨）	同比（%）	单价（美元 / 千克）	数量（万吨）	同比（%）	单价（美元 / 千克）
8.05	-7.5	0.6	58.4	12.1	1.21

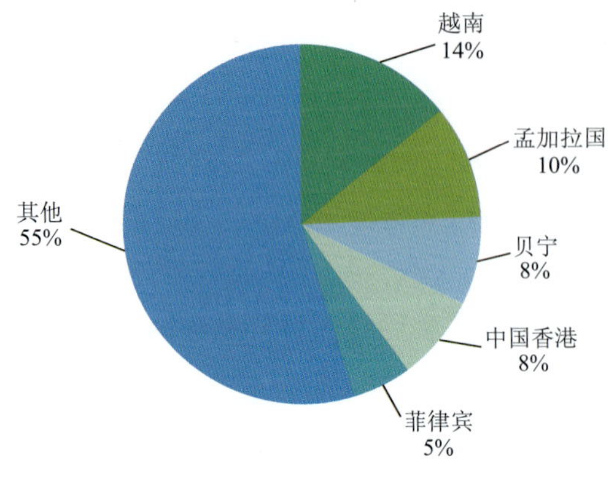

图7　2013年棉织物出口市场分布情况

4. **棉织物出口数量保持增长**

2013年全年我国累计出口棉织物91.2亿米，同比增长15.9%。2013年我国累计进口棉织物7.9亿米，同比下降6.2%。对比进出口单价，我国进口棉织物单价高于出口，进口棉织物单价约为2.2美元/米，出口单价维持在1.6美元/米上下。

我国棉织物出口市场分布广泛，越南、孟加拉等东南亚国家为主，主要用于服装加工。另外，部分非洲国家以及亚洲、欧洲等发达国家都是我国棉织物出口市场。我国最大的棉织物进口市场是巴基斯坦，进口数量占比达38%，同比增长4.3%。其次我国还从日本、中国香港、韩国等国家和地区进口棉织物，但进口数量较去年为负增长，其中从香港进口的棉织物数量同比下降37.6%。如图7所示。

5. **进口棉制床上用品单价负增长，进口数量增长迅速**

2013年我国累计出口棉制床上用品4.4亿条，同比增长5.6%，出口单价为5.1美元/条，同比增长5.2%；进口棉制床上用品450万条，同比增长42.6%，进口数量的快速增长，主要原因之一是进口单价的快速下滑，同比下降16.6%。见表3。

表 3　2013 年棉制床品进出口情况

出口				进口			
数量（万条）	数量同比（%）	价格（美元 / 条）	价格同比（%）	数量（万条）	数量同比（%）	价格（美元 / 条）	价格同比（%）
43703	5.6	5.05	5.2	450	42.6	8.78	-16.6

从下游棉制床品贸易情况发现，我国下游终端产品的出口竞争力十分显著，价格优势突出，出口数量逐年增长；进口则以高档产品为主，价格较高，一旦国际价格出现松动，进口数量增长迅速，可见，我国对国际高品质下游产品的需求旺盛。

四、2014年我国棉纺织发展趋势

进入2014年，棉纺织行业国内外发展环境仍面临诸多不确定因素，国内各项生产要素持续提升，国际竞争风险依然存在。此外，国内棉花政策将再度调整，棉纺织企业既要准确判断市场形势、分析政策动向，还要在提高企业内功、增强抗风险能力上下工夫。

首先，有效解决棉花问题。棉花问题是困扰我国棉纺织行业发展的关键，棉花成本过高，内外棉差价持续过大，收放储政策等令棉纺织企业生存和发展举步维艰。2014年将停止棉花收储，并对新疆棉实施目标价补贴政策。因此，2014年棉花问题仍会是影响纺织行业平稳运行的重要因素，既要考虑农民，又要兼顾纺织企业。

其次，鼓励企业转型升级，在政策和资金上予以扶持。由于我国纺织企业生产成本的快速上涨，加上近两年来企业经营效益下滑，企业纷纷表示有意愿加大设备改造、新技术研发的投入力度，以提高生产效率，但苦于资金的问题，难于实施。2014年，行业一方面关注企业在转型升级中所做出的各种努力，发扬宣传好的做法，同时也呼吁国家以及地方政府在政策及资金上予以扶持。第一，大力实施引进人才战略，为棉纺织企业科技创新提供技术支持和人才保障。第二，为企业争取财政扶持政策，或设立专项资金或争取国家专项资金，鼓励银行系统为企业改造升级提供贷款优惠等。第三，在税赋方面，缓解棉纺织企业的税赋压力，解决增值税“高征低扣”的问题。

最后，关注国际新兴经济体、共谋发展。近两年，新兴经济体依托于劳动力、资源优势发挥着全球经济增长主引擎作用，市场潜力不断释放，形成国际贸易新增长点，我国纺织行业在参与国际市场竞争和承接国际纺织产业链高端转移方面仍面临许多挑战。我国纺织工业的国际竞争优势，逐步从规模和成本优势转变为科技和品牌创新优势。加强与欧美日等发展国家纺织业的密切联系，紧密结合市场需求，掌握先进的生产技术，提升创意设计水平；与棉纺织业成长迅速的新兴国家进行合作，实现资源优化配置，达到共同发展的目的。

（中国棉纺织行业协会）

2013年化纤行业运行分析与2014年运行预测

吴文静

2013年，依然是全球经济处于调整和恢复的一年，我国经济的整体发展在这一年中经历了自改革开放以来增长减速持续最长的时间，实体经济也受到不同程度的影响。受大环境的影响，内外市场需求疲软、产能惯性增长、生产要素成本不断上升等诸多因素，使得化纤行业运行颇为艰难。但在全行业的共同努力下，也取得了一定的成绩。生产稳中有增，投资规模恢复性增加，利润总额有所增加，特别是氨纶行业率先反弹，利润快速增长。

一、2013年化纤行业运行情况

（一）生产保持增长，增速有所回落

2013年，行业总体开工率比正常年份略低。大部分子行业的开工率较为平稳，但也出现了分化，氨纶开工率几乎提至满负荷，涤纶短纤表现最弱。涤纶长丝产量约占化纤产量的50%，是化纤行业的晴雨表，2012年涤纶长丝行业平均开工率在82%，2013年降至78%，说明行业景气度下滑。

据国家统计局统计，2013年化纤产量继续保持增长，全年共完成产量4121.94万吨，同比增长7.9%，比2012年下降3.3个百分点。其中，涤纶3340.64万吨，同比增长6.64%，增速下降了2.82个百分点；氨纶产量增长最快，增速达27.31%，比2012年提高11.02个百分点；粘胶短纤292.95万吨，同比增长20.73%，比2012年下降11.22个百分点；粘胶长丝和丙纶的产量出现负增长。见表1。

表1　2013年化纤行业生产情况

产　品	2013年（万吨）	同比（%）	2012年增速（%）
化学纤维	4121.94	7.90	11.20
人造纤维	390.41	17.07	32.43
其中：粘胶短纤	292.95	20.73	31.95
粘胶长丝	21.53	-10.05	4.37
合成纤维	3731.53	7.02	9.43

续表

产　品	2013年（万吨）	同比（%）	2012年增速（%）
其中：涤　纶	3340.64	6.64	9.46
涤纶短纤	948.74	0.95	3.5
涤纶长丝	2391.90	9.08	12.17
锦　纶	211.28	12.44	15.03
腈　纶	69.43	0.43	-1.93
维　纶	10.09	15.83	47.83
丙　纶	26.43	-3.02	20.96
氨　纶	38.97	27.31	16.29

资料来源：国家统计局

（二）投资规模扩大，增长速度回落

2013年，化纤行业新开工项目数同比增长10.84%，实际完成投资1030.44亿元，同比增长16.65%，增速比上年回落3.69个百分点。其中，维纶和氨纶行业投资增长迅速，投资额增速分别达到54.08%和54.55%；涤纶投资增速保持在15%左右；锦纶和人造纤维投资增速比2012年分别回落40.32和10.11个百分点。见表2。

表2　2013年化纤行业固定资产投资情况

行　业	新开工项目数	同比（%）	实际完成投资额（亿元）	同比（%）	2012年增速（%）
化学纤维制造业	685	10.84	1030.44	16.65	20.34
纤维素纤维原料及纤维制造	174	27.01	224.30	17.38	13.80
化纤浆粕制造	31	29.17	49.27	62.63	-7.46
人造纤维制造	143	26.55	175.03	8.85	18.96
合成纤维制造	511	6.24	806.15	16.45	22.28
锦纶制造	62	24.00	112.86	28.18	68.50
涤纶制造	200	6.95	366.39	14.00	16.68
腈纶制造	6	20.00	3.69	-32.68	-33.77
维纶制造	9	-59.09	18.06	54.08	-55.69
丙纶制造	21	61.54	20.20	-17.73	—
氨纶制造	22	37.50	40.26	54.55	—
其他合成纤维制造	191	1.60	244.69	13.79	—

资料来源：国家统计局

（三）化纤进出口有所增长，合纤原料进口量下降

2013年，共进口化纤87.17万吨，同比增长6.17%。分品种看：腈纶进口量最多，达21.21万吨，同比增加13.71%，占化纤进口总量的24.33%；此外还有涤纶短纤进口量同

比增加了14.33%，占进口化纤总量的14.74%；进口量减幅最大的是粘胶长丝，同比减少10.42%。

出口方面，2013年化纤出口267.97万吨，同比增长8.57%，比同期增速提高4.13个百分点。其中，涤纶长丝出口129.22万吨，占化纤出口总量的48.22%；涤纶短纤出口73.37万吨，占27.38%。

2013年，我国化纤产品净出口180.80万吨。其中，涤纶长丝净出口118.20万吨，占化纤净出口总量的65.37%；涤纶短纤净出口量60.53万吨，占33.47%；粘胶长丝、粘胶短纤和氨纶也实现不同程度的净出口。但锦纶长丝和腈纶则显现出进口量大于出口量。见表3。

表 3　化纤产品进出口情况

产　品	进口量			出口量		
	2013 年（万吨）	2012 年（万吨）	同比（%）	2013 年（万吨）	2012 年（万吨）	同比（%）
化学纤维	87.17	82.10	6.17	267.97	246.81	8.57
其中：涤纶长丝	11.02	12.04	-8.51	129.22	107.89	19.78
涤纶短纤	12.85	11.24	14.33	73.37	67.07	9.41
锦纶长丝	16.16	16.40	-1.48	13.66	11.62	17.52
腈　纶	21.21	18.65	13.71	0.94	0.58	62.29
粘胶长丝	0.87	0.98	-10.42	8.19	7.65	7.01
粘胶短纤	15.74	14.56	8.14	18.06	26.91	-32.87
氨　纶	2.02	1.88	7.48	4.67	4.41	5.83

资料来源：中国海关

化纤出口市场仍以土耳其、美国、巴基斯坦为主，但所占份额均出现下降，分别占化纤出口总量的10.7%、10.1%、9.7%。对越南出口量同比大幅增加37.9%，占我国化纤出口比重提高到7.4%，对韩国出口量增加11.83%，占出口比重提高到5.5%。如图1所示。

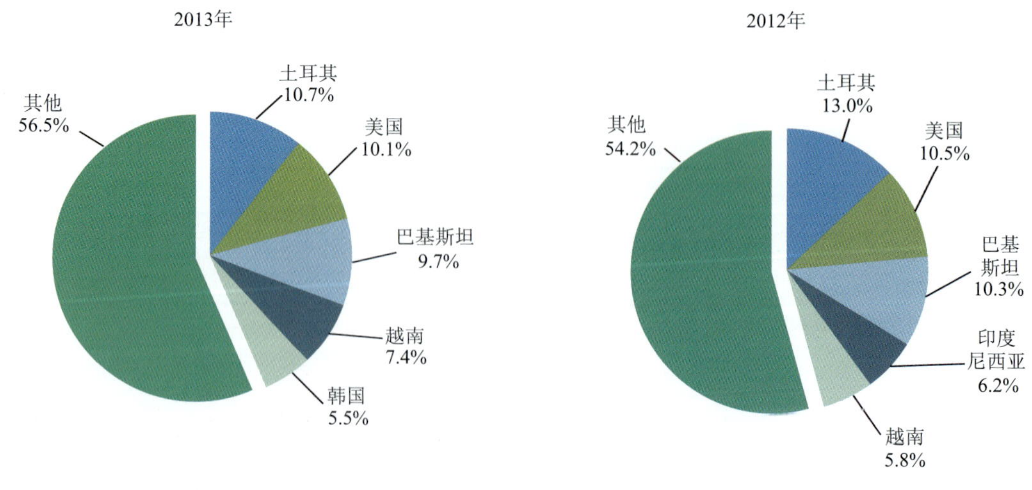

图1　2013年我国化纤出口市场份额与2012年对比
资料来源：中国海关

随着国内原料行业的发展，特别是对苯二甲酸和己内酰胺产能增长迅速，合纤原料进口量出现明显减少，多年来对进口原料的高依存度也得以改善。2013年，主要合纤原料共计进口1349.52万吨，同比减少15.92%。其中，进口量最大的仍是乙二醇，达823.77万吨，占合纤原料进口总量的61.04%；对苯二甲酸进口274.34万吨，同比大幅减少48.87%；己内酰胺进口45.29万吨，同比也大幅减少35.9%。见表4。

表 4　2013 年合纤主要原料进口情况

品　名	数　　量			金　　额		
	2013 年（万吨）	2012 年（万吨）	同比（%）	2013 年（亿美元）	2012 年（亿美元）	同比（%）
合纤原料总计	1349.52	1605.11	-15.92	176.08	206.33	-14.66
其中：乙二醇	823.78	794.03	3.75	87.02	81.44	6.85
对苯二甲酸	274.34	536.51	-48.87	29.88	58.63	-49.03
聚酯切片	21.30	20.70	2.87	4.07	3.77	7.96
己内酰胺	45.29	70.65	-35.90	10.76	18.14	-40.68
聚酰胺切片	91.36	84.97	7.52	28.48	27.54	3.42
尼龙 66 盐	0.96	0.99	-2.78	0.21	0.25	-16.30
丙烯腈	54.76	55.54	-1.42	9.83	10.42	-5.58

资料来源：中国海关

但是，国内聚酯初级原料PX严重短缺，2013年进口904.78万吨，同比大幅增长43.93%，进口依存度由2013年的45%上升至50%以上，如果继续上升，将严重影响产业安全。

（四）整体市场低迷，氨纶逆势上扬

2013年，国内经济增长减速，化纤行业不可避免地深受影响，市场需求严重不足，因此化纤大部分产品价格明显呈现下行走势，以涤纶产品为例，价格走势。如图2所示。

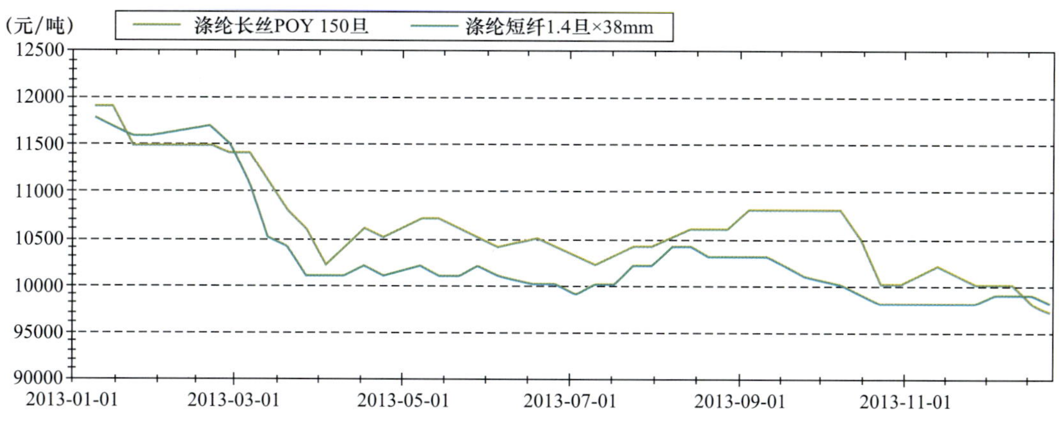

图2　2013年涤纶价格走势图
资料来源：中纤网

氨纶市场相对于其他化纤产品来说逆势上扬。氨纶行业是提前于其他品种进入不景气周期的子行业，前两年一直在低迷状态中挣扎，进入2013年，市场基本将之前快速扩张的产能消化完成，而且2013年没有大量的新增产能出现。下游纺织行业虽然低迷，但总体依然保持增长，供需面整体实现基本平衡，甚至一度呈现“供不应求”的现象。并且氨纶在纺织原料中属于“味精”产品，占纺织原料成本比重较低，市场对其价格的承受力较强。如图3所示。

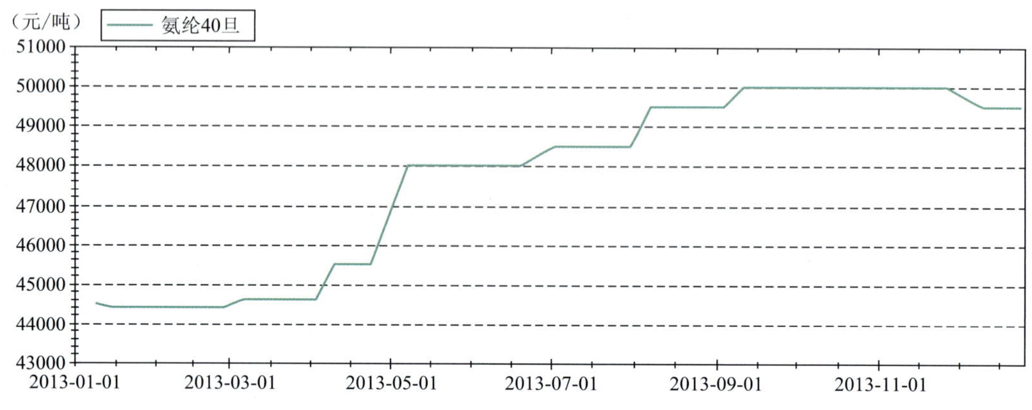

图3 2013年氨纶价格走势图
资料来源：中纤网

2013年，除氨纶外，化纤主要产品价格出现不同程度的下跌，涤纶POY跌幅最大，接近18%，涤纶短纤也下跌16%，而氨纶上涨11%。产品价格在下跌通道时，往往造成库存跌价损失，即使加工区间不变，产品利润率仍会下降。见表5。

表5 2013年化纤主要产品价格变化表

产 品	年初（元/吨）	年末（元/吨）	涨跌幅（%）
涤纶 POY 150 旦	11900	9800	-17.65
涤纶短纤 1.4 旦 ×38mm	11800	9900	-16.10
锦纶 FDY 70 旦	24800	23500	-5.24
腈纶短纤	17600	16800	-4.55
粘胶长丝 120 旦	40000	34500	-13.75
粘胶短纤 1.5 旦 ×38mm	14200	12300	-13.38
氨纶 40 旦	44500	49500	11.24

资料来源：中纤网

（五）产销衔接不畅，库存压力较大

由于下游需求持续低迷，并且整个产业链都对后市预期不佳，各环节都尽可能减少原料储备，随用随买，使得化纤企业产销衔接不畅，库存向产业链前端转移，原本应该储存在纺织企业的化纤库存转移到了化纤企业。市场下跌过程中，库存产品的跌价损失和资金占用成本上升也是影响企业经济效益的重要因素。

锦纶和粘胶长丝的库存压力尤为突出；氨纶库存明显下降；腈纶得益于近几年没有产能

扩张，供需稳定，库存压力不大。见表6。

表6　主要产品月末库存天数变化　　单位：天

产　品	1月	2月	3月	4月	5月	6月	7月	8月	9月	10月	11月	12月
涤长 POY	14	25	30	17	18	16	15	15	15	16	16	15
涤长 DTY	29	36	35	25	25	26	26	27	27	26	25	24
涤长 FDY	18	26	29	15	16	17	16	18	21	24	21	18
涤　短	10	18	21	17	19	19	17	15	20	26	20	12
锦　纶	18	26	30	32	31	31	31	33	35	36	37	36
腈　纶	7	10	10	14	15	15	15	14	10	9	9	10
氨　纶	31	36	23	17	18	19	16	10	14	15	19	21
粘　长	76	82	77	80	82	84	84	85	82	81	78	80
粘　短	4	5	17	14	13	13	12	13	15	16	15	20

资料来源：中国化学纤维工业协会

（六）效益有所增加，总体运行质量未明显恶化

国家统计局数据显示，2013年，化纤行业实现利润总额259.78亿元，同比增长18.26%。行业亏损面17.38%，同比下降5.34个百分点，同时亏损企业亏损额也同比减少9.28%。

分行业看，涤纶行业利润总额小幅减少3.07%，而氨纶行业走出了长达两年的低迷状态，利润大幅增长3.4倍，这也与氨纶行业技术进步、成本下降有关。人造纤维盈利主要表现在醋酸纤维，而粘胶纤维行业运行困难，粘胶长丝略有盈利，粘胶短纤盈利分化，总体亏损。见表7。

表7　2013年化纤行业经济效益情况

项　目	利润总额			亏损企业亏损额		
	2013年（亿元）	2012年（亿元）	同比（%）	2013年（亿元）	2012年（亿元）	同比（%）
化纤	259.78	219.67	18.26	45.43	50.08	-9.28
其中：人纤	75.31	57.40	31.20	13.45	16.57	-18.86
锦纶	39.68	32.72	21.26	1.61	1.99	-19.36
涤纶	105.72	109.07	-3.07	21.42	16.57	29.30
腈纶	0.23	-0.53	—	0.47	1.52	-69.44
维纶	0.26	-1.45	—	0.32	1.86	-82.98
丙纶	2.91	3.15	-7.75	0.27	0.23	15.61
氨纶	19.11	4.34	340.06	1.44	6.11	-76.43
其他合成纤维制造	11.04	7.48	47.62	3.06	2.70	13.53

资料来源：国家统计局

化纤行业运行质量未明显恶化。行业平均负债水平变化不大，偿债能力略有提高；资金使用效率与上年持平；盈利能力略有提高，利润率为3.57%，同比略微提高0.3个百分点；百元销售收入财务费用下降14.04%，而销售费用和管理费用同比分别小幅增加4.73%和2.19%。见表8。

表 8 2013 年化纤行业运行质量情况

项　目	2013 年	2012 年	同比
偿债能力指标			
资产负债率（%）	64.18	62.84	+1.34 个百分点
产权比率（%）	179.21	169.11	+10.10 个百分点
已获利息倍数	3.12	2.85	+0.27
营运能力指标			
应收账款周转率（次）	17.45	19.39	–1.94
产成品周转率（次）	17.02	17.01	0.01
流动资产周转率（次）	2.29	2.31	–0.02
总资产周转率（次）	1.17	1.18	–0.01
盈利能力指标			
主营业务利润率（%）	3.57	3.27	+0.30 个百分点
成本费用利润率（%）	3.68	3.37	+0.31 个百分点
总资产报酬率（%）	5.47	5.27	+0.20 个百分点
净资产收益率（%）	11.61	10.42	+1.19 个百分点
发展能力指标			
销售增长率（%）	8.46	4.56	+3.90 个百分点
总资产增长率（%）	10.13	10.28	–0.15 个百分点
百元销售收入三项费用			
销售费用（元 / 百元）	0.9640	0.9205	+4.73%
管理费用（元 / 百元）	2.1546	2.1084	+2.19%
财务费用（元 / 百元）	1.5784	1.8362	–14.04%

资料来源：国家统计局

二、影响行业运行的主要因素

（一）宏观经济平稳增长

2013年，面对极为错综复杂的国内外形势，党中央、国务院团结带领全国各族人民，深入贯彻落实党的十八大精神，坚持稳中求进的工作总基调，坚定不移推进改革开放，科学创新宏观调控方式，国民经济实现平稳增长，增速与上年持平，但比前几年放缓。全国规模以上工业增加值比上年增长9.7%，下半年增速比上半年有所提高。固定资产投资比上年名义增长19.6%，增速比上年下降0.7个百分点。全年累计出口额增长7.9%，增速与上年持平。如图4所示。

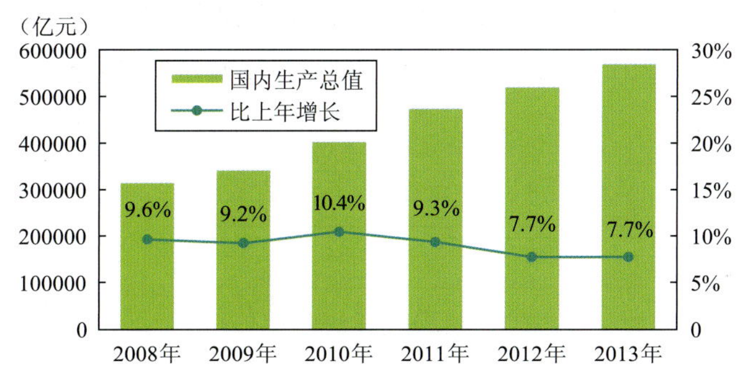

图4　2008~2013年国内生产总值及其增长速度
资料来源：国家统计局

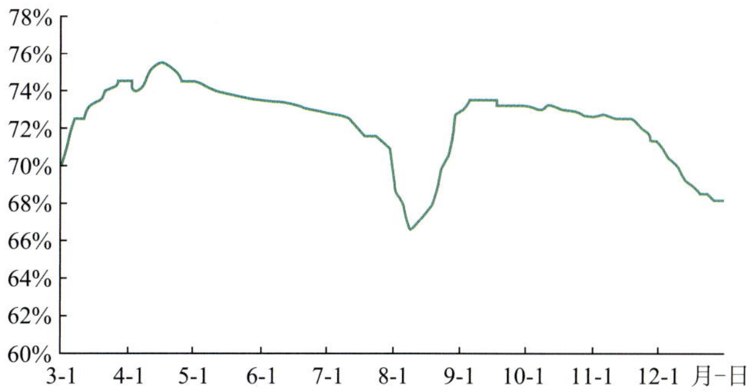

图5　2013年江浙织机开机率走势
资料来源：中国化纤信息网

（二）下游市场需求不足

下游市场需求持续不旺是影响化纤行业运行的最主要因素。

1. 下游工厂开机率不足

春节过后，纺织企业逐步恢复正常开工，3、4月份本就是上半年季节性需求相对比较集中的时期，因此江浙织机负荷稳中有升。从4月底开始，随着前期订单完成，同时行业也转入季节性淡季，织机开机负荷逐渐下滑。7 月份随着订单减少，企业库存积压，此外资金和限电也是促使开机率快速下滑的重要因素。到了8月下半月，随着高温逐渐缓解，前期的一些紧张状况也略微得到改善，织机开工负荷逐步回归正常。但下半年的旺季特征不明显，11月下旬织机负荷再次下滑，12月临近年底加速下滑。如图5所示。

2. 下游主要产品产量增速放缓

2013年，化纤下游主要产品中，除帘子布的产量增速比2012年小幅提高之外，布、非织造布、绒线、毛机织物、蚕丝及交织机织物的产量增速均比上年同期有所回落。见表9。

表 9　2013 年化纤下游主要相关品种生产情况

品 种	单位	2013 年产量	同比增速（%）	2012 年增速（%）	2013 年增速比 2012 年（百分点）
布	亿米	683.45	4.55	11.56	-7.01
其中：棉混纺布	亿米	112.73	2.40	11.23	-8.83
化学纤维布	亿米	178.05	4.83	8.27	-3.44
非织造布	万吨	257.33	12.37	23.08	-10.71
帘子布	万吨	87.45	13.64	10.16	3.48
绒线（毛线）	万吨	37.83	-2.25	3.07	-5.32
毛机织物（呢绒）	亿米	5.84	-1.63	1.40	-3.03
蚕丝及交织机织物	亿米	9.36	-1.71	10.38	-12.09

资料来源：国家统计局

3. 下游市场成交量增长不明显

从轻纺城化纤布成交量来看，2013年总体走势与往年基本相同，但季节性特征不明显，

6~7月份淡季的成交量比往年明显增加，而9~10月份的传统旺季表现平平，成交量仅与上年持平。随着产能规模的不断扩张，成交量也理应不断提高，但是2013年的化纤布成交量增长不明显。如图6所示。

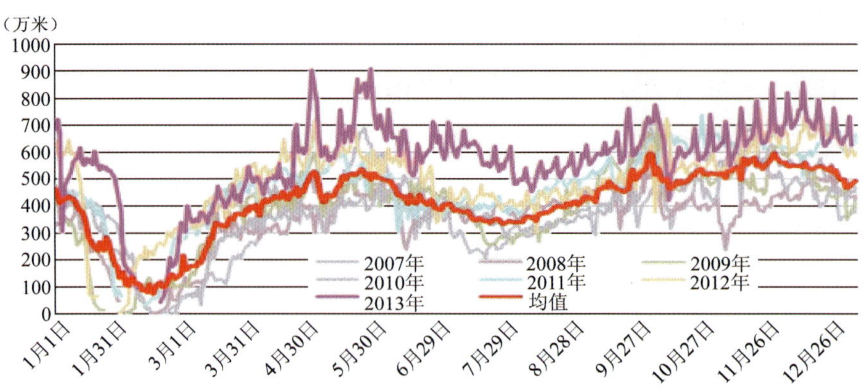

图6 轻纺城化纤布历年成交量走势图
资料来源：中国化纤信息网

（三）原料价格持续下跌

PX市场经过2012年的大涨形成了相当大的泡沫，所以2013年初受累于原油大跌、下游聚酯需求疲弱以及金融市场的弱势表现，自春节后快速下跌。7~8月份在原油市场上扬的带动下有所反弹，但反弹幅度不大，9月份又出现下跌。整体来看，PX全年下跌15%，PTA下跌16%，涤纶POY下跌18%，如图7所示。可以看出，在市场需求低迷时，产业链自上而下的价格下跌蔓延迅速，更重要的是产业链信心备受打击，而且在价格快速下跌过程中，企业库存原料和产品跌价损失严重。

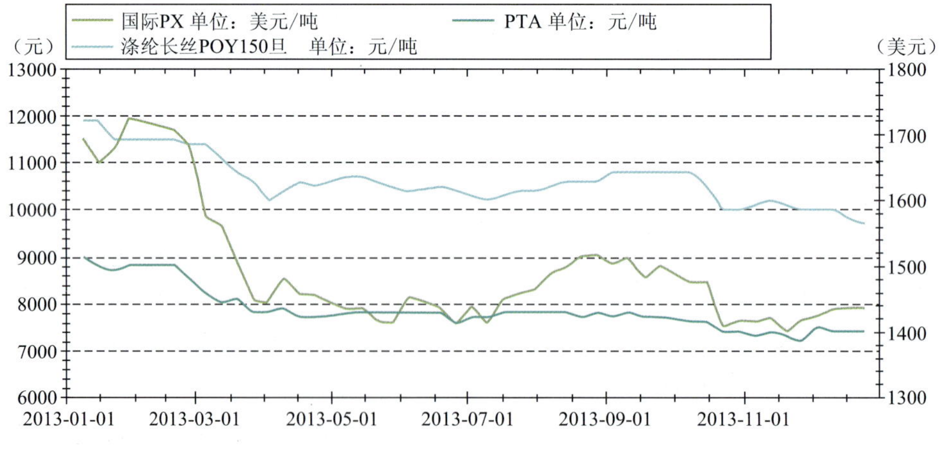

图7 2013年国际PX/PTA/涤纶POY价格走势图
资料来源：中纤网

（四）新增产能压力仍然较大

化纤行业固定资产投资增速自2011年大幅回落，2013年投资增速稳定在25%以内。但是产能仍然处于惯性增长阶段，初步统计，2013年新投产聚酯产能430万吨，其中含聚酯瓶片125万吨，配套涤纶短纤45万吨，工业丝12.5万吨，涤纶长丝228万吨（其中有2套装置的聚合已于2012年投产，2013年完成配套涤纶长丝）。

（五）棉花价格高位运行

由于国家棉花收储政策的支撑，2013年棉价继续保持高位运行，基本稳定在1.94万元/吨上下，对涤纶短纤和粘胶短纤市场起到一定的支撑作用，但由于需求不足和原料价格下跌，涤纶短纤和粘胶短纤价格也出现了下滑，与棉花的价差逐渐增大，再加上国内外高棉价差的影响，下游纺企在一定程度上提高了化纤短纤的使用比例，消化了不少化纤增量。但从另一方面讲，国内棉价远高于外棉，大大削弱了我国棉纺行业的国际竞争力，间接影响化纤产品的用量。如图8所示。

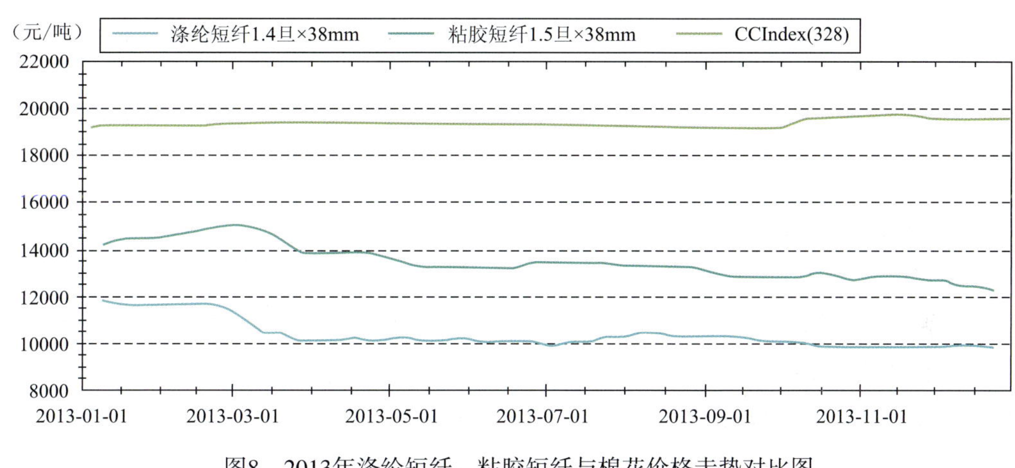

图8　2013年涤纶短纤、粘胶短纤与棉花价格走势对比图
资料来源：中纤网

三、2014年化纤行业运行预测

（一）影响化纤行业运行的因素

1. 世界经济将温和回升

2014年，全球经济复苏道路仍将曲折，经济大幅回暖可能性不大，但相比2013年，经济增速很可能会出现小幅上扬。联合国于2013年12月18日发布的《2014年世界经济形势与展望》报告指出，2013年世界经济增长大约2.1%，2014年，世界经济将有所好转，预计增长3%。国际货币基金组织（IMF）在2014年1月21日发布的《世界经济展望》更新报告中指出，全球经济活动在 2013 年下半年增强，预计在2014~2015 年将进一步改善，这在很大程度上得益于先进经济体的复苏，特别是欧元区正处于从衰退到复苏的转折点，但报告同时指出，全球经济尚未摆脱困境，下行风险持续存在。预计2014年全球经济增长3.7%，比2013年提高0.7个百分点。

2. 中国经济继续“稳中求进”

2013年12月，中央经济工作会议提出了2014年要继续坚持“稳中求进”的总基调，要“统筹稳增长、调结构、促改革”，要“继续实施积极的财政政策和稳健的货币政策”。会议还提出了“努力实现经济发展质量和效益得到提高又不会带来后遗症的速度”，可以看出中央有意淡化增长概念来置换改革空间，多数机构预测2014年中国经济可能保持7.5%的增长速度。

3. 纺织行业将平稳增长

从国内外的经济环境来看，将会为我国纺织化纤行业提供较为平稳的运行背景。纺织行业经过前两年的调整，已经初见回升的势头，预计2014年纺织行业运行将保持平稳增长的发展态势。

4. 原料价格稳中有降

2014年，石油供求关系比较宽松，投机炒作可能会趋弱，地缘政治风险有望缓和，美元有可能逐步走强，因此判断国际油价将呈稳中趋降态势。同时，随着PX新产能投产，有望打破PX价格坚挺的局面，预计PX价格稳中有降。原料价格下降可能会为化纤产品打开利润空间。

5. 棉市失去政策托底

2014年国家将取消棉花临时收储政策，以往“政策托底”的国内棉市将失去很大支撑，棉花滑准税上调可能会对进口低价棉起到一定抑制作用，但难以改变棉价下跌的趋势，这将利好纺织企业，降低纺织企业的用棉成本，也有助于内外棉价差的收窄，提高纺织产品的国际竞争力，对纺织行业的复苏起到积极作用。但同时棉价下跌将会对化纤短纤造成一定压力。

6. 高库存或将常态化

随着电子商务的深化，终端企业把有效控制库存作为降低成本、提高盈利的重要手段，逐步由传统的直线串行式生产模式转变成网络经济下的并行式生产模式，在营销方面，压缩门店去库存，网络销售零库存，导致终端产品社会库存减少，库存向上游原料企业转移。化纤行业作为纺织产业链的前端，库存高于以往正常水平将逐步成为一种常态。

（二）2014年化纤行业运行预测

目前化纤市场已是近十年来仅次于2008年经济危机的低位，而2014年我国化纤行业所处的宏观经济环境将保持稳中略升，这将支撑纺织和化纤产品需求的温和复苏。因此判断化纤行业运行基本见底，不会进一步下挫，但也不会轻易触底反弹，一些不确定风险和制约因素仍然存在，预计2014年化纤行业可能会保持底部盘整的运行态势。具体预测如下：

市场：预计2014年化纤市场将在低位小幅震荡盘整，下半年可能出现小幅回升。

产量：预计全年产量4350万吨，增长6%左右。

进出口：预计进口量与上年持平或略有减少；出口继续增加，预计出口量达295万吨，增长10%左右。

经济效益：预计利润总额260亿元左右，与上年持平或略有增长。

运行质量：有所好转。

（中国化学纤维工业协会）

2013/2014印染行业发展报告

刘添涛

一、2013年印染行业经济运行情况

2013年，国内外经济环境错综复杂，依然是印染行业接受考验的一年。全行业锐意进取，坚持推进产业结构调整与创新升级，行业经济效益明显好转，利润、投资、出口等主要经济指标增速较2012年有较大提升。2013年印染行业经济运行主要呈现以下特点。

（一）产量持续负增长

2013年规模以上印染企业印染布产量542.36亿米，同比减少2.21%，增速较2012年同期回落0.15个百分点。沿海五省中江苏、福建和山东省印染布产量增速较2012年分别回落9.36、2.92及2.35个百分点；广东省印染布产量同比增长6.48%，增速较2012年加快9.28个百分点，见表1。

表 1　2013 年主要省市印染布生产情况表

产　地	全国	浙江	江苏	福建	广东	山东	五省合计
产量（亿米）	542.36	325.08	50.12	48.94	47.68	35.79	507.61
同比（%）	-2.21	-3.51	-0.07	3.32	6.48	-7.76	—
较 2012 年增减（百分点）	-0.15	0.28	-9.36	-2.92	9.28	-2.35	—
占全国比重（%）	100.00	59.94	9.24	9.02	8.79	6.60	93.59

资料来源：国家统计局

2011～2013年，我国规模以上印染企业印染布产量逐年下降，由2011年的593.03亿米下降到2013年的542.36亿米，如图1所示。市场需求增长相对缓慢是印染行业产量下降的主要原因。2012年从3月份开始产量增速一路下滑，1～11月份产量增速仅为-0.54%，首次出现负增长，1～12月份降幅进一步加深。2013年情况未见好转，1～3月份达到近三年的最低值，3月份后持续负增长，虽然降幅波动性有所收窄，但全年未扭转负增长态势，如图2所示。

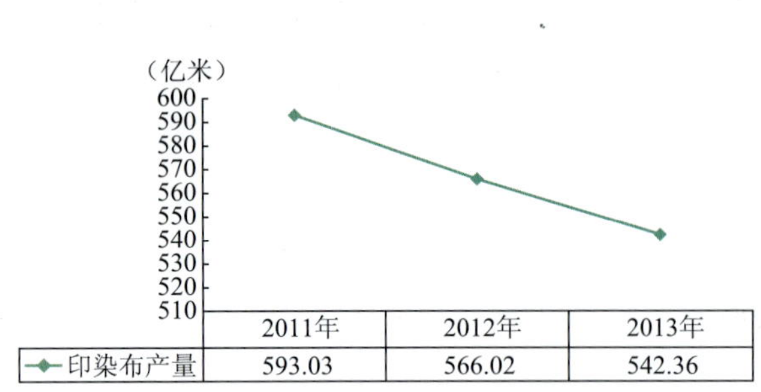

图1　2011～2013年规上印染企业印染布产量
资料来源：国家统计局

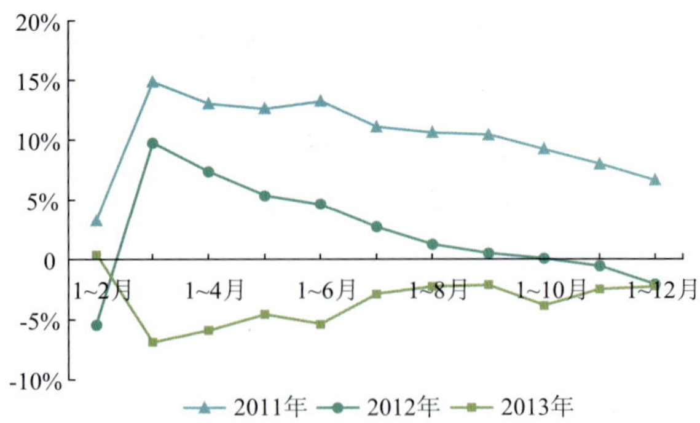

图2　2011～2013年规上印染企业印染布累计增速
资料来源：国家统计局

2013年，浙江、江苏、福建、广东、山东等东部沿海五省产量507.61亿米，占全国的比重达到93.59%，较2012年同期增加0.08个百分点，较2011年增加1.16个百分点，较2008年同期增加3.02个百分点；东部其它地区印染布产量仅占全国比重1.17%，如图3所示。东部沿海地区集中度不断提高，印染行业没有出现明显的向中西部转移的现象。

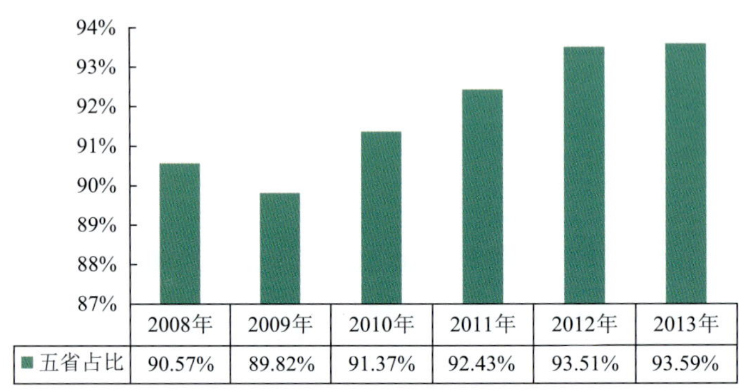

图3　2008～2013年东部沿海五省印染布产量占全国比重
资料来源：国家统计局

（二）投资有较大幅度增长

2013年规上印染企业实际完成投资300.68亿元，同比增加26.65%；施工项目数640个，同比增加22.14%；新开工项目数502个，同比增加25.19%；竣工项目数433个，同比增加22.32%。其中，化纤织物印染精加工企业的实际完成投资额、新开工项目数增速高于棉印染精加工企业，同比增长分别达31.79%和29.37%，见表2。

表2　2013年规模以上印染企业固定资产投资情况（不含农户）

项　目	棉印染加工		化纤织物印染精加工	
	数值	同比（%）	数值	同比（%）
实际完成投资（亿元）	221.63	24.91	79.06	31.79
施工项目数（个）	448	23.76	192	18.52
新开工项目数（个）	339	23.27	163	29.37
竣工项目数（个）	282	25.89	151	16.15

资料来源：国家统计局

近几年，印染行业固定资产投资逐步得到恢复，行业投资总额、新开工项目数等增加。如图4、图5所示，2013年我国规上印染企业累计完成固定资产投资额较2011年增长53.02%；新开工项目数较2011年增长32.45%。

如图4、图5所示，近几年，印染行业在产量不断减少的情况下投资不断增加。究其原因主要是印染企业加快淘汰落后产能、加快产业升级步伐，在产品质量、技术研发、节能减排设备、污水处理设施、在线检测等方面的投入大量增加，相应的在产能方面的投资减少，最终出现了目前的投资增加，产量下降的情况。

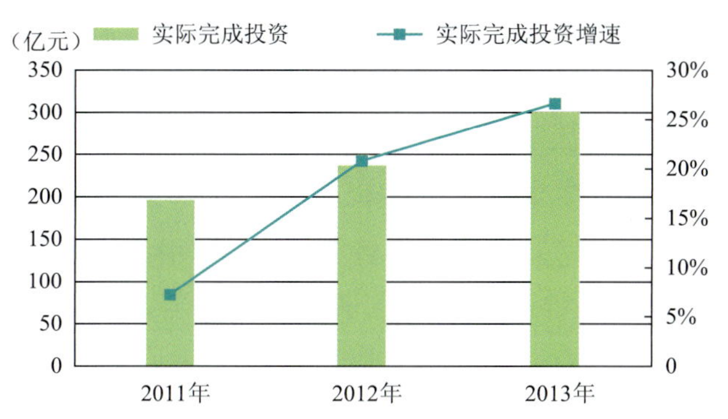

图4　规上印染企业累计完成固定资产投资额及增速
资料来源：国家统计局

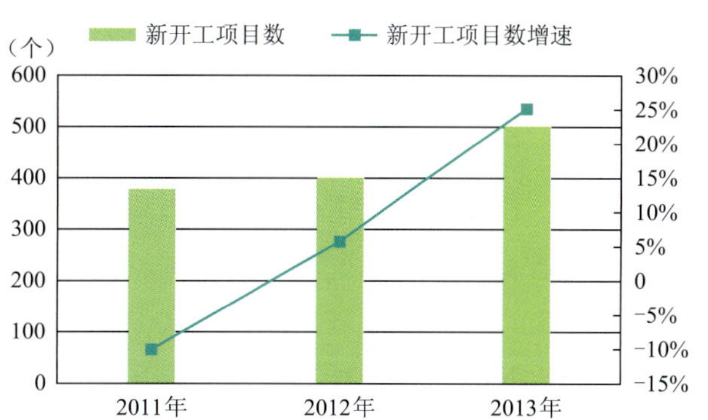

图5　规上印染企业新开工项目数及增速
资料来源：国家统计局

（三）质量效益有所好转

2013年规上1906家印染企业实现主营业务收入3641.02亿元，同比增长8.01%，增速虽然明显低于2011年，但高于2012年同期0.96个百分点，如图6所示。实现利润总额183.88亿元，同比增长18.15%，高于2012年同期4.77个百分点，利润总额累计增速明显高于2011年和2012年，如图7所示。

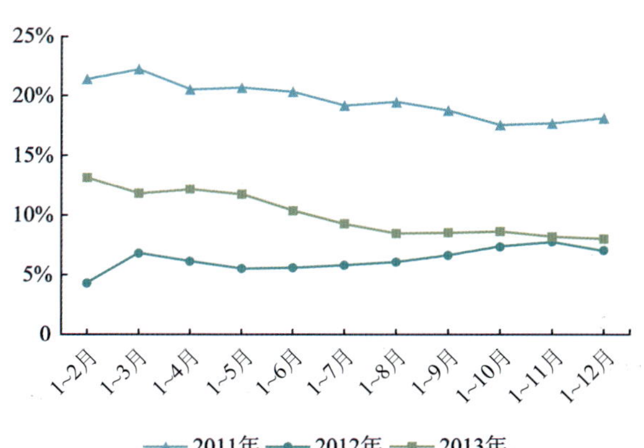

图6　2011～2013年规上印染企业主营业务收入累计增速
资料来源：国家统计局

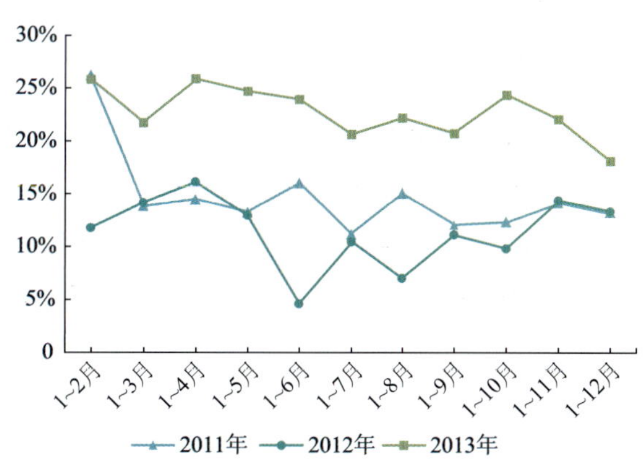

图7　2011～2013年规上印染企业利润总额累计增速
资料来源：国家统计局

随着企业管理水平提升及市场适应能力增强，印染行业运行质量效益不断改善。在产量较前两年不断下降的情况下，2013年印染行业主营业务收入和利润明显好转，如图8所示，表明印染行业由数量规模型向质量效益型转变初步显现。

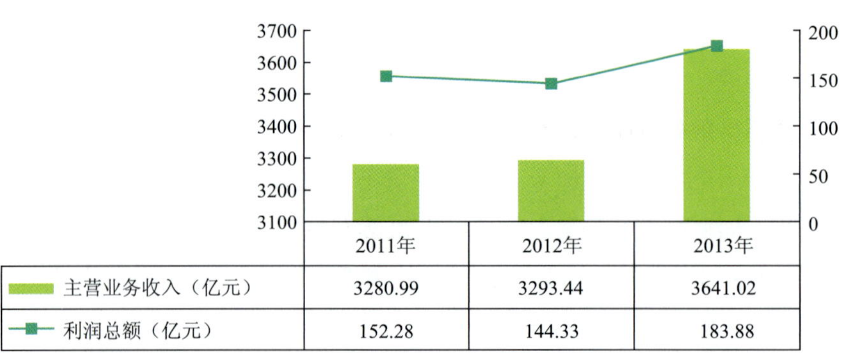

图8　2011～2013年规模以上印染企业主营业务收入及利润
资料来源：国家统计局

2013年规模以上印染企业三费比例5.78%，同比增长0.03个百分点，其中，棉印染企业为5.64%，低于化纤织物印染企业3.25个百分点。成本费用利润率5.34%，同比增加0.48个百分点；销售利润率5.05%，同比增加0.43个百分点；产成品周转率26.35次/年，同比增加6.47%；应收账款周转率10.76次/年，同比下降0.84%；总资产周转率1.40次/年，同比增加2.08%，见表3。

表 3　2013 年印染行业运行质量指标

印染企业	三费比例（%）	增减（百分点）	成本费用利润率（%）	增减（百分点）	销售利润率（%）	增减（百分点）
规模以上印染企业	5.78	0.03	5.34	0.48	5.05	0.43
棉印染精加工	5.64	0.05	5.35	0.45	5.06	0.41
化纤织物染整精加工	8.89	-0.40	5.18	1.06	4.94	0.96
印染企业	产成品周转率（次/年）	同比（%）	应收账款周转率（次/年）	同比（%）	总资产周转率（次/年）	同比（%）
规模以上印染企业	26.35	6.47	10.76	-0.84	1.40	2.08
棉印染精加工	26.28	6.44	10.96	-0.69	1.45	1.97
化纤织物染整精加工	28.17	7.19	7.70	-2.88	0.83	3.91

资料来源：国家统计局

（四）企业亏损面收窄

2013年，规模以上印染企业1906家，亏损企业238家，同比减少46家，亏损面12.49%；亏损总额8.89亿元，同比降低22.79%。如图9所示，2013全年规模以上印染企业亏损面低于2012全年，且呈收窄趋势。

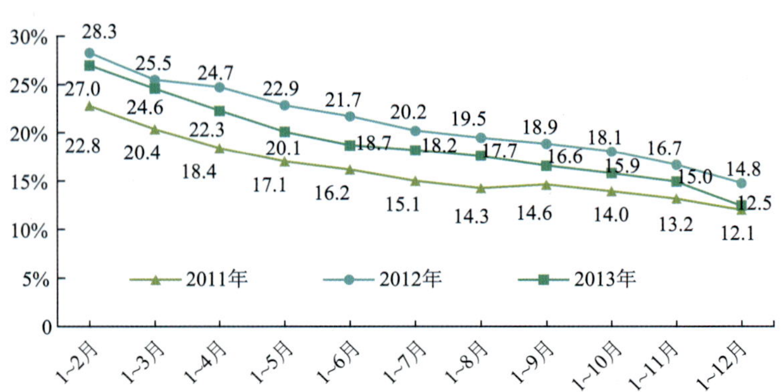

图9　2011～2013年规上印染企业亏损面变化情况
资料来源：国家统计局

（五）出口保持平稳

2013年，印染八大类产品进出口总额250.08亿美元，同比增加11.27%；贸易顺差193.33亿美元，同比增加18.35%。

根据中国海关数据，2013年，印染八大类产品出口数量187.58亿米，同比增长12.39%；出口金额221.70亿美元，同比增长14.25%；出口平均单价1.18美元/米，同比增长1.65%。由图10可知，2009年以后印染八大类产品出口金额、出口数量不断增加，2013年出口金额增速高于出口数量，且出口平均单价高于2008~2012年，说明印染行业出口产品的附加值不断提高。

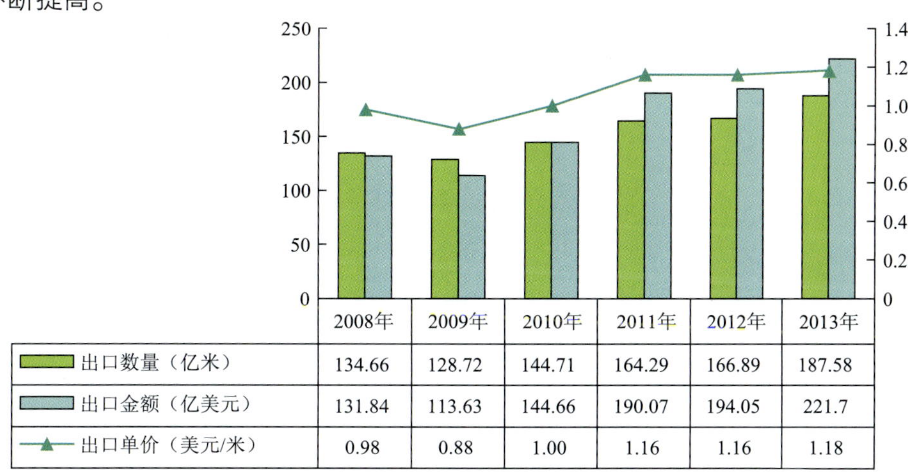

	2008年	2009年	2010年	2011年	2012年	2013年
出口数量（亿米）	134.66	128.72	144.71	164.29	166.89	187.58
出口金额（亿美元）	131.84	113.63	144.66	190.07	194.05	221.7
出口单价（美元/米）	0.98	0.88	1.00	1.16	1.16	1.18

图10 2008~2013年印染八大类产品出口情况
资料来源：国家统计局

1.出口产品情况

印染八大类产品出口数量和出口金额均有不同程度的增长，见表4。其中棉混纺染色布和棉混纺印花布出口数量同比分别增长54.88%和226.07%，出口金额同比分别增长56.55%和166.78%，棉混纺印花布出口单价降低17.97%，但这两类产品仅占总出口量的1.38%。合成长丝织物占总出口量的54.84 %，其出口数量和金额呈两位数增长。

表4 2013年印染八类产品出口情况

品种	数量（亿米）	金额（亿美元）	单价（美元/米）	数量同比（±%）	金额同比（±%）	单价同比（±%）
纯棉染色布	11.58	25.42	2.2	4.19	6.48	2.33
纯棉印花布	19.72	26.23	1.33	10.82	13.87	3.1
棉混纺染色布	2.03	4.72	2.32	54.88	56.55	0.87
棉混纺印花布	0.56	1.17	2.1	226.07	166.78	-17.97
合成长丝织物	102.87	111.66	1.05	11.1	12.93	0.96
涤纶短纤织物	12.62	10.77	0.85	33.46	36.81	2.41
T/C 印染布	17.93	23.74	1.32	0.28	6.31	5.6
人纤短纤织物	17.28	17.99	1.04	24.45	23.16	-0.95
合计	187.58	221.7	1.18	12.39	14.25	1.65

资料来源：中国海关

2. **主要出口市场**

2013年,印染八大类出口数量前五位市场分别为越南、阿联酋、贝宁、巴西和孟加拉国，五市场占总出口数量的26.18%。五市场中，对越南和贝宁出口大幅增长，出口数量增幅分别达54.18%和40.45%，出口金额增幅分别达43.06%和43.04%；对巴西、阿联酋和孟加拉国出口数量和金额均以两位数速度增长，但巴西出口单价同比下降4.62%。

主要出口市场中，对越南的出口保持了较快增长，分析原因是近年来越南的服装出口快速增长，带动其对面料的进口需求增加。如图11所示，2013年印染八大类对越南出口较2008年翻了一倍多。

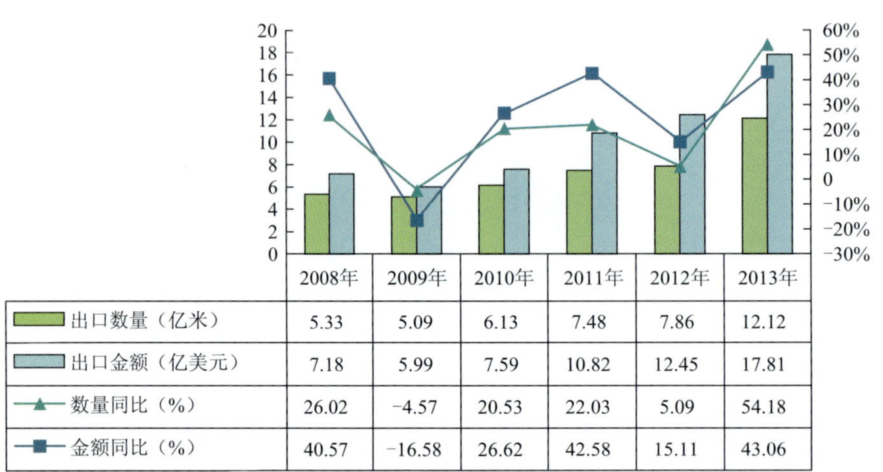

	2008年	2009年	2010年	2011年	2012年	2013年
出口数量（亿米）	5.33	5.09	6.13	7.48	7.86	12.12
出口金额（亿美元）	7.18	5.99	7.59	10.82	12.45	17.81
数量同比（%）	26.02	-4.57	20.53	22.03	5.09	54.18
金额同比（%）	40.57	-16.58	26.62	42.58	15.11	43.06

图11　2011～2013年印染八大类产品对越南出口情况
资料来源：中国海关

3. **传统出口市场**

2013年，印染八大类产品对美国市场出口数量同比增长14.29%，出口金额同比增长5.52%，但出口单价同比下降7.67%。对欧盟、中国香港和日本市场出口相对稳定，出口数量分别增长16.41%、2.84%及4.44%；出口金额分别增长12.42%、0.03%、2.85%。

4. **新兴出口市场**

2013年，印染八大类产品对东盟和印度出口保持了两位数的增长速度，出口数量分别增长24.62%和39.37%，出口金额分别增长25.47%和41.41%。对俄罗斯的出口数量同比下降6.18%，出口金额下降0.99%。

对东盟的出口仍然保持了稳定的增长，随着原材料和劳动力成本的不断上涨，东南亚国家凭借低廉的劳动力成本优势纺织业发展迅速。但这些国家的印染业在产业规模、技术设备水平、产品质量和品种、工人素质和产业链配套等方面，与我国印染行业仍具有较大的差距，我国印染行业仍具有非常明显的竞争优势。随着东盟自贸区的建立，我国印染布对东盟的出口进一步加快。2013年东盟市场占印染八大类产品出口总量的20.36%，较2008年增长6.64个百分点；出口金额占出口总金额的21.41%，较2008年增长6.66个百分点，见表5。预计我国对东盟的印染布出口在未来几年仍将保持稳定的增长。

表 5 2008 ~ 2013 年印染八大类产品出口东盟情况

年　份	数量（亿米）	金额（亿美元）	数量同比（%）	金额同比（%）	占总出口数量比例（%）	占总出口金额比例（%）
2008 年	18.48	19.44	3.6	19.96	13.72	14.75
2009 年	18.58	17.29	0.52	–11.03	14.43	15.22
2010 年	22.72	23.48	22.23	35.78	15.70	16.23
2011 年	27.16	33.04	19.54	40.72	16.53	17.38
2012 年	30.65	37.84	12.87	14.53	18.37	19.5
2013 年	38.20	47.47	24.62	25.47	20.36	21.41

资料来源：中国海关

二、2013年印染行业面临的主要问题

目前，印染行业已进入从依靠规模数量增长阶段到深度转型调整周期，行业面临一系列的新情况、新问题。先进技术推广应用面不大，产品开发创新能力不强等行业自身问题进一步突显；生产要素成本高，资源节约环境保护压力大等问题持续存在；此外，国际经济环境更加复杂多变，出口竞争日趋激烈。

（一）先进工艺技术推广应用不够普遍

近年来，我国印染行业在低温、短流程、少水染整加工新工艺，小浴比、自动化、在线监测、数字化集成监控的印染设备和信息化管理系统，污染物治理和资源回收再利用等技术上取得了很大突破，但这些技术主要集中在一些资金条件好、管理水平高、设备较好的企业。由于先进的工艺技术需要先进的生产设备和相应环保设施相配套，并需要较高的运行费用，很多中小企业因为资金投入不足，导致先进的工艺技术在行业内没有得到普遍应用，不仅影响产品开发和质量提高，也影响行业产业升级进程。

（二）产品研发、产品创新能力不强

印染企业大多属于加工型企业，在工艺技术、品种开发和经营管理上多处于模仿追随，制约了企业创新能力的提高。由于缺乏自主创新能力，我国印染产品主要是常规产品，技术含量不高，同质化现象严重，缺乏高附加值的特色产品。目前，我国印染生产仍然停留在以“代加工”为主的加工模式阶段，在全球分工体系中处在加工制造环节，缺乏向研发、设计环节和市场营销环节的延伸，未来需要我们根据产品定位，提升产品的质量，加强产品研发，优化产品品种，提高技术性、功能性、个性化的高附加值产品的比重。突出自身的优势和特点，实现错位发展，避免同质无序竞争、低价竞争。用自己优势的产品，化解不断上升的成本压力。

（三）综合成本持续上升

2013年受货币流动性因素影响，国内各种生产要素成本上涨压力越来越大，尤其是染料

价格上涨尤为突出。据统计，2013年染料价格上涨幅度超7成。其中，分散染料主流品种均价由1.7万元/吨上涨至3.3万～3.5万元/吨，涨幅达94.12%～105.88%;同期，活性染料均价也由约2万元/吨涨至3.5万～3.6万元/吨，涨幅达75%～80%。

综合成本上升成为印染企业不能躲避的困难，不但增长了企业运营成本，更会影响企业对市场的判断，将导致企业库存增加、订单削减、利润下滑，甚至停产，对纺织印染企业将是沉重的负担，也是需要积极面对和解决的问题。

（四）节能环保形势日趋严峻

国家及地方政府在节能环保方面的要求越来越严格，社会的关注度、产品的生态要求也越来越高。2013年1月1日开始实施的《纺织染整工业水污染物排放标准》（GB 4287—2012）提高了印染企业废水排放指标，用以限制纺织印染企业的废水排放总量。正在制定的《纺织印染工业大气污染物排放标准》将对印染废气排放进行有效控制，降低纺织行业VOCs的贡献率，从而有效控制PM2.5的排放，降低纺织印染工业对大气环境和人体健康造成的不良影响。同时，各地方政府除积极配合国家政策外，也出台地方法规，促使印染企业实施清洁生产，淘汰落后产能，加大对污染物排放的监管力度，加快印染行业转型升级。

近年来，我国印染行业在节能减排环境保护方面做了大量工作，投入了大量资金、人力等，不断以科技进步和自主创新为支撑，节能减排取得了一定的成效。目前，印染行业仍面临提标改造任务艰巨、投入增加、资金紧张等问题，同时，还面临准入、用地、融资等多方面局限的情况，环境问题不解决，将影响到整个纺织行业的转型发展。

（五）国际经济复杂多变，竞争日趋激烈

国际环境充满变数，复苏缓慢，我国纺织业加工成本的比较优势已经逐渐消失，尤其是初加工产品，我国纺织的综合优势将会受到影响。当前行业在产品质量、后整理等方面与发达国家相比还存在差距，同时还存在创新能力不足以及同质化竞争亟待有效遏制，因此，出口企业应积极应对各种不确定因素的出现，适应形势的变化，及时调整市场定位和产品定位，保持出口产品的稳定发展和增长。

三、2014年印染行业发展趋势展望

（一）印染布产量难突破负增长

目前，印染行业正处于转型升级时期，国家也积极出台相应政策加大淘汰落后产能力度，2013年130余家印染企业合计淘汰23.4亿米落后产能，2014年企业将更多的资金投资到新技术、设备、节能环保、产品研发、提高产品附加值等方面。另外，国内市场需求放缓，消费者对中国品牌及其创新产品的印象转变还需要时间。预计明年印染布产量将继续保持负增长态势，但增速同比下降幅度会降低。

（二）出口将继续保持平稳增长

中国经济平稳发展，结构调整稳步推进，中国企业对于产品安全生产的意识、行业内产

品安全最佳实践的了解程度在5年提升了43%，这表明中国企业正在逐渐认识到通过加强质量管理来提升其产品安全的重要性，这也表明“中国制造”的国际形象正在逐步提高与完善中。预计2014年我国印染布出口情况仍然将保持平稳增长。

尽管纺织行业出口短暂略有好转，但影响纺织行业发展的压力仍然存在，尤其新兴市场国家增速集体放缓，发达国家正走上不同程度的复苏道路。同时，劳动力成本、原材料成本逐年递增，能源价格的继续上涨，导致众多中小微企业出口风险仍在加剧。

（三）产业结构调整和优化升级将加快推进

2014年是实施“十二五”规划的重要一年，印染行业将加大技术进步和科技创新，实现关键共性技术推广应用，着力推进工艺、装备、技术水平提升，促使节能减排与环境保护取得实质性突破，同时注意上下游衔接，实现产学研结合，打造具有竞争力的龙头企业，促进行业结构调整和优化升级。

（四）企业两极分化现象更加明显

2013年，在印染行业加快结构调整和转型升级步伐的同时，印染行业出现明显的两极分化的现象，即大企业盈利情况越来越好，但很多中小企业却由于环保压力增大、节能减排任务加剧、染料价格大幅上涨，不得不减产、停产，甚至退出。预计2014年，这种两极分化现象会继续延续下去，部分中小印染企业要靠技术创新和管理创新提高抗风险能力、研发高附加值、高技术含量的新产品，提高经济增长的质量和效益，加快推进结构优化调整和发展方式的转变。

（中国印染行业协会）

附：部分染整新工艺、新原料、新装备介绍

染整是纺织品生产过程耗水、耗能和排放最多的工序，目前我国规模以上印染企业印染布年产量达到566亿米，染整加工节能减排关系到纺织行业的进步与发展，也是纺织行业关注和研究的重点，现就部分染整节能高效的新工艺、新原料、新装备介绍如下。

（一）新工艺

1. 高效短流程前处理

染整加工过程中，棉织物前处理的能耗、用水量和污染负荷最大，优化前处理工艺是实现染整节能减排的关键。高效短流程前处理通过缩短工艺流程、简化生产设备、应用节能降耗新工艺替代传统工艺，大大降低了生产过程中能耗、水耗和废水中COD值，提高了生产效率，保证了产品质量。

高效短流程前处理主要技术特征如下。

（1）低温下，高碱度高浓度，作用温和，纤维损伤小。

（2）打卷要求严格，恒张力卷布是关键。提高织物带液量，提高前处理的工艺效果。

（3）烧毛完成后，高温灭火，避免PVA凝结，防止沾污。

2. 冷轧堆染色

冷轧堆染色，指织物在低温下通过浸轧染液和碱液，利用轧辊压轧使染液吸附在纯棉织物纤维表面，然后进行打卷堆置，在室温下堆置一定时间并缓慢转动，使之完成染料的吸附、扩散和固色过程，最后水洗完成上染的染色方式。该工艺包括浸轧工作液、堆置固色、水洗三个阶段。冷轧堆染色工艺流程短，设备简单，对环境污染小，因不经烘干和汽蒸，从而节约能源，具有浴比小、上色率高，不存在染料泳移弊病等特点，特别适合对张力敏感及染不透等多品种、小批量的生产。

（1）主要特点：能耗低、环境污染小，生产灵活性大，适合小批量、多品种染色。

（2）关键装备：均匀轧车。性能先进的均匀轧车能实现织物染色匀透，透芯效果好。

（3）发展动向：我国目前主要应用活性染料进行冷轧堆染色，而国外已发展到应用于还原染料、硫化染料、阳离子染料进行冷轧堆染色。

3. 针织物连续加工技术

目前针织物前处理工艺主要是间歇式生产方式，主要问题是占地面积大、用工多、耗能高、耗水大，研究开发和推广应用新型针织物连续前处理工艺及设备已成为当务之急。

针织品平幅前处理工艺特点：通过平幅烧毛、平幅丝光、平幅练漂等工艺的实施，实现针织物的规模化生产，提高产品质量，降低生产成本，节水节能利于环保。连续前处理工艺处理过程温和，处理后织物白度均匀，毛效好于间歇式传统前处理；纤维强度提高，损耗低；布面光洁、平整，手感柔软；平幅处理织物无堆置痕，改善易起折皱品种；染色重现性高，缸差小；敏感色对比染色机改善明显，基本上没有染花的现象。针织物连续式前处理与间歇式前处理化学品、水、能源消耗对比见表6。

表6　针织物连续式前处理与间歇式前处理化学品、水、能源消耗对比

工　艺	连续煮漂	溢流煮漂
精练剂（g/kg）	3	5
螯合分散剂（g/kg）	7.5	0 ~ 5
双氧水稳定剂（g/kg）	5	5
防皱润滑剂（g/kg）	0	0 ~ 5
脱氧酶（g/kg）	0	0 ~ 3
50%烧碱（g/kg）	8 ~ 12	30 ~ 40
27.5%双氧水（g/kg）	25 ~ 40	50 ~ 120
醋酸（g/kg）	1.5	5
耗水量（L/kg）	12	30 ~ 40（浴比 1：10）
蒸汽（kg/kg）	0.8 ~ 1.5	3

（二）新原料

1. 阳离子化无盐染色

棉纤维阳离子化是一种比较直接有效解决活性染料染色问题的途径之一，通过化学结合或物理吸附使阳离子化合物固着在纤维上，提高染料的竭染率和固色率，在染色过程中减少甚至不使用无机盐。

目前，70%的棉纤维使用活性染料染色。应用阳离子化无盐染色，可减少化学品使用量的50%。面临的主要问题是如何实现染色均匀。

2. 高固色率活性染料

高固色率活性染料可使更多的染料被固着在织物上，因此，可节省染料、化学品，并可节约水、能源，降低生产成本。

常规活性染料固色率小于80%，高固色率活性染料固色率可达到85%~90%，并且达到相同竭染率，无机盐用量可减少50%。

（三）新装备

1. 气流染色机

与传统的溢喷染色机相比，气流染色机具有显著的节能减排效果，并且基本涵盖了传统的溢喷染色机所适用的织物品种范围，染料上染织物均匀，染色效果出色。气流染色机主要特点如下。

（1）水消耗低：染棉的浴比是1∶3.5，染化纤是1∶2，水消耗量减少。

（2）减少污染：浴比低同时可节省染料、化学助剂及辅助物料等的使用。另外，污水中活性染料的盐成分可减少三分之一或更多。相对地可减少除泡剂的使用，达到环保效益。

（3）节省时间：冷水热水清洗过程可连续进行，不需任何时间的停顿。另外，配备高效热交换器或直接蒸气加热装置，大大缩短升温时间。

不同染色机性能对比见表7。

表7　不同染色机性能对比

项　目	普通液流染色机	高效液流染色机	AFE 气流染色机
染色时间（h）	9.5~8.0	8.0	7.5~6.5
耗水量（t）	120~160	90~110	40~60
盐、碱消耗量（%）	100	80	40
染料消耗量（%）	100	95	90
色牢度	3~4 级	3~4 级	4 级
品质	有擦伤和折痕	无擦伤有少量折痕	无擦伤和折痕
匀染性	均匀	均匀	均匀

2. 高温高压全自动卷染机

高温高压全自动卷染机可以对各种织物进行染色，如弹力布、超细麦克布、高档交织物、丝绸、棉、腈纶、尼龙、人造丝等。

高温高压全自动卷染机主要技术特征如下。

（1）恒张力。用户可设计程序,调节控制张力至所需的大小,使在整个运行过程中保持恒量。系统具有在无张力的状态下对轻\薄布料的染色功能。

（2）恒布速。在程序控制下以恒定的速度工作，尤其能把染色布料的色差减到最小，达到更好的染色效果。

（3）自动化。全自动操作运行，可按照预设的程序自动工作，并可保存设置便于以后使用，节省劳动力成本。

（4）构造简单。简单、牢固的机械构造以及简易的操作和维护，降低了生产成本。

3. 液氨整理机

液氨整理最初是从取代纱线碱液丝光开始的，曾称为液氨丝光，由于液氨整理与传统丝光效果完全不同，后来就不再称液氨丝光了，通称液氨整理。液氨整理与碱液丝光主要有以下区别。

（1）液氨可以瞬时渗入棉纤维内部，膨胀效果均匀，又极易清除，而碱液丝光恰恰相反。

（2）液氨整理非但不损伤纤维，相反可以改善其耐磨和撕破强度，而碱液丝光时棉纤维有损伤。

（3）液氨处理后上染率不如碱液丝光，光泽也不如碱丝光，但匀染性好，光泽柔和。碱液丝光上染率高，但匀染性差，光泽强。

（4）液氨整理的织物，经多次洗涤变化很小，尺寸稳定性好，变色也少。

附录

《中国家用纺织品行业“十二五”发展规划》中期评估报告

中国家用纺织品行业协会

一、行业持续发展，目标完成良好

进入“十二五”时期以来，家纺行业按照“规划”要求，以邓小平理论和“三个代表”重要思想为指导，深入贯彻落实科学发展观，坚持以市场为导向，以提高行业科技贡献率和品牌贡献率为路径，以提升家纺文化为核心，以推动渠道创新为支撑，以实施人才科技战略为保障，以促进行业可持续发展为目标，加快行业结构调整与产业升级，实现了“十二五”的良好开局和行业的持续增长。《规划》主要指标进展顺利，目标完成情况整体良好。

(一)“十二五”以来发展情况

1. 生产持续增长

2012年，国家统计局统计的1831家规上企业实现工业总产值 2492亿元，比2010年增长40.4%，年均增长18.5%，产销率保持在98%。主营业务收入2429亿元，比2010年增长37.7%，年均增长17.4%。

2. 出口缓中趋稳

据中国海关统计，2012年，我国出口家用纺织品共计366亿美元，比2010年增长23.2%，年均增长11%。我国家用纺织品的出口额占全球家纺出口总额的一半。主要产品类别出口情况见表1。

表1　2012年主要家纺类别出口金额及增长情况

产品类别	2012年（万美元）	较2010年增长（%）	年均增长（%）
床上用品	1153018	19.30	9.22
布艺产品（含装饰布）	745873	20.10	9.59
毯子	319559	34.55	16.00
毛巾产品	296041	18.19	8.72
地毯	240684	22.90	10.86

续表

产品类别	2012年（万美元）	较2010年增长（%）	年均增长（%）
餐厨织物制品	216862	31.60	14.48
绳、边、线、带	278716	30.28	14.14
其他制成品	404770	27.88	13.09

3.运行质量提高

2012年，1831家规上企业实现利润达147亿元，比2010年增长54.7%，年均增长24.4%。利润率6.1%，比2010年提高了0.7个百分点。三费比例6.2%，比2010年降低0.4个百分点。

（二）《规划》发展目标完成情况

“十二五”以来，我国家纺行业按照《规划》要求，持续推进结构调整和产业升级，《规划》目标完成情况整体良好。行业的规模、自主创新、品牌建设、节能环保等方面指标进展顺利。

1. 行业规模指标完成良好

2011年和2012年，近2000家规上企业工业总产值增速分别为23.1%和14.1%，增长水平超过《规划》目标增速；家用纺织品出口年均11%的增长，超过《规划》目标增速3.5个百分点。

2. 技术水平和创新能力有较大提高

2012年，规上企业全员劳动生产率65.1万元/人，比2010年提升30.2%，年均提高14.1%；企业技术水平和创新能力取得较大提高，“十二五”前两年全行业有8项科技成果获得中国纺织工业联合会科学技术进步奖，其中3项获二等奖，5项获三等奖。全行业有6家企业获中国纺织工业联合会产品开发贡献奖。12家企业入围2013年国家产业振兴和技术改造专项项目。

3. 自主品牌建设加快

2012年有6家企业的销售收入超过30亿元，品牌建设情况进展良好，《规划》要求在五年内培育10家销售额在30亿元以上的品牌企业，已完成《规划》目标60%，现实情况的进展显示此目标实现的速度将大大加快。

4. 可持续发展指标按期完成

由于没有单列的行业数据，此项内容参照中国纺织工业联合会的实施情况。

（1）节能指标基本完成。据中国纺织工业联合会测算，2012年，规上纺织企业综合能源消耗6174万吨标准煤，较2010年下降4.2%，单位增加值能耗、二氧化碳排放强度指标较2010年下降幅度均为25%，已经完成《规划》目标。

（2）减排部分指标受统计调整无法进行连续比较。据中国纺织工业联合会估算，2011年纺织工业单位增加值用水量较2010年下降29.8%，基本完成《规划》目标。由于环保部于2011年对统计范畴、调查方法等进行调整，化学需氧量等指标与以往年度不可直接进行总量比较。

（3）资源循环利用指标按计划进度完成。据中国纺织工业联合会测算，2012年全国再利用纺织纤维520万吨，比2010年增长30%，年均增长14%，稍高于《规划》目标增速。见表2。

表2　规划目标完成情况

指　标	2010年	2011年	2012年	2010~2012年年均增长	年均增长目标	完成情况
工业增加值（规模以上）增速		9.3%	13%	11.1%	8%	完成
出口（亿美元）	297	345	366	11.0%	7.5%	完成
纤维加工总量（万吨）	1198	1235	1270	3.0%	3.0%	完成
劳动生产率（万元/人）	54.2	62.4	65.1	14.1%	10.0%	完成
*研发经费占主营业务收入比重	＜1%		>1%			不断增长
销售额超30亿元品牌企业	—	—	6家	—	10家	进度正常

注：带*的项目参照纺织工业联合会测算数据

二、着力实施重点任务，效果显著

《规划》以结构调整和产业升级为主攻方向，提出优化布局、渠道建设、品牌推进、人才培养、平台功能、研发创新、技术进步、节能减排、加强服务、提升国际化水平等十大重点任务，得到全行业高度重视，取得了明显的成绩。

（一）产业布局日益改善

1. 空间布局梯度推进

科学合理的布局，实现东部和中西部地区协调发展。国家统计局数据显示，“十二五”前两年，中西部家纺规模以上企业工业总产值实现了年均30%的增长，远远高于东部地区16.3%的增速，中西部产值比重2012年达到了20.6%，较2010年提高了6.3个百分点，承接产能转移趋势明显。

东部地区通过加强研发设计、品牌建设以及渠道拓展，推进了产业升级。浙江、江苏、上海、广东、山东等地的行业骨干企业和产业集群的优势地位得到加强，国际化水平也有所提高。杭州余杭家纺着力建设“中国品牌布艺总部基地”，以期实现余杭家纺产业高端化、品牌化、国际化和集团化。洁丽雅集团在湖北的生产基地产值规模每年以30%的速度增长，而在浙江的总部实现了品牌的快速扩张。见表3。

表3　我国东部、中部和西部地区家纺行业规上企业工业总产值增速

地　区	2012年产值（亿元）	较2010年增长（%）	年均增速（%）
东部	1980	35.3	16.3
中部	450	68.1	29.7
西部	61	72.3	31.3

注：关于东部、中部和西部地区的划分，采用财政部门认可的划分。其中东部地区包括：辽宁、北京、天津、山东、江苏、上海、浙江、福建、广东。中部地区包括：黑龙江、吉林、河北、河南、山西、湖北、湖南、安徽、江西、海南。西部地区包括：广西、内蒙古、新疆、陕西、甘肃、宁夏、青海、四川、重庆、云南、贵州、西藏。见表4。

表4 我国东部、中部和西部地区家纺行业规上企业工业总产值比重（%）

地 区	2010年	2011年	2012年	增长（百分点）
东部	85.6	83.8	79.5	-6.1
中部	12.4	13.8	18.1	5.7
西部	1.9	2.4	2.5	0.6

2. 产业集群规模不断壮大

2012年，家纺协会统计的16家产业集群完成主营业务收入2732亿元，比2010年增长13.3%，年均增长6.4%。实现利润149.4亿元，比2010年增长23.1%，年均增长10.9%。2012年利润率为5.5%。

进入“十二五”时期以来，我国新增家纺产业特色名城（镇）4个，分别为浙江省桐乡市洲泉镇“中国蚕丝被名镇”、浙江省杭州市萧山区义桥镇“中国床垫布名镇”、辽宁省瓦房店市“中国家纺流苏名城”和四川省彭州市“中国家纺名城”，这4个产业集群2012年实现工业总产值超过100亿元。辽宁省和四川省首次拥有了命名的家纺产业集群，命名的家纺产业集群所在地扩大到全国9个省份。集群产品的种类也新增了床垫布和流苏。布艺、毛巾、蚕丝被、藏毯地毯、羽绒家纺、绗缝家纺、工艺家纺等区域产业特征也越发突出，特色发展有了长足的进步。

3. 骨干企业优势进一步加强

“十二五”以来，行业骨干企业规模优势进一步显现，2012年，孚日集团、江苏梦兰集团、青岛喜盈门集团、愉悦家纺公司、浙江洁丽雅公司、泰丰纺织集团6家企业的年销售收入超过30亿元。且骨干企业在技术装备、品牌文化、渠道扩张等方面的引领作用更加显著。孚日集团拥有1000多台世界先进水平的毛巾织机，产业规模和水平位居世界前列；亚光家纺积极打造自主国际品牌，荣获沃尔玛“2012年度家居及季节用品部最佳持续成长贡献奖”；富安娜率先采用吊挂生产线，大胆探索自动连续化生产；罗莱家纺稳健推进终端零售网点，目前各类实体品牌门店达2700多家；梦兰集团注重企业文化建设，董事长钱月宝荣获“全国诚实守信道德模范”称号，受到习总书记的亲切接见。

在各产业集群的大力扶持下，一批集群中的领头企业迅速成长，壮大了行业骨干企业队伍，引领和示范功能得到进一步加强。目前行业年销售收入超10亿元的企业达20多家。

（二）渠道创新面向多元

1. 积极探索渠道新路径

家纺流通渠道趋向多元，积极与相关行业合作，探索渠道新路径。近年来，专业市场已经成为家纺企业市场渠道拓展的优势平台。同时，家纺产业品牌加盟店、直营店、旗舰店、专卖店、时尚生活馆、超市、网络销售等各类流通渠道不断涌现。目前，在家纺市场产业链细分的推动下，家纺市场渠道呈现出多元化的特点。

家纺专业市场开辟创意旅游是市场渠道创新中一个突出亮点，并取得很好效果。海门叠石桥国际家纺园2012年10月被国家旅游局评为“国家4A级旅游景区”，以家纺历程馆、家纺流行趋势馆、家纺品牌培育馆、叠石桥规划馆、核心交易区时尚品牌家纺展示区等构成了旅游观光购物景点，创建了中国家纺行业“家纺文化旅游”的新模式。

2. 电子商务突飞猛进

2012年家纺行业在淘宝平台交易总额较2011年增长了102.2%。行业骨干企业在网销中起到积极的作用，全年淘宝家纺销售排名前十位品牌的销售额占到了家纺销售总额的12%，罗莱、富安娜、博洋、水星、多喜爱、梦洁品牌的销售额位于前六位，且均超过亿元。

产业集群为网店提供了丰富的货源和信息，淘宝平台成交额度最高的城市是江苏省南通市。据当地初步统计，2012年叠石桥家纺市场成交额中近10%来自于网络销售渠道，业绩较为显著。

（三）品牌建设层层推进

1. 确立32家重点跟踪培育自主品牌企业

2011年，受工业和信息化部委托，配合完成了《我国服装家纺自主品牌企业评价指标体系》和《评价细则》，2012年开展了服装家纺自主品牌调查分析工作，最终确定家纺样本企业184家。在此基础上，32个家纺企业被列入国家工信部、中国纺织工业联合会“重点跟踪培育的服装家纺自主品牌企业”。

2. 调研解析自主品牌发展现状与特征

通过对家纺品牌的专项调查，针对企业的基础能力、品牌管理能力、品牌创新能力、品牌市场能力和品牌传播能力五个方面着重展开了分析，明晰了行业品牌企业的现状和特征。

（1）品牌年龄分布。从样本企业的商标注册时间来看，家纺企业品牌年龄大多不超过20年。其中，31.9%的样本企业自主品牌年龄在5年以下，28.6%的品牌年龄在5～10年，31.4%的品牌年龄在10～20年，5.4%的品牌年龄在20～30年，品牌年龄超过30年的仅占2.7%。

（2）品牌市场覆盖面。样本企业拥有的多数品牌都是全国性品牌，营销网络覆盖了中国境内的大部分省份。其中，营销网络覆盖30个以上省份的企业占11.4%，在20～30个省份销售的占29.2%。有15.1%的企业在境外注册了独立或参控股销售公司。

（3）企业盈利能力。自主品牌建设对企业盈利能力具有明显的提升作用。2011年，样本家纺企业平均利润总额为3410万元，比上年增长21.4%。利润率为6.5%，明显高于规模以上纺织全行业5.52%的水平，与服装企业的差距正逐渐缩小。

（4）企业质量管控能力。企业普遍重视质量管理体系建设，且重视度逐年提高。至2011年底，样本企业中，通过ISO 9001认证和拥有内部实验室的比重分别达到87.6%和75.5%，13.6%的企业通过国际生态技术或产品的相关体系认证。

（5）快速反应体系建设。样本企业中，建立仓储物流管理体系的情况较好，2011年覆盖面达75.7%。企业ERP系统应用和供销终端的内部数据传输系统覆盖面分别为66.5%和69.7%。

（6）企业社会责任。企业社会责任体系建设尚处于起步阶段。48.7%的企业获得ISO 14001体系认证，21.1%的企业获得OHSAS 18001体系认证。

3. 完成行业首部品牌发展报告

2012年至2013年上半年，在品牌调研工作基础上，家纺协会与北京服装学院展开合作，进一步深入研究家纺自主品牌发展历程与现状，撰写了首部《中国家纺自主品牌发展报告》。总结了家纺品牌的发展历史和发展现状，研究了家纺自主品牌的主要类型与发展模式，深入进行了品牌的竞争力分析和SWOT分析，提出了新时期家纺自主品牌的发展趋势和重点。

4. 区域品牌建设不断推进

地方产业集群不断强化区域品牌建设，2011年，国家工商总局商标局核发“余杭家纺”《集体商标注册证书》，“海宁家纺”成功获评浙江省区域名牌，实现了区域经济的品牌化。“大麻家纺”集体商标在2010年注册后为协会成员开拓国内外市场、提升品牌知名度发挥了积极作用。产业集群区域特色品牌的发展方向更加明晰，如南通“家纺床上用品”、绍兴杨汛桥“窗帘窗纱”、高阳“毛巾”等。

南通海门工业园每年都投入2000多万元，利用现代传媒的各种手段与途径进行广泛宣传，不断扩大叠石桥家纺市场在国内外、业内外的影响力、知名度。与央视合作，在央视四套发布叠石桥形象广告，同时在央视播出纪录片《叠石桥传奇》，极大地提升了叠石桥在全国乃至全球的知名度。着力做好品牌企业的孵化器，2012年10月，海门工业园被国家商务部批准成为品牌促进体系建设试点单位。

（四）系统培养特色人才

1.积极扩充职业培训基地

“十二五”前两年新增家纺设计师职业技能培训基地2个、家纺设计师培训基地试点3个。为了更好地满足行业对设计师的需求，2011年家纺设计师职业技能鉴定站新增浙江纺织服装职业技术学院为家纺设计师职业技能培训基地。成都纺织高等专科学校、广东纺织职业技术学院为新的家纺设计师培训基地试点。2012年鉴定站新增山东科技职业学院为家纺设计师培训基地，新增济南工程职业技术学院为家纺设计师培训基地试点。

2. 稳步推进设计师鉴定

“十二五”前两年鉴定家纺设计师690人，其中684人获得初级资格，6人获得中级资格。2011年，家纺设计师职业技能鉴定站共鉴定家纺设计师340人，其中336人取得国家初级家纺设计师职业资格，4人取得中级家纺设计师职业资格；2012年，共鉴定家纺设计师350人，其中348人取得国家初级家纺设计师职业资格，2人取得中级家纺设计师职业资格。并于2012年11月17日在南通纺织职业技术学院举办了首批高级家纺设计师培训考试。

3. 大力开展特色培训

2012年针对行业需求开展研发特色培训。首期“全国家纺织物设计培训班”于5月13日在山东济南开班；首期“全国整体软装设计高端培训营”于7月2日至4日在北京举办。培训邀请了国外知名专家、顶级设计师联袂执教，经典案例和实战模拟相结合，直击工作中的重点、难点，方便学员直接应用实践。

4. 企业和产业集群积极推进各类职业培训

行业骨干企业和产业集群通过兴办培训基地、开展各类职业培训，有力促进了行业的提升与发展。如文登产业集群与北京大学、清华大学、青岛大学等科研院所合作，建立了12个家纺专业人才培育基地，培训效果显著提高。

2012年海门工业园区大力推进叠石桥家纺电子商务规模化发展，请专家指导电子商务工作和制定叠石桥家纺电子商务发展规划，在此基础上专门与淘宝网业务合作组建成立叠石桥家纺城淘宝大学，引进淘宝营销方面的权威专家为市场经营户和集群企业开展系统培训，2012年累计培训1000余人次。

（五）平台功能与时俱进

1. 展会平台

展会是企业展示、交流、贸易的平台。随着行业的发展，企业拓展市场的需要以及展会功能的不断完善，家纺协会主办和支持的展会取得了长足进步，主展的国际化程度和影响力得到加强，地方展特色越来越明显，取得了阶段性成果。

（1）国际展会。在上海举办的中国国际家用纺织品及辅料博览会世界影响力日趋扩大，展会规模和平台功能不断提升，2013年展出面积达到了13.8万平方米，专业观众3.9万人次。各项指标均较2010年有明显的提高，特别是国外参展商的比重增加了2.52个百分点，达到26.12%，国际化水平向前跨出了一大步。土耳其、印度、意大利、韩国、巴基斯坦等国家纷纷组团前来参展，参展的国家和地区达到30个，参展的国际大品牌也越来越多。“博览会”不仅搭建了家纺国际贸易平台、信息平台，也为我国家纺企业参与国际交流、走出国门创造了有利条件，近年来参加海外家纺展会和交流活动的企业不断增多。见表5。

表5　2013年中国国际家用纺织品及辅料博览会主要指标及增长情况

项　目	2013年	2010年	增长数量
展出面积（平方米）	138000	115000	23000
参展国家/地区（个）	30	24	6
参展商（家）	1321	1017	304
国外参展商（家）	345	240	105
国外参展商比重（%）	26.12	23.6	2.52（百分点）
专业观众（人）	39189	38696	493
海外专业观众（人）	5101	4630	471

（2）青海藏毯展。青海展得到了商务部的高度重视和支持，2012年青海藏毯展由商务部、青海省人民政府和西藏自治区人民政府共同主办，展会规模和国际化程度都有所提高。来自32个国家和地区的253家企业，共5000多名展商和经销商参加，展会期间交易额达到8300万美元，比上届增长16.9%，交易成果颇为丰硕，成为国际地毯业交流与合作的重要平台。

（3）海宁家纺博览会。海宁在连续举办了十多届家博会的基础上，对办展理念和办展模式进行了创新，在新产品展示周上邀请客商走进企业展厅，为采购商和供应商提供了一个更为直接和直观的采购交易平台。2012年许村新产品展示周接待客商突破10000人次，直接成交金额7000多万元，达成意向订单近3亿元。

（4）滨州国际家纺文化节。2012年滨州家纺节以“创新、融合、发展”为宗旨，重点展示了近年来滨州纺织家纺服装产业的新成就、新亮点，通过“展示、洽谈、比赛、会演、产学研”五个方面的活动，提升了品牌形象，扩大了产业影响。

（5）文登家纺博览会。注重突出工艺家纺，2012年的文登家纺博览会包括品牌产品展示、工艺美术大师作品展示、家纺非物质文化遗产展示、大学生创意设计大赛作品展示，以及鲁绣文化展示、鲁绣精品展示、民间艺术珍品展示、文登家纺产业产品展示等，内容丰富，文化特色鲜明，着力推进了行业工艺家纺产业的繁荣发展。

2. 信息平台

为满足行业发展的需要，2012年8月对家纺协会官方网站进行了全面改版，组建了一支高素质网站通讯员队伍，现有的45名通讯员均来自协会副会长、常务理事单位。新网站立足权威、专业、全面、前沿、时尚的信息服务的网站运营理念，致力于打造一个家纺行业最权威、最实用的信息交流平台。改版后的网站越来越受到行业内外的关注，点击量不断提高，由2013年1月份日均1000增加至8月份日均8000。

2012年行业开始实施统计数据网上直报，数据分析处理工作效率及质量都有明显提高。并通过网络系统加强了行业统计体系的建设。定期的数据采集与反馈，促进了交流互动，加快了信息传递，密切了行业与企业、企业与企业之间的联系。依靠行业的统计平台，较好完成了“500强”测评、企业经营者调查等工作，多次受到主管部门好评。

2011年和2012年协会编写并出版了《中国家用纺织品行业发展报告》，报告集中反映了家纺行业发展年度发展情况与趋势，为相关企业、科研机构以及国家宏观管理提供了具有权威性和指导性的参考依据。另外，行业还根据需求分别建立了设计师、经销商、信息联络员等资源数据库，增强了信息的服务功能。

3. 产品研发平台

通过加大协会流行趋势研究与推广工作室、设计师分会、家纺艺术与文化委员会等机构的建设，有效地整合了院校、企业及产业集群的研发资源，推进了行业研发队伍的建设，为行业的产品研发和设计人员交流创造了有利环境，较好地发挥了培训、展示、研究、交流和交易的平台功能。

4. 国际交流平台

行业中小企业多，缺乏对外交往的渠道和手段。近几年行业充分发挥协会组织及中国纺织工业联合会、贸促会纺织行业分会等机构在对外交往中的优势资源和有利地位，搭建起宽广的国际交流平台，行业的国际交流活动开展得有声有色。

（1）主办全球家纺圆桌会议。由中国家纺协会会长提议，在“中国国际家用纺织品及辅料博览会”期间举办了“全球家纺圆桌会议”，国际纺联负责人及主要家纺生产国家和地区的业界领袖、我国家纺骨干企业代表出席了会议。与会代表就大家共同关心的世界家纺发展趋势、市场状况、品牌建设等专题进行了深入探讨。此次活动的成功组织，增进了海外对我国家纺产业的了解，提升了我国家纺业的国际地位和话语权。

（2）聘用海外设计师、销售人员，开拓市场。协会多次组织行业企业管理人员、设计人员到欧洲家纺著名设计工作室、生产企业和商会进行实地考察。学习世界先进水平的经营模式、最前沿的设计理念和手法，探寻我国家纺产业的发展路径，并促成一些企业与国际大师建立了稳定的联系。

亚光、众望、奥坦斯、巴贝等行业骨干企业通过聘用国外设计师、销售总监，产品的设计水平和海外销售渠道的建设大有改观，着力促进了自主品牌在国际市场上的发展。

（3）土耳其破冰之旅。家纺是土耳其的传统产业，也是其主要产业，土耳其家用纺织品，尤其是窗帘、窗纱、装饰布产品在世界较有影响，随着我国家纺产业的发展，已成为其主要的竞争对手。因此，土耳其纺织业对我国持对立态度，不交流，拒绝中方企业参加其举办的国际展会。2011年我们主动开始了破冰之旅，经过双方的互访，增进了交流，达成了理解。目前，他们组团参加我们的上海展，土耳其家纺展也向中方企业开放。双方的行业组织也建立了联系渠道。

（4）推进印、巴交流合作。家纺行业的壮大也加大了对国际资源的需求，近几年我国家纺业加大了与印度、巴基斯坦等周边国家的交往合作，双方的行业组织和企业相互频频往来，展开了生产贸易的优势互补，在棉纱价格大幅波动的时期，印巴纱的优势发挥了积极作用。目前，双方都在寻求更广泛领域的合作。

（5）国外展会拓宽市场。国际交流平台为企业参加国外展会和活动创造了有利条件，近几年我国参加国外展会的企业和参加展会的种类逐年增多，展会在我国家纺产业对外交往的作用也越来越大。目前，企业经常参加的海外国际展会主要有法兰克福家纺展、巴黎家居展、比利时家纺展、伊斯坦布尔家纺展、意大利伽诺比奥布艺窗帘展、纽约家纺展、莫斯科家纺展等。

5. 其他平台

为满足行业发展的需要，金融平台、指数平台、报关平台等一些新的服务平台应运而生，服务功能与时俱进。

（1）金融平台。2012年6月19日，全国首家家纺专业银行中国民生银行南通家纺支行在南通家纺城正式成立。这是金融资本与产业资本融合的积极探索，中国民生银行将南通家纺行业列为重点扶持的产业之一，推出了一系列金融扶持政策。在成立仪式上，中国民生银行家纺支行向150家家纺企业授信5亿元。

叠石桥家纺城核心交易区也专门建设了金融服务功能区，目前中国邮政银行、中国建设银行、中国工商银行、中国农业银行、中国银行、江苏农村商业银行、江苏大岛小额贷款公司等20多家金融机构营业网点，整个叠石桥家纺城金融业呈现出良好的发展态势。

（2）指数平台。继“中国·通州家纺指数”后，“中国·叠石桥家纺指数”2011年3月11日由国家商务部正式对外发布，对中国家纺专业市场和家纺产业发展状态开始进行动态监测与科学测评，确立我国家纺行业在国际市场上的话语权，为企业在产品开发、产业投资等方面的理性选择提供了数据参考，为全国家纺企业融入全球经济和中国家用纺织品参与国际竞争争取了主动权和价格空间。

（3）报关平台。2012年8月，南通海关叠石桥家纺城办公点挂牌成立，实现了出口的属地直接报关。“家门口通关”降低了出口成本，极大的便利了园区企业及周边县市企业的产品出口。

另外，产业集群的质量检测平台、电子商务平台、现代物流平台、版权保护平台、专业培训平台、品牌培育平台、外来人口管理中心等根据产业的发展需求不断完善服务功能。

（六）设计研发彰显特色

1. 设计大赛凸现创新氛围

“张謇”杯中国国际家用纺织产品设计大赛，2011年、2012年分别收到参赛作品554套件和667套件，大赛的参赛作品逐年增多，且在整体上有明显的进步和提高，创新作品增多，国际参与性进一步增强。

2011年“中国国际家用纺织品创意设计大赛”收到43所艺术院校和企业的选送作品1398件，2012年收到全国39所院校的参赛作品1104件。

自2012年起，家纺协会将设计大赛与流行趋势这2项工作结合，家纺协会在全国范围内举办“设计大赛优秀作品巡展暨家纺流行趋势巡讲”活动。在促进和推动我国家纺行业产品开发创新的同时，此活动也为全国各纺织院校提供了一个专业设计的教学实践和理论研究的高端交流平台，受到了各地政府和院校的大力支持和一致认可。

2. 流行趋势研究水平不断提高

经过近几年不断地探索和努力，我国家纺流行趋势研究与发布水平明显提高，影响力日趋扩大，受国内外企业和专业人士的好评，并得到行业骨干企业和产业集群的大力支持。最新发布的“2014/2015中国家用纺织品流行趋势”，从消费者的生活方式和情感需求出发，以“视野”为主体概念，推出了“茧迹”、“先祖”、“时光”、“缤纷”四个趋势主题，向行业及大众传达新一季家纺流行风尚，为企业产品研发及引导促进消费发挥了积极作用。

3. 画稿交易实现设计作品产业化

2013年9月28日至29日，由中国家用纺织品行业协会、南通市人民政府共同主办的第五届中国家纺画稿交易会在中国南通家纺城隆重举行。本届画稿交易会共吸引了国内外参展商263家，其中本地设计单位110家，外地设计单位56家，国外设计单位44家，高等院校17家，成品企业36家，无论是整体规模，还是国外设计单位数量都创历史新高，专业性进一步提升。最终展出家纺画稿36000多幅，成交画稿3760幅，成交额超过750万元。画稿交易会为家纺企业和家纺设计单位、设计师提供了交流、互动、共赢的平台，为进一步提升家纺行业的自主创新设计能力起到了重要的推动作用。

4. 加大投入提升研发能力

近年来，行业企业和产业集群加大了对研发人力、装备和资金的投入，产品研发水平有了明显的提升。协会调查的184家自主品牌企业，2011年户均研发设计投入1449万元，占主营业务收入的2.8%，同比增长26.3%。通州家纺产业研发投入占比2.5%，先后与东华大学、南京艺术学院、中央美院等28家大专院校、科研机构签订了产学研合作协议。

文登工艺家纺产业集群全面加快企业研发机构建设，培育和增强企业自主创新能力。相继成立了山东云龙复合（仿生）纺织材料工程技术研究中心、云龙家纺设计技术开发中心、山东省艺达电脑绣工程技术研究中心、山东芸祥绣品技术研发中心、山东万得生态技术研发中心等科研中心，积累了雄厚的技术实力，新产品、新工艺、新针法在继承与创新中被不断开发出来，先后获得专利720多个，推出新产品4.3万个，使文登家用纺织品始终保持着旺盛的生命力。

（七）技术进步促进转型

1. 家纺项目首次集中获得国家技改专项支持

行业生产技术水平不断提高，新原料、新工艺广泛应用到床品、毛巾、布艺等家用纺织品的生产，并依靠新原料、新工艺突出产品功能，提高产品附加值，促进行业的转型升级。积极贯彻国务院《关于促进企业技术改造的指导意见》，针对产业转型升级及国家重点支持领域申报重点项目，最终有12个家纺类项目已通过初审，列入2013年国家产业振兴和技术改造专项，申请专项资金金额超3亿元人民币。

2. 积极推进自动化生产流水线研制

家纺行业在“十二五”发展规划中明确提出，要加快技术进步，促进产业升级，其中一个很重要的措施就是研究推广家纺成品生产流水线，提高行业自动化、连续化水平。2013年1月，家纺成品生产流水线（自动吊挂线）现场交流会在天津宏大纺织机械有限公司召开。SS型家纺智能吊挂输送系统由天津宏大纺织机械有限公司和北京经纬纺机新技术有限公司共同研制开发，是基于RFID射频识别技术的智能吊挂输送系统，实现家纺企业生产各工序间的自动输送和存储。通过RFID技术对产品线进行详细记录，管理人员可以直观看到每个员工生产信息(生产数量、返修量、待加工量等)的统计结果，实时监控各工序的供需情况，动态掌握整条生产线状况。

3. 企业借两化融合提升竞争实力

行业骨干企业大力推进信息化和工业化的融合，应用信息化技术改造和提升传统生产和流通过程。如深圳市富安娜家居用品股份有限公司采用国际先进的德国SAP公司ERP系统实施信息化管理，建立起高效的生产流通管理体系。经过近两年不断升级，SAP系统在业务流程优化、降低运营成本等方面的威力开始释放，企业市场应变能力和快速反应能力得到增强，企业效益和竞争软实力明显提升。

（八）着力推行循环经济

1. 技术进步促进环境保护

为实现可持续发展，行业企业高度重视相关技术研究和应用。在2011年、2012年获得纺织工业科技进步奖的8个家纺项目中，“竹炭纤维保健纺织品的技术研究和产品开发”、“关于汉麻纺织新材料的研制和在双层双面纺织面料中的技术应用”和“汉麻功能性高档家纺面料与制品的开发及产业化”三项技术是推广应用新材料的，麻和竹的再生性优于棉花，提高了土地资源的利用效率，同时也使家用纺织品原料更具多样性。

山东愉悦家纺有限公司在丝光淡碱回收技术，高效节能、环保型退煮漂联合技术、碱浓度在线检测控制系统等技术上取得重大突破，节能减排效果显著，被中国纺织工业联合会评为2012年“纺织行业节能减排技术应用示范企业”。

2. 建循环园区发挥综合效益

高阳县依托污水处理厂启动了纺织循环经济示范区建设，倾力打造骨干企业品牌“孵化器”和循环绿色发展“加速器”。核心项目为总投资10.53亿元的中水回用染纱及高档毛浴巾染整项目。示范区建成后，可形成印染能力26万吨，与现有的印染企业相比可节水40%、节电25%左右，而且废水全部集中处理，处理后的大部分中水通过净化供印染企业进行回用，污泥用于重点企业锅炉改造项目燃用，所产生的渣灰用于制造节能环保砖，锅炉改造项目产生的汽、电供区内企业使用，形成集污水处理、中水回用、污泥发电、渣灰制砖、蒸汽印染“五位一体”循环经济发展模式。

（九）强化服务　扩大内需

1. 开展专项调查，研究消费特征

家用纺织品是纺织工业的三大终端消费品之一，有着数量庞大的消费人群。在如今对细分市场的产品定位以及品牌战略的迫切需求之下，每个年龄段和不同收入阶层的消费群体有着哪些不同的消费行为，这是企业密切跟踪和捕捉的重要决策信息。为了协助企业做大市场，准确把握需求动向，在过去的两年时间里，中国家用纺织品行业协会家纺消费习惯调研组奔赴青岛、成都、北京、上海、太原和哈尔滨六个城市，随机抽取调查了6000多名消费者对床品、毛巾和窗帘的消费情况，涉及家庭消费支出、市场购买渠道及频次、产品价格、影响因素等几个主要方面。通过对比分析，得出颇有参考价值的结论。

2. 科学宣传引导，促进消费需求

自2012年3月起，协会与亚光技术中心合作，历时1年，完成了对2000份样品的测试，413名志愿者进行了模拟毛巾使用实验，针对不同地域，不同使用环境，不同使用方法，完成了毛巾使用周期的研究报告，总结出毛巾健康使用的方法。2013上半年，结合毛巾使用周期研究报告，协会成功与央视合作，隆重推出一档家纺公益类节目——《毛巾里的健康密码》，提升了全民关注毛巾、关注健康的理念。同时，生活提示栏目继续播出《被子养护有妙招》节目，协会也将以此为契机，逐步启动对枕芯、被芯使用的检测，用科学的数据指导床品健康消费，加大力度倡导健康的消费理念。

为了引导家用纺织品健康科学消费，开拓内需市场，2011年，中国家纺协会组织大专院校和重点家纺企业编写并出版了20万册《家用纺织品消费指南——床品、毛巾分册》，取得了良好的社会效果。2012年，为深化行业服务职能，持续培育健康科学的消费理念，协会对《家纺消费指南》修订再版。并积极做好《消费指南》的宣传推广。新版《家纺消费指南》的出版发行受到了行业的高度好评。

3. 加强体系建设，完善产品标准

（1）完成9项标准审定。2011年家纺协会完成了《家用纺织品 经编间隔床垫》、《工艺绗缝被》、《静电植绒织物》、《被、被套规格》、《超细纤维毯》五项标准审定工作。2012年又完成了《家用纺织品　窗纱》、《家用纺织品 枕垫类产品荞麦皮填充物质量要求》、《毛巾产品毛高测试方法》、《毛巾产品毛圈抗钩拉力测试方法》四项行业标准的审定工作。同时，受中国纺织工业联合会委托，协会完成了海关单耗标准《厨房及盥洗类毛巾制品加工贸易单耗标准》标准审定工作。

（2）发布家纺类标准11项。2011～2012年发布家纺类标准11项，其中，国家标准2

项，行业标准9项；2011～2012年审定的标准7项。

（3）标准宣贯、服务工作。在推进标准化工作方面，完成了全国家纺标准化技术委员会及床品、毛巾两个分技术委员会之间的组织协调工作，理顺了行业标准体系。针对行业出现的质量问题，及时进行行业协调及技术服务，并在产业集中的地区多次组织相关标准宣贯活动。

（十）国际化水平不断提升

1. 国际市场多元化趋势增强

在稳定对美国、欧盟和日本三大市场出口的基础上，加强对世界其他国家和地区的出口，特别是扩大了对世界新兴市场的出口。2012年，我国对美国、欧盟和日本三大主要国家和地区出口186亿美元，较2010年增长了14%。除去三大市场以外，我国对其他国家和地区出口179亿美元，比2010年增长了34.5%，占出口总额的比重由2010年的44.9%上升到2012年的49%。主要是新兴市场对出口增长拉动明显，尤其俄罗斯和东盟十国拉动作用非常明显。2012年对俄罗斯出口较2010年增长了104.6%，所占比重由2.3%提高至3.82%。对东盟十国出口比2010年增长58.7%，占到全行业出口总额的6.8%，比2010年提高了1.5个百分点。

2. 走出国门参与国际竞争

骨干企业“走出去”的步伐加快，投资国家和地区越来越广泛，行业的国际交流合作不断推进。产业集群也加大了对海外市场的拓展，如叠石桥家纺产业集群依托境内园区生产基地的区域优势，先后在70多个国家和地区创办了300多家境外公司，海外商标注册超过30家，叠石桥家纺市场在德国、南非、南美、中东、俄罗斯等均设立了分拨中心、物流中心和配送中心，在海外形成了广泛而深入的影响力。

三、《规划》在实施过程中存在的问题和不足

“十二五”以来，我国家纺行业面临着复杂多变的国内外环境，整体经济面临着结构再调整。行业“十二五”绝大部分目标完成情况良好，整体运行稳定。但也存在一些实际情况和《规划》中依然存在差距，《规划》中所制定的部分政策和措施还有待进一步落实。

（一）税收优惠政策没有明显落到实处

《规划》中建议给予行业内品牌企业以高科技企业同等税收优惠，目前尚未落实，众多品牌企业并没有享受到多少税收优惠的政策。家纺行业普遍税负较重的现状并未改变。

（二）企业融资依旧困难

《规划》中建议加强制度创新，解决企业融资问题。目前虽然企业融资情况有所改善，但大部分家纺企业渠道依然不畅，融资成本依然很高，融资渠道有待拓宽。

（三）新渠道建设推进不力

行业推进多层次商业渠道建设困难重重，除电子商务发展迅猛外，跨界合作不够理想，渠道创新难以突破。行业在商业渠道建设方面的力量显得单薄，虽然努力与家具、建材等行业探寻合作，但进展缓慢。而传统渠道的不足渐现突出，渠道已成为制约行业发展的瓶颈。

（四）企业创新空间依然很大

行业创新型人才不足，造成行业科技创新能力较差，行业科技尚有较大提升空间。企业研发经费占主营业务收入比重普遍较低，科研院所以及高校针对家纺的研究起步较晚，造成家纺行业整体技术创新能力缺乏。另外，中小企业自身难以承受创新的巨大成本以及潜在风险，科研成果转化为实际生产力的比例较低。

（五）国际视野有待开阔

虽然我国家纺出口额占世界出口总额的一半，但国际视野的缺乏给未来的发展增添了风险。同时，国际资源整合与利用不足、市场的直接开拓和服务不足等问题尤显突出，如与国际品牌企业的合作仍显不够，周边国家的加工能力没有得到有效利用，对国外企业及消费者的服务不到位，等等。随着经济全球化的深入，家纺产业已身处全球经济中，并将越来越多地与世界优秀企业同台竞争，亟须以全球化的视野，审视世界家纺产业格局、资源格局和市场格局，进行更深层的创业。

（六）公共服务仍需加强

在《规划》重点建设的服务平台中，研发平台、检测平台建设不够理想。研发投入不够，大专院校培养的学生流失较大，市场上侵权现象依然严重。检测平台主要建设在产业集聚地，主要表现为利用率不高，主动跟踪测验和为企业服务不足，多数成为样板工程。

四、外部环境复杂多变，机遇无所不在

“十二五”后半期及“十三五”是我国家纺产业结构调整和产业升级的关键时期，所面临的外部环境也更加复杂多变。首先，国际经济复苏长期缓慢，未来走势仍不明朗；发达国家实施再工业化发展战略，对产业高端技术的控制更加严格，并将加剧高端产品国际市场竞争；国际贸易保护主义变相抬头，技术性壁垒将有所增加；发展中国家在中低档产品市场上的成本竞争将更趋激烈。第二，目前我国原材料、能源价格持续上涨，劳动力成本不断升高，我国低成本后发优势逐渐消失。加上人民币升值趋势将持续下去，出口产品利润空间进一步受到挤压。第三，国内经济进入新的增长时期，我国加强生态文明建设，将对节能减排、绿色生产提出更高要求。

虽然行业面临的外部形势错综复杂，各种风险挑战严峻，但市场需求空间依然存在，我国全面建成小康社会将为作为民生产业的家纺行业创造更多的市场需求，国际格局的变化也将带来新的机遇。

（一）我国城镇化水平不断提高

我国新型城镇化建设稳步推进，到2020年近1亿农村人口转移至城市，这必然会带来劳动生产率和城市集聚效益的提高，带来城镇公共服务和基础设施投资的扩大，带来居民收入和消费的增加，从而持续释放出巨大的内需潜能，推动房地产、家电、汽车、家具等耐用消费品销量提速，从而加大对家用纺织产品的需求。

（二）房地产销量稳步增长

我国加强房地产政策调控，将有利于房地产业的持续稳定发展。在2011年、2012年商品房销售实现增长的基础上，2013年增长开始提速，国家统计局1~9月份数据显示，商品房销售面积同比增长23.3%，其中住宅销售面积增长23.9%。另外，我国在“十二五”时期新建3600万套保障性住房，使保障房覆盖率达到20%。2011~2012年，保障房建设均超额完成全年任务。

（三）旅游服务业需求旺盛

旅游业、医疗及社会福利事业仍呈现出良好的增长态势，且随着公共类家用纺织品使用标准的完善和严格执行，均将加大对家用纺织品的需求。2012年国内出游人数29.6亿人次，比上年增长12.1%；国内旅游收入22706亿元，增长17.6%。截止2012年末，全国共有星级饭店客房150万间，增长4.5%；经济型酒店客房84万间，增长13.5%；医疗卫生机构床位557万张，增长8.2%；各类提供住宿的社会服务机构床位429.8万张，增长16.8%。

（四）经济全球化将不断提供国际机遇

经济全球化的发展趋势仍然不会改变，家用纺织品国际贸易规模总体将继续扩大，国际纺织产业分工合作将日益深化，在全球布局产业体系和跨国配置资源方面总体面临有利环境。特别是在全球性经济危机的影响下，国际家纺业也出现了洗牌现象，这为我国家纺品牌发展壮大并走向国际市场提供了机遇。

（五）新兴市场需求潜力正在逐步释放

近几年新兴经济体良好发展，加上世界消费重心、制造业重心、贸易重心都在向亚洲转移，及我国加强周边国家的外交政策，都有利于我国家用纺织品扩大对新兴经济体的出口，进一步推进多元化国际市场的建设。自2010年东盟—中国自由贸易协议实施以来，我国对东盟的出口明显加速。东盟及新兴经济体占我国家纺出口市场份额的比重不断提高。

（六）技术进步为产业提升创造有利环境

外部环境的变化将迫使行业加强发挥自主创新能力，积极抢占产业科技发展新战略制高点。同时，随着我国家纺产业的发展壮大，相关产业对家纺的关注度越来越高，家纺产业专用的新装备、新原料、新技术不断推出。我国新型工业化、信息化发展，也将进一步加深家纺与其他产业之间的互动融合。信息技术与现代物流等服务产业不断提升，将促进电子商务成为家纺行业最具成长性的营销渠道。

五、创造条件加快调整，全面完成规划任务

“十二五”以来，《规划》执行情况良好，在外部环境复杂多变的情况下，行业实现平稳发展，未来压力不断加大，全行业要齐心协力，创造条件，加快转型升级步伐，全面完成《规划》任务。

（一）争取政策 创造环境

不断争取支持民生产业发展的税收优惠政策，促进融资环境的不断改进。支持家纺企业装备升级，鼓励采用家纺成品生产流水线等先进装备，提高行业自动化水平。对创新型企业给予支持，允许创新型企业将研发投入、品牌营销等费用纳入增值税抵扣范围。建议加强工业与商业部门的协调对接，对零售企业加强监督，严厉打击假冒仿冒产品，创造更加有利的市场环境，促进家纺自主品牌加快成长。

（二）加大结构调整和转型升级力度

“十二五”后半期，原料保障、技术创新压力、综合成本高、融资困难、环境压力、人力资源结构性短缺等问题仍然突出，为了实现《规划》目标，进一步落实《规划》中十项重点任务，加快推进家纺产业的转型升级工作，着力解决关键性技术、研发创新、品牌建设、渠道建设、区域产业布局优化等实施中的重点和难点问题。

（三）继续推进终端渠道建设

积极联合相关产业、商业共建家纺终端渠道，争取社会各界关注和支持家纺新渠道建设。鼓励家纺企业采取多种形式开展电子商务，建立电子商务公共服务平台，努力促进电子商务规范、健康发展。

（四）重点扶持中小企业升级

加强中小企业创新能力，鼓励创新成果在广大中小企业推广应用。细化针对中小企业的行业服务工作并增强执行力，加强对设计研发、品牌经营及生产特色产品的中小企业的培育和扶持，支持中小企业的人才队伍建设。

（五）以创新为重点提高国际竞争力

着力树立我国家纺科技创新、艺术创新的国际形象，逐步从规模和成本优势转变为科技和品牌创新优势。继续促进自主品牌创新发展，紧密结合市场需求，提升创意设计水平，提高市场反应能力，全面履行社会责任，完善自主品牌价值内涵，尽快形成一批国际化的家纺品牌。

（六）加大自主品牌出口

鼓励自主品牌企业到海外设立研发中心、生产基地、原料基地，参与跨国并购投资，利

用当地资源、政策和市场，建立国际化的研发、销售和服务体系。积极进行商标国际注册，并通过博览会、展销会、发布会，扩大自主品牌的国际影响力和品牌效应，着力提高自主品牌在出口结构中的比重。

（七）全面提升信息化应用水平

在生产制造领域扩大信息化技术的应用面，提高家纺产业自动化和智能化水平，改善生产环境，不断提高生产效率和产品水平。在设计研发领域广泛应用数字化设计系统，在互联网、物联网、云计算、大数据等信息技术的强力支持下，推动家纺产业研发、生产、流通和营销模式的协同创新发展。

（八）加强行业公共服务功能

加强建立行业公共服务示范平台，不断完善人才培养、技术进步、产品研发、信息服务等功能，强化行业信息搜集和情报研究，建立国内外网络媒体、企业、院校、研究机构、政府部门、社会团体等多重信息渠道，推进信息资源的整合应用。

行业奖项

2013年中国纺织行业年度创新人物（家纺）

愉悦家纺有限公司董事长——刘曰兴

2013年中国纺织工业联合会产品开发贡献奖（家纺）

罗莱家纺股份有限公司
江苏梦兰集团有限公司
上海龙头家纺有限公司

2013年中国纺织十大品牌文化企业（家纺）

东方地毯集团有限公司

2013年中国纺织品牌文化创新奖企业（家纺）

宁波博洋控股集团有限公司

全国纺织行业先进党建工作示范企业（家纺）

天津市飞天纺织装饰品有限公司
江苏梦兰集团有限公司
浙江洁丽雅股份有限公司

2013年中国纺织工业联合会科学技术进步奖（家纺）

奖项	获 奖 项 目	主要完成单位
三等奖	雕勒双面异彩绣工艺技术及高档工艺品的研究与开发	文登市芸祥绣品有限公司、文登市锦绣抽纱有限公司
三等奖	内嵌毛圈式毛巾工艺技术的研发应用	孚日集团股份有限公司
三等奖	立体浮雕效果机织地毯生产关键技术及应用	滨州东方地毯有限公司、东华大学
三等奖	新型印花糊料组合物色浆及印花面料的技术研发	罗莱家纺股份有限公司
三等奖	纺织品负压增吸功能整理技术的开发应用	紫罗兰家纺科技股份有限公司、江南大学、南通大学

2013年全国纺织行业实施卓越绩效模式先进企业（家纺）

孚日集团股份有限公司

2013年全国纺织行业优秀质量管理小组（家纺）

企 业 名 称	小 组 名 称
山东金号织业有限公司	漂染车间丙班 QC 小组
达利丝绸（浙江）有限公司	圆机技术攻关 QC 小组
	剑杆车间设备操作 QC 小组
孚日集团股份有限公司	毛巾斜纹问题攻关 QC 小组
	准备浆纱 QC 小组
	毛巾四四公司织造 QC 小组
浙江洁丽雅股份有限公司	浆纱质量 QC 小组
	织造五车间 QC 小组

2013年全国纺织行业质量管理小组成果奖（家纺）

企 业 名 称	奖项	小组名称	成果名称
山东泰丰纺织有限公司	二等奖	彩虹 QC 小组	提高皮马棉 JC100 高支高密品种织造效率
达利丝绸（浙江）有限公司	三等奖	剑杆车间设备操作 QC 小组	P1001EK 织机的卷绸辊固定装置的研制
浙江洁丽雅股份有限公司	三等奖	浆纱质量 QC 小组	攻克 16S 多色上纱浆纱技术，提升成品一等品率

2013年全国纺织行业质量信得过班组（家纺）

企 业 名 称	班 组 名 称
达利丝绸（浙江）有限公司	准备车间常日班
浙江洁丽雅股份有限公司	浆整车间乙班
浙江洁丽雅股份有限公司	缝制车间纵裁班

2013年全国纺织行业质量管理小组活动优秀企业（家纺）

达利丝绸（浙江）有限公司
山东金号织业有限公司
山东泰丰纺织有限公司
浙江洁丽雅股份有限公司

2013年全国纺织行业质量管理小组活动卓越领导者（家纺）

企 业 名 称	姓 名
达利丝绸（浙江）有限公司	林平
山东泰丰纺织有限公司	刘庆平
孚日集团股份有限公司	孙旭科
浙江洁丽雅股份有限公司	石磊

2013年全国纺织行业质量管理小组优秀推进者

企业名称	姓名
达利丝绸（浙江）有限公司	张金珍
山东泰丰纺织有限公司	刘纯卫
浙江洁丽雅股份有限公司	石然如

纺织行业质量奖获奖企业（家纺）

浙江洁丽雅股份有限公司

罗莱家纺股份有限公司

2012~2013年中国纺织服装行业竞争力500强企业（家纺）

500强排序	企业名称	500强排序	企业名称
21	孚日集团股份有限公司	210	福建佳丽斯家纺有限公司
26	浙江洁丽雅纺织集团有限公司	225	浙江双灯家纺有限公司
31	滨州亚光家纺有限公司	228	宁波博洋纺织有限公司
34	愉悦家纺有限公司	230	浙江怡通工艺有限公司
38	江苏梦兰集团有限公司	236	南方寝饰用品有限公司
45	罗莱家纺股份有限公司	245	众望控股集团有限公司
48	泰丰纺织集团有限公司	264	江苏蓝丝羽家用纺织品有限公司
54	山东金号织业有限公司	277	山东千榕家纺有限公司
56	安徽鸿润（集团）股份有限公司	285	上海东隆羽绒制品有限公司
67	江苏红柳床单有限公司	293	广东志达纺织装饰有限公司
88	上海水星家用纺织品股份有限公司	305	弘生集团有限公司
94	东方地毯集团有限公司	307	江苏金太阳纺织科技有限公司
99	湖南梦洁家纺股份有限公司	310	杭州柯力达纺织装饰织造有限公司
101	江苏堂皇集团有限公司	319	真北集团有限公司
112	江苏明超国际贸易有限公司	324	海宁吉宏装饰品有限公司
115	河北永亮纺织品有限公司	349	上海珍奥生物科技有限公司
117	江西恩达家纺有限公司	357	大连东立工艺纺织品有限公司
123	江苏康乃馨织造有限公司	359	海宁市玛萨琪纺织有限公司
126	山东滨州豪盛巾被有限公司	372	江苏三联家用纺织品有限公司
133	上海小绵羊实业有限公司	381	海宁金永和家纺织造有限公司
143	达利丝绸（浙江）有限公司	403	江苏龙马纺织集团有限公司
145	威海毛纺织集团有限公司	405	杭州华辰植绒有限公司
150	龙福环能科技股份有限公司	418	文登市芸祥绣品有限公司
174	青岛喜盈门集团有限公司	419	浙江玛雅布业有限公司
200	南通大东有限公司	436	烟台北方家用纺织品有限公司
202	浙江巴贝纺织有限公司	438	南通金美罗家用纺织品有限公司
209	江苏凡人居纺织品有限公司	459	天津市飞天纺织装饰品有限公司

2012年中国纺织服装行业主营业务收入100强企业

排序	企业名称	排序	企业名称
1	恒力集团有限公司	38	石家庄常山纺织集团有限责任公司
2	山东魏桥创业集团有限公司	39	江苏梦兰集团有限公司
3	南山集团有限公司	40	溢达集团
4	雅戈尔集团股份有限公司	41	华孚色纺股份有限公司
5	上海纺织控股（集团）公司	42	中国石化集团四川维尼纶厂
6	红豆集团有限公司	43	华润纺织（集团）有限公司
7	盛虹集团有限公司	44	浙江富丽达股份有限公司
8	广东省丝绸纺织集团有限公司	45	青岛喜盈门集团有限公司
9	海澜集团有限公司	46	长乐力恒锦纶科技有限公司
10	山东如意科技集团有限公司	47	东莞德永佳纺织制衣有限公司
11	江苏阳光集团有限公司	48	经纬纺织机械股份有限公司
12	际华集团股份有限公司	49	青岛纺联控股集团有限公司
13	杉杉控股有限公司	50	三元控股集团有限公司
14	波司登股份有限公司	51	江苏华亚化纤有限公司
15	华芳集团有限公司	52	江苏联发纺织股份有限公司
16	澳洋集团有限公司	53	天津天纺投资控股有限公司
17	宁波申洲针织有限公司	54	江苏申久化纤有限公司
18	浙江天圣控股集团有限公司	55	万事利集团有限公司
19	青岛即发集团控股有限公司	56	湖北裕波纺织集团股份有限公司
20	浙江航民实业集团有限公司	57	唐山三友集团兴达化纤有限公司
21	山东澳亚纺织有限公司	58	巨诚科技集团有限公司
22	新郎希努尔集团股份有限公司	59	鑫缘茧丝绸集团股份有限公司
23	山东昊龙集团有限公司	60	张家港欣欣高纤股份有限公司
24	巴龙集团有限公司	61	山东天信集团有限公司
25	河南新野纺织集团股份有限公司	62	安徽华茂集团有限公司
26	孚日集团股份有限公司	63	福建锦江科技有限公司
27	临清三和纺织集团有限公司	64	百隆东方股份有限公司
28	内蒙古鄂尔多斯羊绒集团有限责任公司	65	愉悦家纺有限公司
29	天虹纺织集团有限公司	66	江苏文凤化纤集团有限公司
30	山东省冠县冠星纺织集团总公司	67	浙江洁丽雅纺织集团有限公司
31	伟星集团有限公司	68	江苏新民纺织科技股份有限公司
32	江苏东渡纺织集团有限公司	69	泰丰纺织集团有限公司
33	浙江森马服饰股份有限公司	70	福建省长乐市金源纺织有限公司
34	鲁泰集团	71	浙江嘉欣丝绸股份有限公司
35	三鼎控股集团有限公司	72	湖南东信集团有限公司
36	滨州亚光家纺有限公司	73	江苏天华纱业集团
37	三阳纺织有限公司	74	广东忠华棉纺织实业有限公司

排序	企 业 名 称	排序	企 业 名 称
75	海斯摩尔生物科技有限公司	88	北京富泰革基布股份有限公司
76	山东华兴纺织集团有限公司	89	江苏大生集团有限公司
77	安徽皖维集团有限责任公司	90	浙江美欣达印染集团股份有限公司
78	宁夏中银绒业国际集团有限公司	91	东飞马佐里纺机有限公司
79	江阴美纶纱业有限公司	92	江苏红柳床单有限公司
80	贵人鸟股份有限公司	93	江西回圆服饰有限公司
81	江苏泰达纺织有限公司	94	江苏向阳集团有限公司
82	山东岱银纺织集团股份有限公司	95	福建省长乐市长源纺织有限公司
83	罗莱家纺股份有限公司	96	江苏金昉纺织集团公司
84	吴江赴东纺织集团有限公司	97	山东金号织业有限公司
85	山东华乐实业集团有限公司	98	江苏华瑞国际集团有限公司
86	辽宁华福印染股份有限公司	99	泉州明恒纺织有限公司
87	浙江越隆控股集团有限公司	100	湖北孝棉实业集团有限责任公司

2012年中国纺织服装行业出口100强企业

排序	企 业 名 称	排序	企 业 名 称
1	南山集团有限公司	21	山东澳亚纺织有限公司
2	山东如意科技集团有限公司	22	滨州亚光家纺有限公司
3	恒力集团有限公司	23	华孚色纺股份有限公司
4	江苏东渡纺织集团有限公司	24	波司登股份有限公司
5	宁波申洲针织有限公司	25	百隆东方股份有限公司
6	青岛即发集团控股有限公司	26	河南新野纺织集团股份有限公司
7	山东魏桥创业集团有限公司	27	天虹纺织集团有限公司
8	溢达集团	28	江苏红柳床单有限公司
9	鲁泰集团	29	华润纺织（集团）有限公司
10	东莞德永佳纺织制衣有限公司	30	维信（内蒙古）羊绒集团有限公司
11	孚日集团股份有限公司	31	愉悦家纺有限公司
12	山东昊龙集团有限公司	32	河北宁纺集团有限责任公司
13	江苏阳光集团有限公司	33	江苏华瑞国际集团有限公司
14	浙江嘉欣丝绸股份有限公司	34	浙江美欣达印染集团股份有限公司
15	华芳集团有限公司	35	江苏新民纺织科技股份有限公司
16	澳洋集团有限公司	36	宁夏中银绒业国际集团有限公司
17	青岛纺联控股集团有限公司	37	江苏三润服装集团股份有限公司
18	江苏联发纺织股份有限公司	38	上海东隆羽绒制品有限公司
19	青岛凤凰印染有限公司	39	山东岱银纺织集团股份有限公司
20	临清三和纺织集团有限公司	40	泰丰纺织集团有限公司

续表

排序	企业名称	排序	企业名称
41	临沂绿因工贸有限公司	71	三阳纺织有限公司
42	杭州宏峰纺织集团有限公司	72	金达控股有限公司
43	宜兴乐祺纺织集团有限公司	73	安徽皖维集团有限责任公司
44	辽宁宏丰印染有限公司	74	山东华乐实业集团有限公司
45	威海毛纺织集团有限公司	75	万事利集团有限公司
46	枣庄海扬王朝纺织有限公司	76	慈溪市江南化纤有限公司
47	江苏泰达纺织有限公司	77	东莞市颖祺实业有限公司
48	盛虹集团有限公司	78	山东宏诚集团有限公司
49	北京卓文时尚纺织股份有限公司	79	浙江金梭纺织有限公司
50	青岛喜盈门集团有限公司	80	安徽华茂集团有限公司
51	大港纺织集团有限公司	81	普杰无纺布（中国）有限公司
52	唐山三友集团兴达化纤有限公司	82	浙江金鹰集团有限公司
53	宁波富帆集团有限公司	83	江苏大生集团有限公司
54	长乐力恒锦纶科技有限公司	84	黄石美岛集团有限公司
55	浙江新澳纺织股份有限公司	85	际华集团股份有限公司
56	天台县西南滤布厂	86	山东千榕家纺有限公司
57	江苏梦兰集团有限公司	87	内蒙古鹿王羊绒有限公司
58	江西恩达家纺有限公司	88	浙江省长兴丝绸有限公司
59	江苏鹿港科技股份有限公司	89	黑牡丹（集团）股份有限公司
60	广东省丝绸纺织集团有限公司	90	浙江富丽达股份有限公司
61	三元控股集团有限公司	91	文登市芸祥绣品有限公司
62	张家港市金陵纺织有限公司	92	烟台北方家用纺织品有限公司
63	上海嘉麟杰纺织品股份有限公司	93	福建锦江科技有限公司
64	湖南华升集团公司	94	经纬纺织机械股份有限公司
65	江苏华佳控股集团有限公司	95	福建众和股份有限公司
66	鑫缘茧丝绸集团股份有限公司	96	天津编物（无锡）有限公司
67	克山金鼎亚麻纺织有限责任公司	97	浙江巴贝纺织有限公司
68	湛江纺织企业集团公司	98	连云港飞雁毛毯有限责任公司
69	广东俊富实业有限公司	99	北京铜牛集团有限公司
70	辽宁华福印染股份有限公司	100	内蒙古鄂尔多斯羊绒集团有限责任公司

海宁家纺杯·2013年中国国际家用纺织品创意设计大赛获奖名单

创意设计大赛金奖

作品名称	参赛单位	参赛者姓名
绿锁山岚	南京艺术学院	王玉凤

创意设计大赛银奖

作品名称	参赛单位	参赛者姓名
融·荣	浙江理工大学纺织品设计工作室	张艳
梦露	山东工艺美术学校	林珊娜
诗性	南京艺术学院	谈坤

创意设计大赛铜奖

作品名称	参赛单位	参赛者姓名
丝诗	南京艺术学院	王健星
香颂	南京艺术学院	高明剑
逸·江南	南京艺术学院	潘菲菲
园游姿幽赏	清华大学美术学院	罗丽梅

创意设计大赛最佳创意设计应用奖

作品名称	参赛单位	参赛者姓名
融·荣	浙江理工大学纺织品设计工作室	张艳
蓝梦·花语	山东工艺美术学校	李正阳
花儿	南京艺术学院	刘兴
唐境春华	江苏金太阳纺织科技有限公司	江苏金太阳纺织科技有限公司
蓝韵大都会	个人	王志鹏

"张謇"杯·2013中国国际家用纺织产品设计大赛获奖名单

产品设计大赛金奖

参赛者	参赛单位	作品名称
沈霞、钟慧敏	南通职业大学	韵
吴灵姝 倪沈键	南通大学纺织服装学院	蓝谐
安恩淑	韩国	莫尼特的花园

产品设计大赛银奖

参赛者	参赛单位	作品名称
刘鹏	上海凯盛床上用品有限公司	卡普里之夏
钱雪梅、张蕾、王琪、许晓月、姜冬莲	南通纺织技术学院	诗的年代
江苏金太阳纺织科技有限公司	江苏金太阳纺织科技有限公司	阁
陆晓冉	南通市崇川区狼山秀布艺设计工作室	芦扉飘香
田世科	山东芸祥绣品有限公司	荣华富贵
Briget Laury	英国	蓝海

产品设计大赛铜奖

参　赛　者	参　赛　单　位	作品名称
王蓓	上海凯盛床上用品有限公司	格丽塔
袁志伟、周荣	南通居梦莱家用纺织品有限公司	中国嫁衣
潘丽君	南通富之岛寝具发展有限公司	（chan）单展然而笑
姜冬莲、李楠、阮红妮、吴银洁、管贝莉	南通纺院	华风·逸然
江苏金太阳纺织科技有限公司	江苏金太阳纺织科技有限公司	瓷
南通大东有限公司（葛蔚蔚）	南通大东有限公司	春色满园
曹美姐	苏州工业园区仁和织绣工艺品有限公司	海洋飞翔
曹美姐	苏州工业园区仁和织绣工艺品有限公司	城堡
朴善英	韩国	共存

产品设计大赛优秀奖

参　赛　者	参　赛　单　位	作品名称
刘鹏	上海凯盛床上用品有限公司	米兰时尚
上海凯盛床上用品有限公司	上海凯盛床上用品有限公司	印象梵高
江西恩达麻世纪科技股份有限公司	江西恩达麻世纪科技股份有限公司	岁月静好
潘丽君	南通富之岛寝具发展有限公司	微笑中国
马景亮	江苏圣夫岛纺织生物科技有限公司	维塔斯
江苏金太阳纺织科技有限公司	江苏金太阳纺织科技有限公司	鼎蕴
江苏金太阳纺织科技有限公司	江苏金太阳纺织科技有限公司	朗琴
张家港市大唐纺织制品有限公司	张家港市大唐纺织制品有限公司	璀璨
江苏金太阳纺织科技有限公司	江苏金太阳纺织科技有限公司	东·西
江苏金太阳纺织科技有限公司	江苏金太阳纺织科技有限公司	博·vast
迟洪兰	江苏名禾国际贸易有限公司	艾瑞拉
朱丹妮	南通卓泰家纺研发中心有限公司	倾城倾国
莎莉娜	红豆集团（无锡）纺织品有限公司	东方古韵
姜太敬	韩国	曾几何时
金润敬	韩国	沃拉雷
朴涕拉	韩国	希望
徐静美	韩国	激情
孙在顺	韩国	村庄
李贤静	韩国	欢迎来我家做客
郑民敬	韩国	爱
郑仁淑	韩国	进化
Gul Stalp	法国	树木间的谈话
广州源志诚家纺有限公司	广州源志诚家纺有限公司	禅翠
吴灵姝、倪沈键	南通大学纺织服装学院	缬韵

续表

参　赛　者	参　赛　单　位	作　品　名　称
李欢欢、高娟	南通职业大学	简
滨州亚光家纺有限公司		中国力量
郭美恒	广州美术学院	羽林
孙爱清、谢丽莉、陈晓丽、郭莹英、王森燚	浙江纺织服装职业技术学院	心花一瓣
柳红柳	浙江纺织服装职业技术学院	薄荷糖的夏天
于洋	浙江纺织服装职业技术学院	小荷·暮色

产品设计大赛品牌文化设计奖

参赛者名称	所在单位	作品名称
罗莱家纺股份有限公司	罗莱家纺股份有限公司	梦回旋
南通大东有限公司	南通大东有限公司	低碳生活

2013年中国家纺“金销奖”

“金销奖”获奖名单（排名不分先后）

布　艺　类	床　品　类	毛　巾　类
成都靓惠诚居室布艺商场有限公司	上海朋鋆贸易有限公司	广州和纵联横贸易有限公司
北京芬迪家居饰品有限公司	梦洁家纺宜昌专卖店	成都兴东商贸有限公司
沈阳佳艺布艺公司	临沂市万事顺商贸有限公司	福州健世兰品贸易有限公司
杭州大洋窗帘装饰有限公司	云南敦崇商贸有限公司	
西安美源贸易发展有限公司	温州市郑世隆寝饰有限公司	
山西双基新技术工程有限公司	成都家艺商贸有限公司	
沈阳市宽羽纺织有限公司	太原市隆盛罗莱商贸有限公司	
新疆好运布艺有限责任公司		

金销奖“入围奖”获奖名单（排名不分先后）

布　艺　类	床　品　类	毛　巾　类
郑州市皇朝德美布艺饰品有限公司	林西县大唐公主家纺商店	保定飞妙纺织品商贸有限公司
上海馨缇吉装饰用品有限公司	怀化林苑商贸有限公司	汕头市南龙纺织有限公司
四川佳美嘉整体软装国际家居	浙江温尔思家纺山西营销中心	广州市丰发贸易公司
哈尔滨国贸服装城丝诺家纺商行	海宁市许村镇利凤床上用品经营部	海南盛广达贸易有限公司
北京皇家丽景家居布艺公司	浙江真爱美家控股有限公司	成都晨程商贸有限公司
太原市好日子布艺生活馆	上海百丽丝家纺太原营销中心	佛山市洁而雅贸易有限公司
生活寓言（北京）国际家居用品有限公司	宁波市江南百货有限公司	上海福雀贸易有限公司
山西奥瑞特布艺	义乌市豪骏床上用品有限公司	重庆龙玲贸易有限公司

续表

布　艺　类	床　品　类	毛　巾　类
北京麦思哲装饰设计有限公司	重庆爱萝床上用品有限公司	南京亚细亚实业有限公司
北京华苑艺雅商贸有限公司	南京紫罗兰家纺销售有限公司	上海知否商贸有限公司
升丽纺织北京总经销	苏州鑫愿家纺饰品有限公司	山东临沂市秀川商贸有限公司
北京祥明家纺	莎鲨家纺西宁营销中心	广东普宁市万隆贸易有限公司
北京运华京成国际装饰布艺有限公司	长春梦洁家纺专柜	
北京人爱纺布艺有限公司	嘉善县魏塘镇紫罗兰家用纺织品店	
北京玉帛华庭纺织品有限公司		

金销奖“专业市场实力经销商”获奖名单（排名不分先后）

浙江真爱美家控股有限公司
保定飞妙纺织品商贸有限公司
黑龙江现代布艺饰品有限公司
哈尔滨国贸服装城丝诺家纺商行
生活寓言（北京）国际家居用品有限公司
海宁市许村镇欧博纺织品经营部
海宁市许村镇利凤床上用品经营部
山西奥瑞特布艺
潍坊艺美林纺织品贸易有限公司
潍坊广政纺织品贸易有限公司

2013年国民经济和社会发展统计公报数据汇编

国内生产总值及增幅

项　目	2009 年	2010 年	2011 年	2012 年	2013 年
数值（亿元）	340903	401513	473104	519470	568845
增幅（%）	9.2	10.4	9.3	7.7	7.7

规模以上企业工业增加值及社会消费品零售总额增速

项　目	1~2 月	3 月	4 月	5 月	6 月	7 月	8 月	9 月	10 月	11 月	12 月
规模以上工业增加值增速（月度同比 %）	9.9	8.9	9.3	9.2	8.9	9.7	10.4	10.2	10.3	10.0	9.7
社会消费品零售总额增速（月度同比 %）	12.3	12.6	12.8	12.9	13.3	13.2	13.4	13.3	13.3	13.7	13.6

2009~2013 年农村、城镇居民人均收入情况

项　目	2009 年	2010 年	2011 年	2012 年	2013 年
五年农村居民人均纯收入（元）	5153	5919	6977	7917	8896
五年城镇居民人均可支配收入（元）	17175	19109	21810	24565	26955

2013 年居民消费价格月度涨跌情况

项　目	1 月	2 月	3 月	4 月	5 月	6 月	7 月	8 月	9 月	10 月	11 月	12 月
月度同比（%）	2.0	3.2	2.1	2.4	2.1	2.7	2.7	2.6	3.1	3.2	3.0	2.5
月度环比（%）	1.0	1.1	-0.9	0.2	-0.6	0.0	0.1	0.5	0.8	0.1	-0.1	0.3

2013 年年末人口数及其构成

指　标	年末数（万人）	比重（%）
全国总人口	136072	100
其中：城镇	73111	53.73
乡村	62961	46.27
其中：男性	69728	51.2

续表

指　标	年末数（万人）	比重（%）
女性	66344	48.8
其中：0~15 岁（含不满 16 周岁）	23875	17.5
16~59 岁（含不满 60 周岁）	91954	67.6
60 周岁及以上	20243	14.9
其中：65 周岁及以上	13161	9.7

2013 年居民消费价格比上年涨跌幅度

指　　标	全国（%）	城市（%）	农村（%）
居民消费价格	2.6	2.6	2.8
其中：食　品	4.7	4.6	4.9
烟酒及用品	0.3	0.1	0.8
衣　着	2.3	2.2	2.5
家庭设备用品及维修服务	1.5	1.5	1.3
医疗保健和个人用品	1.3	1.2	1.8
交通和通信	-0.4	-0.5	0.1
娱乐教育文化用品及服务	1.8	1.7	1.8
居　住	2.8	3	2.3

2013 年房地产开发和销售主要指标完成情况及其增长速度

指　　标	单位	绝对数	比上年增长（%）
投资额	亿元	86013	19.8
其中：住宅	亿元	58951	19.4
其中：90 平方米及以下	亿元	19446	15.8
房屋施工面积	万平方米	665572	16.1
其中：住宅	万平方米	486347	13.4
房屋新开工面积	万平方米	201208	13.5
其中：住宅	万平方米	145845	11.6
房屋竣工面积	万平方米	101435	2
其中：住宅	万平方米	78741	-0.4
商品房销售面积	万平方米	130551	17.3
其中：住宅	万平方米	115723	17.5
本年到位资金	亿元	122122	26.5
其中：国内贷款	亿元	19673	33.1
其中：个人按揭贷款	亿元	14033	33.3

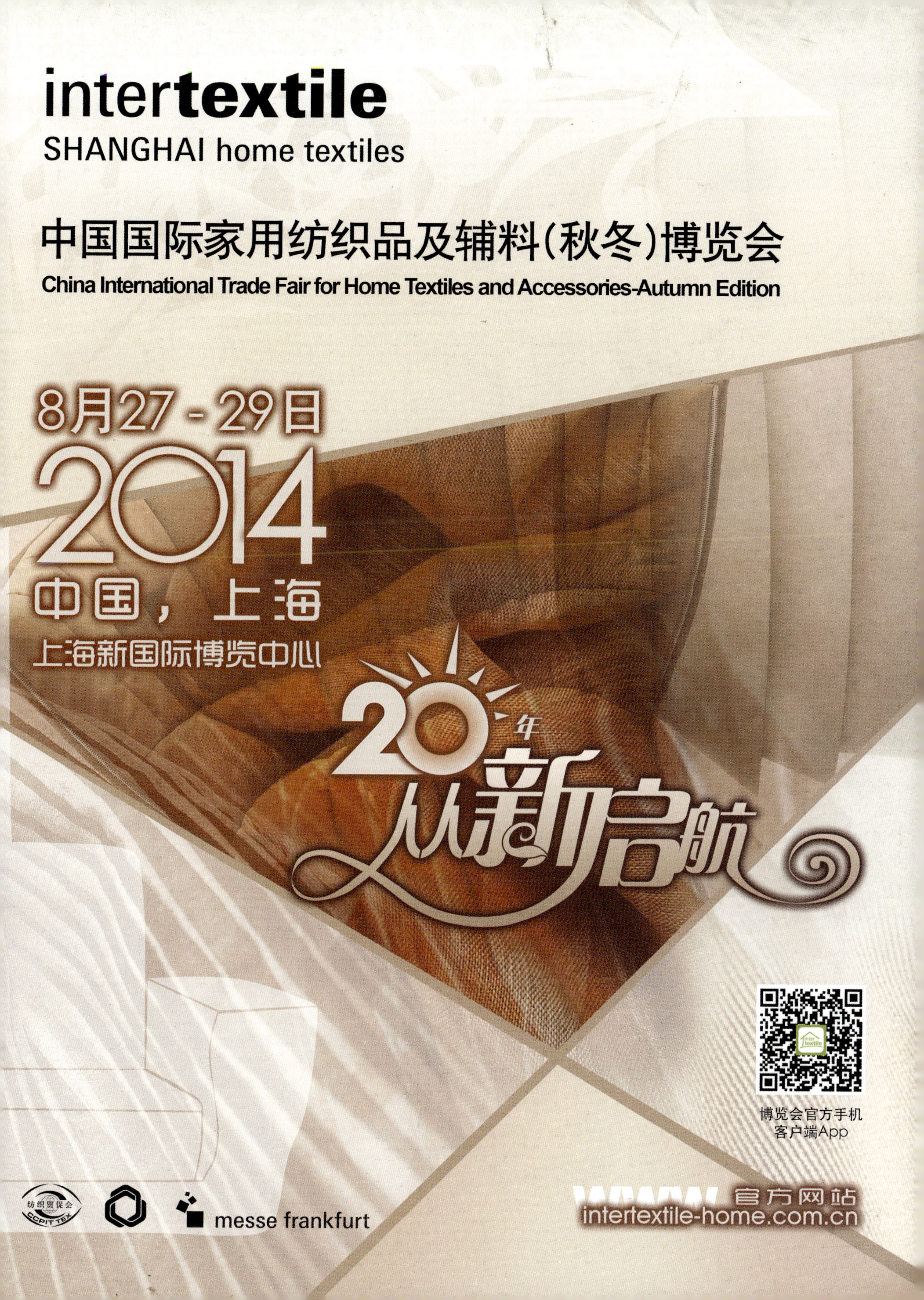
intertextile
SHANGHAI home textiles
中国国际家用纺织品及辅料(秋冬)博览会
China International Trade Fair for Home Textiles and Accessories-Autumn Edition
8月27 - 29日
2014
中国，上海
上海新国际博览中心
20年
从新启航
博览会官方手机
客户端App
官方网站
intertextile-home.com.cn
纺织贸促会
CCPIT TEX
messe frankfurt